U0072206

普天之下·盡是好書

普天出版家族

Popular Press Family

凌雲文創

A-Plus Creative Company

宋朝開國帝王

像趙匡胤一樣活著

全集

獨孤慕雨——著

他是一個嗜賭如命的賭徒，在亂世中押上自己的人生。
他是一位極具心機的悍將，自編自導不流血政變，兵不血刃地完成「**陳橋兵變，黃袍加身**」。
他是一位滿腹權謀的君王，為了瓦解武將專權篡位威脅，上演千古絕唱「**杯酒釋兵權**」。
他是一介武夫，卻開創史上最為繁榮的文治盛世，與秦始皇、漢武帝、唐太宗、成吉思汗比肩稱雄。

他，就是大宋開國始祖趙匡胤。
從浪跡天涯到君臨天下，有人說他聰穎機智，
有人說他狡猾奸詐，他究竟是個怎樣的人？

出版序

一位充滿傳奇色彩的開國明君

做為大宋王朝的開創者與奠基者，趙匡胤充滿了傳奇色彩，多采多姿的一生，一點也不比秦始皇、漢武帝、唐太宗遜色。

他是一個嗜賭如命的賭徒，在亂世中押上自己的人生。

他是一位極具心機的悍將，自編自導一齣不流血政變，兵不血刃地完成「陳橋兵變，黃袍加身」，登上帝王寶座。

他是一位滿腹權謀的君王，為了瓦解武將專權篡位威脅，談笑間上演千古絕唱「杯酒釋兵權」。

他是一介武夫，卻開創中國歷史上最為繁榮的文治盛世，與秦始皇、漢武帝、唐太宗、成吉思汗比肩稱雄。

他，就是大宋開國始祖趙匡胤。

趙匡胤原本在亂世中四處漂泊，最後靠著超群的謀略與膽識脫穎而出，一躍成為叱吒風雲、君臨天下的帝王。從浪跡大涯到君臨天下，這樣一個充滿傳奇色彩的開國君主，到底是聰明睿智，還是奸巧狡詐？

他如何將權謀機智發揮到極致，一一翦滅對手？他開創的大宋王朝，眞實面貌爲何？對後世又有哪些深遠的影響？

宋太祖趙匡胤雖然創建了一個王朝，卻因爲宋朝本身一直予人積弱不振的印象，他的名聲始終不如漢高祖劉邦、明太祖朱元璋等開國君主來得響亮。他到底具有什麼樣的人格特質？在政治上，又有哪些獨創、獨到的舉措？這個問題，只怕沒有幾個人能回答出來。

又或者眞有人能答，答案也必然與他的重文輕武脫不了關係。

事實上，正是因爲重文輕武政策，使後世對這位開國君主有諸多批判。

許多人認爲，因著重文輕武策略，使華夏文化由盛轉衰，最後導致中華民族一蹶不振，爲中國人烙下不可磨滅的恥辱。

也有人認爲，趙匡胤在位期間，不但不趁機攻打契丹，收復燕雲十六州，還放任對方日益強大。最後形成強大威脅，使宋朝一分爲二，最終抬不起頭來，實在是史上最嚴重的錯誤判斷。

不能說這些人的觀點有錯，但也不可否認，他們都忽略了「重文輕武」對社會造成的貢獻。

確實，宋代是唯一一個沒有主動去侵略他國、開疆闢土的國家。但這樣一個國土相對小的國家，當時的國民生產總值，卻可以高達全世界的百分之六十五（也有一說是百分之八十）。鄰近的許多國家甚至捨棄本國錢幣，改用宋錢，可見其在世界金融商業上的領導地位。

可以說，宋代是工業革命之前，唯一一個站在世界發展巔峰的超大規模經濟體，其繁榮程度可謂前所未有。甚至有學者認爲，宋代已經開始萌發初階的資本主義。

除了經濟繁榮，宋代的文學、哲學、美術、科技、教育也相當發達。當時的藝術、科技以及文學作品，拿到今天仍讓人嘆爲觀止，令後世望塵莫及。

終宋一代，沒有發生嚴重的宦官亂政和地方割據，兵變、民變的次數與規模也較小。全國人口數字更是從西元九百八十年的三千兩百五十萬，大幅度增加至西元一千一百一十年的一億一千兩百七十五萬。

許多國外學者認爲，宋朝，是中國歷史上的文藝復興與經濟革命時期。歷史學家陳寅恪也曾說：「華夏民族之文化，歷數千載之演進，造極於趙宋之世。」

要說這樣的成就，不能與開疆闢土、征服世界相比，要說趙匡胤對世人毫無貢獻，甚至是使華夏民族一蹶不振的千古罪人，實在失公允。

畢竟，世界不屬於某幾個人，也不僅限於那幾塊地皮。能讓市井小民安居樂業者，才是眞正的千古明君。

再者，後代的積弱不振，又豈能怪罪於趙匡胤一人？

做爲大宋王朝的開創者與奠基人，趙匡胤雖然無法看到自己定下的種種政策的成果，還遭千夫所指，但不可否認，對於中國的整體經濟、文化、藝術與科技發展，他實在是功不可沒。

這樣一位傳奇人物，最終離開世界時，居然也不按牌理出牌，留下「斧聲燭影」的千古謎團。

《像趙匡胤一樣活著》利用全景式的描繪，佐以紮實的古籍資料，從趙匡胤代周開始講起，細細描繪圍繞在他身邊發生的每一件大事，展現他多采多姿的一生。

藉由此書，你會更加了解這位被人遺忘的千古明君，看見黃袍加身的背後，每一股湧動的暗流。

同時，你更可以藉由他對身邊臣子的任用，知道他是如何善用人才。

然後，你必然會同意，這是一位不比秦始皇、漢武帝、唐太宗遜色的帝王。不應該被歷史遺忘，更不該遭受片面指責的有爲君主。

且讓我們一起跟隨作者的腳步，一窺趙匡胤奪權之後，那段精采絕倫、不容忽視的歷史。

【出版者】一位充滿傳奇色彩的開國明君

第一卷 富貴險中求

第八卷　開始分裂相權

第九卷　各項治國政策

第十一卷 趙匡胤決定要遷都

第 1 卷

富貴險中求

兩個親信軍官騎上快馬，
離開軍營，朝官道疾馳而去。
歡快的馬蹄聲融入夜色，劃破夜的寧靜，
似乎預告著一個全新時代的來臨。

第 1 章

政變再起

史家多認為：「陳橋驛兵變」是突發事件。實則不然！
從兵變前半年的「點檢作天子」讖語傳播就可知道，
這只是後來兵變的前奏曲罷了。

歷史時常上演改朝換代的戲碼，其中最精采的，非宋朝開國皇帝趙匡胤的陳橋兵變莫屬！這次兵變不像鬧劇，比較像一齣正劇。這齣精采無比的大製作，直至千餘年之後，仍是人們茶餘飯後的談資。

宋史雖稱繁複浩雜，與數百年來的史實記載多有牴觸，然而，對於陳橋兵變的記載，竟保持驚人的一致。

這自然是史官為尊者諱之舉。但，這樣一件具有劃時代意義的大事，哪可能和當事人擺脫關係？此舉多少有點欲蓋彌彰的意味在裡頭。

總之一句話，凡是事業有成者，沒有一個是隨隨便便就成功的。如同趙匡胤的黃袍加身之舉，完全是他揣摩前人成功的經驗，繼而行動獲得的成果。

這個前人就是後周的開國之君郭威。

郭威能成為九五之尊，正是因為部下將士們的擁立，才能取後漢江山而代之。這些將士中，一定會有趙匡胤年輕且興奮的身影，這事情對他日後的陳橋驛之舉，也產生顯而易見的影響。

郭威代漢之後，在位短短數年，便一病不起。因為他身後無子，為後周政權埋下禍根。不過，其實也不是他沒有兒子，而是在他黃袍加身的時候，幾個兒子都被後漢隱帝劉承祐下令拖出去砍了。

最後，由郭威妻子的侄兒——也就是他的義子柴榮繼承大統，史稱周世宗。周世宗登基之後，很有明君氣象，雄材偉略的他在五代數十年歷史中，算是難得一見的明君。

他素有雄心壯志，想要一統天下，在位期間東征西討，威震大江南北。趙匡胤追隨左右，出生入死，因戰功卓著獲得寵幸，慢慢掌握軍權，建立自己的勢力集團。

趙匡胤曾行走於江湖，利用結義的方式，結識一批同生共死的好兄弟。隨著自己在軍中的地位越來越高，他開始安排這些兄弟進軍中重要部門，擔任高級職務。

在趙匡胤不斷向軍界滲透的同時，也在身邊網羅了一批幕僚。

其中有後世人譏爲「半部《論語》治天下」的半調子讀書人趙普。這個在當時不爲人知的平凡讀書人，正是歷史大劇「陳橋兵變」的幕後策劃兼導演。

趙普並不像後人所描述的，讀了幾天書，就想修身齊家、治國平天下。古人與現代人相比，也沒有那麼高尚。他們跟現在的學生一樣，讀書只是爲了融入社會、謀得一份好工作。只有在拖著鼻涕、滿街瘋跑的年齡，才會覺得自己是未來世界的主人。

說穿了，讀書只是一種謀生的手段罷了，趙普年輕時候也是這樣，直到他遇上趙匡胤，才就此改觀。

兩個人相遇後，人生也因此改變。

強強聯合最好的結果，就是實現雙贏的局面，趙普首先得到趙匡胤父母親的喜愛，然後才被趙匡胤發現，從欣賞到相惜，逐漸贏得尊重。

從此之後，趙匡胤人生中每一次的華麗轉身，左右總會有趙普隱約可見的身影。做爲謀主，趙普對趙匡胤身旁事無鉅細，考慮得非常周詳。很快，歷史的洪峰就把兩個人推上風浪尖口。

機會是給有準備的人的，爲了這一天的到來，趙普很早就做好各種準備工作。

早在周世宗在世時，他就精心安排，略施小計，把時任殿前都檢點的張永德下崗，改任校檢太尉，從此，禁軍大權盡爲趙匡胤所有。

如果說栽贓張永德一事與趙匡胤無關，恐怕是說者一廂情願的想法，這事情極有可能是趙普在他授意之下所爲。趙普做的，也等於是趙匡胤做的。這樣的一石數鳥之計，也只有他這種知識份子想得出來。

史家多認爲：「陳橋兵變」是個突發事件，實則不然。從兵變前半年的「點檢作天子」讖語傳播就可以知道，這只是後來兵變的前奏曲罷了。

柴榮雖然是一代明君，但死得太早。

雖然他在過世前就安排好後事，但他最擔心的張永德並沒有動作，反倒是看上去忠厚淳樸的趙匡胤，這個給人感覺很木訥的親信，居然在他屍骨未寒時斷然出手。

柴榮臨終托孤的時候，把朝中軍務交給侍衛馬步軍副都指揮使、同平章事韓通。事實證明，他的確有識人之明，韓通半年後成爲「陳橋兵變」事件中唯一的犧牲者，就算他選擇順從，趙匡胤也不可能讓他立於新朝之中。作爲後周朝廷的殉葬者，韓通死得其所。

柴榮雖繼承郭威的江山，可他心中明白，朝臣中的張永德與李重進二人未必心服口服。張永德是郭威的女婿，因爲有石敬塘這個女婿篡位的前車之鑑，柴榮會擔心自己身後江山易主，也不是沒有道理的。李重進是郭威的外甥，柴榮則是郭威妻子的侄兒。從血統上來看，他確實比柴進更有資格繼承帝位，擔心這兩個人覬覦帝位也很正常。爲了消弭可能發生的禍患，柴榮處理得很恰當。

北征染恙回京之後，他命宰相范質、王溥參知樞密院事，魏仁浦兼任樞密使，三人共掌軍政大權，輔佐七歲的兒子。臨死前，他命李重進率部防禦河東地區的北漢；罷免張永德殿前都檢點一職，讓李重進出鎮澶州。

這樣的人事安排，是擔心自己死後，這二人威脅到兒子的接班。

當年六月，周世宗撒手人寰。在幾位輔政大臣齊心協力之下，七歲的柴宗訓順利登基。朝政有條不紊，日子一如往常，波瀾不驚。可這種表面的平靜只是暴風雨來臨的前夕，一切陰謀都在緊鑼密鼓地進行。

後周顯德六年十一月，小皇帝剛才把龍椅坐熱沒多久。鎮州、定州二鎮節度使先後上奏：「北漢聯合契丹人進犯邊界，請速發兵抵禦。」

另有一說是顯德七年正月初一邊地告警。

雖說救兵如救火，但是初一接到消息，初三就出兵的話，怎麼說也有點來不及準備。征伐之事畢竟不是兒戲，兩天就得調集士兵和軍資，明顯是不大可能的。雖然這次出征是做戲，但也無法做得太假吧？

從趙普的智商來分析，後者的可能性並不太大，他也無法有十萬分的把握朝廷就一定會命令趙匡胤率軍出征。

七歲的小皇帝偶爾還會尿床，對於軍國重事自然懵懂不知，剛剛開始聽政的符太后情形明顯也好不到哪去，聞報之後也慌了手腳。幾個顧命大臣合計一番，由宰相范質奏請：「命趙匡胤爲帥，副都檢點慕容延釗爲先鋒，大集各鎮將士誓師北征。」

孤兒寡母沒有辦法，只得依從。

後來有一說，這是一場有預謀的謊報軍情，只是眞相如何，存疑可議。

其實，事件眞相根本不重要，趙匡胤要是打算動手，根本是「萬事俱備，只欠東風」，隨便找個出兵的理由，應該不是難事。

第二年正月初一，先鋒慕容延釗率兵前行，趙匡胤則於初三整軍離京跟進。

從浩如煙海的史料中可以得知：「主少時，正是國疑之際。」這種非常時期非常容易江山易主！

就在趙匡胤大軍還沒離京時，京城中傳出「將在出征之日，冊立點檢作天子」的謠言。這可以視做趙普事前放出來試探氣球，以便做下一步打算。

篡逆之事非同小可，萬一有個閃失，就是誅族的大禍。

看到謠言雖傳得滿城風雨，朝中卻沒有什麼應變之舉，趙普心中暗喜，接下來，就看他這個導演與編劇的本事了。事情有了開始，開弓就沒有回頭箭了！

這時，趙匡胤的親信楚昭輔正隨軍前行，忽見軍中號稱「半仙」的苗訓。苗先生邊走邊抬頭觀望天象，一副若有所思的神情。

楚昭輔心中納悶，急忙上前詢問究竟。

苗訓一見是他，露出一副欲言又止的模樣。在楚昭輔一再追問之下，他指著天空，故作神秘地說：「天象有異，空中竟然有兩個太陽。」

怪不得他這樣小心，要知道，在千年前的中國，可是講究「天無二日，民無二主」的。苗先生這樣說非但有洩漏天機的可能，還會給自己帶來麻煩，說不定會因爲亂說話而丟掉性命。

楚昭輔聽了這話，心中大驚。也抬起頭仰觀天象，可惜他沒有一雙白天數星星的眼睛。不過，看的時間一長，還眞的發現太陽不只一個。估計是看久了，頭暈眼花，出現重影。

於是，天上有兩個太陽的傳言在軍中流傳開來。謠言止於智者，但這些廝殺漢成天刀頭上舔血，鮮少有理智，更何況還有某些人推波助瀾？

士兵們對於更朝換代一事充滿了希望，也是因為五代時的君王多為士兵擁立，大家都可以從中牟利，得不少好處。士兵們興奮之餘，連忙精神抖擻地趕起路來。行軍到傍晚時分，終於趕到開封城東北的陳橋驛。

按常理推測，這是一個令許多人無法入眠的晚上，可是據史料記載，我們的男主角的趙匡胤卻在酒後酣然入夢。

之所以飲酒，估計是因為他害怕過於激動，影響入睡。再者，只有裝睡才能帶給人「趙某人與此事沒有關係」的錯覺，藉此撇清自己與事件的關係。

趙匡胤為什麼會有這樣的心思，估計與他讀過書有關，在他內心深處，知道篡位的行為是不對的，這也從他後來去開寶寺，看到韓通的畫像後，命令左右人把人像毀去一事就可知道——篡位不是件光彩的事，他羞見故人啊！

如果他不飲酒就可以淡定如常地沉沉睡去，那麼他的城府也未免太過深沉。

平民百姓莫要說是謀逆，就連無意中在街頭撿到小錢，晚上也會翻來覆去，琢磨這錢可不可以據為己有；趙匡胤如果眼巴巴地坐著盼天明，即使真的是那樣，為尊者諱的史官也會曲筆維護。

所以，筆者認爲「盡信書，不如無書」。從史料中發現蛛絲馬跡，從而在其中找到接近事情的眞相，才是眞讀書。

依筆者忖度，趙點檢裝睡應該也是趙普的安排與建議。這一晚，最辛苦的人就是他。看到所有一切都按照計劃，按部就班地發生，他仍不敢有絲毫大意。

趙匡胤可以熟睡，但這個夜對趙普來講肯定是個不眠之夜！

夜深人靜，趙普等得心焦，卻必須裝出從容不迫的樣子，斜依在榻上假寐。眼睛雖然閉著，其實心中思潮起伏，如果把這一齣戲拍成一部電影，他肯定會名垂千古，奪得奧斯卡小金人。

就在他胡思亂想，神遊物外時，忽然聽得帳外喧嘩之聲四起，腳步聲雜遝，竟似營中走水一樣。

趙普知道大幕已經拉開，該輪到自己上場了。趕忙跳起身來，披上袍服。正要往外走，軍中都押衙李處耘領著一群士兵，不等帳外士兵通報，逕自闖了進來。

趙普臉上露出一副詫異的表情，掃視衆人一眼，忽然厲聲問道：「李將軍，夜深人靜，竟率衆亂闖營帳，意欲何爲？」

李處耘見他這模樣，突然覺到大腦有些供血不足，心想：「趙先生這是怎麼了啊？哪齣跟哪齣啊？明明說好的事，怎麼忽然改台詞了啊？」

還好他也是個聰明人，知道趙普這麼做，一定別有用意。慌亂之後，很快就鎮定下來，壯著膽子道：「諸軍無主，願策點檢為天子！」

身旁的眾士兵不明就裡，見李處耘說話有點底氣不足，紛紛附和道：「諸軍無主，願奉點檢做天子！」

哪知趙普聽了，揮揮手說道：「造反可是罪無可赦之事，大帥忠心事主，不必為此做出不忠不義之事。趁將軍酒醉，你們快快回營休息，我會當今晚這事沒有發生過。」

李處耘聽了趙普的話，感到二丈金剛摸不著頭腦。眾軍知道趙普是趙匡胤的文膽，見他這樣說，李處耘反而期期艾艾地說不出話來，全僵在原地，不知該如何是好。

就在這時候，帳外又闖進一人，正是趙匡胤的心腹：江寧節度使高懷德，與趙匡胤的兄弟趙匡義。

看到演員悉數登場，趙普這才放下心來，請二位落座。

高懷德望了在場的士兵們，問道：「諸軍為何造反？」

一個士兵見他神色不似在開玩笑，索性壯著膽子，高聲說道：「主上幼弱，我等捨生忘死破敵，誰則知之？不如先立點檢作天子，然後出征！」

趙普等人其實就在等這句話，聽了這位士兵所言，便與趙匡義、高懷德二人相視點頭。要士兵自己說出來，奉趙點檢作天子，是想藉此表示並不是趙點檢想做天子，而是這些士兵們為了自身利益，才會熱情洋溢地去行此大逆之事！

李處耘直到這時候才醒過來，恨不得抽自己兩嘴巴，這樣的話居然不搶著發言，實在是笨得可以。

聽那士兵說完，帳中士兵也七嘴八舌地附和，這時李處耘漲紅了臉，大聲道：「我等必欲點檢作天子，請趙先生促成此事！」

眾士兵在後哄然稱是，性急點的還把腰刀拔在手中，營帳中氣氛頓時變得十分凝重。

趙匡義自從進入帳中到現在，都還沒開口，這時候見帳中人眼光盡數向他投來，而趙普竟像事不關己一樣，低頭故做沉思狀，不由地偷偷打量高懷德與李處耘二人。

高懷德挺了挺胸，望著趙匡義，大聲地說：「軍心如此，莫不如順天應人，擁立點檢作天子！」

趙匡義聽罷，低頭沉吟斟酌道：「兄長素來忠義，恐未必允從。」

這時，趙普站起身來，回踱了幾步，環視帳中眾人後，站在趙匡義面前沉聲道：「天與弗取，反受其咎！大軍只要順利回京便大事可定。為今之計，只有速乘夜深早做準備，點檢勢成騎虎，便是不允怕也無法。」

趙匡義見所有人都靜寂無語，只等他開口，不敢再躊躇，點頭道：「便如先生所言。請諸軍暫在帳外靜待，我眾人商議再做決定。」

帳中士兵聽完，立即齊聲答應，退出帳外環坐等候。他們也知道，造反不是只憑滿腔熱忱就可以完成的事，幾個點檢的親信還得從長計議。卻不知這幾位親信暗中早已密謀多次，只是在做戲給他們看的。

戲中人也做觀戲人，也算是一奇了。

史書上另有一說：趙匡義此時正在開封城中陪護母親，並未隨軍出征。依筆者淺見，既然城中謠言會傳的滿城風雨，作為事主的至親，趙匡義不可能有不知情的道理，既然知曉，也一定不會放過這樣重要的關鍵時刻。要知道，造反一事也是重在參與的。若是關鍵時刻做對事情，成功後就可以撈取政治資本，以利將來獲得最大的利益。

而與他有一樣心思的人恐怕也不在少數，苗牛仙、楚昭輔、李處耘、高懷德等人應該也知曉這點，才會在奪權事件中爭相出場。

眾人見到士兵退出帳外，不由地相視而笑，但仍不敢太過張揚。目前陳橋驛的士兵已按預期發動，如今最要緊的事，就是立刻派人回京師與石守信、王審琦二人聯繫，讓他們天亮時接應大家入城。

不一會兒工夫，兩個親信軍官騎上快馬，離開軍營，朝官道疾馳而去。歡快的馬蹄聲融入夜色，劃破夜的寧靜，似乎預告著一個全新時代的來臨。

第 2 章

黃袍加身

當楚昭輔極力壓抑著興奮與激動，把兵變成功、黃袍加身的消息告訴老夫人後，杜老太太竟脫口而出：「我兒素有大志，今日果然。」無意之間，天機盡洩啊！

打發親信上路之後，衆人枯坐在帳中，各懷心事。不知過了多久，忽然聽見帳外人聲嘈雜。衆人大驚，一起搶出帳來看，卻見天邊一抹魚肚白，曉星沉沉，原來天色已亮，帳外士兵見他們仍沒有動靜，早已等得不耐煩了。

見到衆人從帳中出來，衆士兵一齊擁上前來，眼裡盡是相詢之色。待見衆人邁步向趙匡胤休息的地方走去，衆士兵不約而同地跟隨在後。

看到這些群衆演員不用提醒，就主動入戲，趙普內心竊喜不已。

有些時候，群衆的自發性覺悟太高，也容易被一些有心人士利用。這也是無知無畏的一種表現。被「人」當槍使還不自知，疏不知此「人」才是深知槍桿中出政權的高人。

看到這些不請自來的手下，挾著晨風與寒氣闖入帳中，帳內的趙匡胤裝出一副吃驚不解的模樣，揉著惺忪的睡眼，問道：「何事驚慌？」

還沒等他開口，衆人便紛紛搶上前來，穿衣的穿衣、著靴的著靴，擁著他向外走去。

看趙匡胤假意掙扎，一副不知所措的模樣，趙普在心中暗自覺得好笑。但見他忠厚的臉上寫滿了無奈，一時之間，也有點迷惘了。眞的是人生如戲，戲如人生啊！

見到趙匡胤出帳，三軍將士忽然羅拜於地，齊聲高呼：「三軍無主，願奉點檢爲天子！」沒等他反應過來，高懷德就把一襲作工精良的黃袍抖開，就勢披在了他身上。

後世有詩諷詠此事：黃袍不是尋常物，誰信軍中偶得之？

從黃袍加身一事來分析，還眞的是切中要害。哪有人出征還隨身帶黃袍的？矢口否認這不是件有預謀的事，恐怕也很困難，這也是趙普始料未及之事。

趙匡胤顧不得再裝宿醉，也不知從何而來的幾滴急淚直落，爲難地看著左右將士，喃喃自語道：「你等爲求富貴，卻陷趙某人於不義。我受世宗厚恩，今日先帝屍骨未寒，便爲此不臣之事，天下人將如何視我？」

趙普這時站起身來，朗聲道：「大帥如果再推辭，就會上違天命、下失人心，禪代之事，古已有之。欲報世宗厚恩，只需禮待幼主、優遇故後，使之安享太平就是。」

衆將士聽到趙普這般言語，紛紛附和，一邊口中亂呼萬歲，拜舞於塵埃之中。

看趙匡胤還想推阻，趙普向高懷德、李處耘等人使了個眼色。

衆人會意，一邊口中胡亂勸導，一面七手八腳地一擁而上。抬胳膊的抬胳膊，搬腿的搬腿，機靈點的軍官還跑去牽來趙匡胤的坐騎。看到趙匡胤端坐於馬上，身上的黃袍在晨曦中煥出奪目光彩，衆軍齊聲三呼「萬歲」，聲浪一陣高過一陣，驚起軍營外面枯枝間幾隻鴉鵲，吱吱喳喳地迎著晨光振翅遠去。

左右簇擁著趙匡胤離開陳橋驛，往開封行去。

見將士們一臉喜色，趙匡胤忽然勒住馬韁。

衆人不知緣由，都駐足向他臉上望來。

只見他攬轡，侃侃而言道：「事既已如此，多言無義。諸軍既然擁立我爲主，須聽我號令！若能答應，我與爾等便回汴梁城，否則，趙某只有死而已！」

諸將與衆士兵聞言，無不俯首聽令。趙匡胤這才聲色俱厲道：「太后與主上，我北面而事者，諸軍不得冒犯。群臣皆我比肩，不得侵犯。汝等不得驚犯宮闕、侵凌朝貴及犯府庫。用命者重賞，違令者族誅之！」

士兵們聽罷，本來內心還想著要返回京師，趁改朝換代發筆橫財的，這下願望都落空了，但看見自己擁立的趙點檢面色如鐵，不似兒戲，只有照辦的份。

雖然發財的美夢落空，但是新天子「金口玉言」說了，「用命者重賞。」只要按令行事，擁戴之功還是有的！

史料記載，唐末五代的數十年間，每次改朝換代，這些被軍將們擁立的「新君」，沒有人能夠阻止部下趁亂剽掠。

這種事情做的次數多了，竟有了個專用名詞：靖市。

讀史可知，像趙匡胤這樣的陳橋兵變，歷史上只有一次。這裡並不是說這種禪代之事只此一遭，而是說流血最少的政變僅此一家，別無分號！

這次兵變，史書上記載爲「入城之日，市不易肆」，有別於從前血流成河的城頭變換大王旗之事，這次的兵變，簡直可以用脈脈溫情來形容。

筆者把趙匡胤稱爲千古明君，絕不是沒有根據地亂講，要爲這樣的帝王說好話，多少還是有點證據的。

從西元九〇七年，朱溫滅唐起，到西元九六〇年趙匡胤建立北宋為止，之間短短五十四年內，中原地區陸續出現梁、唐、晉、漢、周五個朝代，史稱後梁、後唐、後晉、後漢、後周。與此同時，還有前蜀、後蜀、吳、南唐、吳越、閩、楚、南漢、南平和北漢等十個割據政權。

這些時代弄潮兒趁中原戰火不斷，紛紛割據於一方，史家稱此時期為「五代十國」時期。五代的開國之君，都是前朝的方鎮（俗稱節度使，握有地方軍、政大權），靠軍事割據發展起來的，因此這一段時期戰亂頻仍，是你方唱罷我登場的局面，讓所有人眼花撩亂、無所適從。

後梁立朝短短十七年，卻是五代歷史最久的政權，其他的，如後唐十四年、後晉十一年、後漢僅四年、後周僅九年時間，都沒有它長壽。

相對於這些短命政權，大宋能立國三百餘年，的確值得大書特書。而且趙匡胤還打破「靠篡逆上位者皆短命」的宿命，活到將盡五十歲。

對於這樣一位開國之君，沒有令人吝嗇溢美之辭的理由。

在趙匡胤的英明領導下，出征的將士迅速後隊變前隊，大軍向汴京進發。

雖然部隊來去匆匆，但是將士們心情前後迥異。

群眾演員的要求並沒有特別高，管飯有工錢就足矣！何況這次是真正的跑龍套，還意外獲得大紅包，全軍從上到下，心情無一不是「俱歡顏」。

俗語道：「得食貓兒歡似虎」，士兵們心中惦記著趙點檢承諾的「大補丸」、無不走得腳底生風，昨日四十里路如閒庭慢步走了一整天，今天居然只花兩個時辰就搞定。

一路急速行軍，開封城很快便出現在眼前，視力好的如苗訓者，連城頭上的旗幟是什麼顏色都看的一清二楚。

而衆士兵原以爲一場不可避免、慘烈異常的廝殺並沒有發生，這也讓他們「近鄉情更怯」的心徹底放鬆。因爲開封城內根本沒有人理會他們，看起來根本像沒設防似的，唯一令人遺憾的是少了入城歡迎儀式。

這並不是後周版本的「空城計」，而是趙「書記」運籌帷幄的功勞，只不過這功勞沒有公開的必要。

原來，昨日趙普派出的人，與潛伏於城中等得心焦的地下黨石守信、王審琦等人早已接上頭，控制了城中四門，只等著新天子率軍入城。

做爲新君的換帖兄弟，大開城門只是舉手之勞，更何況是在自己職權範圍之內能辦到的事，爲兄弟兩脅插刀尚且義不容辭，做此能力所及之事，也只是稍盡綿薄之力而已。

歷史的精采之處，就在於史料中有許多後人附會杜撰的東西，如果不加以辨別、剖析的話，就會陷入迷惘，無法做出正確的判斷。

關於此事件，《隨隱漫錄》中有記載，但如果不用心分析，還眞的會上當，被忽悠得一場糊塗。

故事大概是這個樣子的：趙匡胤從陳橋驛率軍返回汴梁城時，負責南門守衛任務的閤門祗侯班、陸喬兩位頭領因忠於後周，看到叛軍大至，拒絕開門。趙匡胤無奈之下，只得率部隊繞行北門進城。入城後，二人看到大勢已去，不願投降於新政權，竟雙雙選擇自絕於人民。

趙匡胤知道後親自前來探望，感歎道：「忠義孩兒！」為表二人忠貞之舉，趙匡胤特頒旨令，興建一座廟，賜名為「忠義廟」，又設立一支貼身護衛，取名為「孩兒班」。更離譜的是，這「孩兒班」的打扮與眾不同，帽子後飄著兩條彩帶，一條是紅色，一條是青色。紅色的意謂一顆丹心擁護大宋，青色則表示為後周柴家「持服」（意即服喪）。

以不才淺見看來，史家的初衷本是為了歌頌趙官家的寬廣胸襟。然而，仔細一看，又會覺得這樣寫似乎有不得已的苦衷。

依常理分析，趙匡胤的陳橋驛兵變，畢竟是行篡逆，應該速戰速決，不能拖泥帶水，否則會橫生變故，因此，他才會率軍在後周朝臣剛下早朝時，殺入城中。陳橋驛在開封東北處，本來他率軍出征是要去對付契丹人與北漢聯軍，回軍時應當選擇附近的路衝殺回來，為什麼會捨近求遠，繞行到南面入城呢？有必要這樣耀武於城外嗎？

此外，為什麼在被拒絕入城之後，選擇再返回北面入城呢？直接從北門入城不就好了嗎？依趙匡胤、趙普、趙匡義、等人的智商，肯定不會犯如此低級的錯誤。

趙匡胤率大軍去而復返，入得城來，秋毫無犯，城中百姓大多沒有感覺到有異，該賣菜的賣菜，該買豆腐的還是在買豆腐。

要說皇城裡的百姓在五代十國數十年中，對篡逆之事見怪不怪，甚至已經麻木，也不大可能。因爲，在趙匡胤大軍還沒起程時，城中富商大戶早就做好應變準備，有錢有權勢的人早就轉移好財產，攜妻舉家先行出城暫避。

普通民衆雖然也風聞趙點檢即將奪權，但避無可避，只好抱持「死豬不怕開水燙」的想法，索性坐在家裡枯等，反正如果眞的亂起來，也沒無處可逃。

連城中百姓都知道趙匡胤要趁「主少國疑」時行廢立之舉，朝中文武百官與宮中肯定也所耳聞才對。但史書記載：「時都下讙言，將以出軍之日策點檢爲天子，士民恐怖，爭爲逃匿之計，惟內庭宴然不知」。

宮中孤兒寡母深居九重，不知情或許還說得過去。但京官不在少數，莫非全都既聾且瞎不成？或者他們也在緊鑼密鼓地準備篡逆之事，無暇旁顧？

清人趙翼在《廿二史劄記》裡曾提道：「王政不綱，權反在下，下凌上替，禍亂相尋，藩鎮既蔑視朝廷，士兵亦脅制主帥，古來僭亂之極，未有如五代者。」

這種歷史非常時期，與趙匡胤有相同心思的人肯定不在少數，這也是爲什麼他不急著去和契丹、北漢作戰，而急於回師的重要原因。

篡逆這種事，當然是捷足先登最好，「先入爲主」就是最能代表這種情況的一句話。

趙匡胤於陳橋驛兵變，率軍回城的消息迅速傳到宮中、朝堂之上後，做爲宰輔的衆人都慌了手腳。

這時早朝剛散，幾位位高權重的大臣還沒來得及閃人。消息傳入宮中，符太后大驚失色，急忙把范質與王溥幾位輔政大臣喚入，估計這時也顧不得什麼禮儀之事，劈頭就是一陣痛斥。

范質與王溥頓時呆若木雞，范質到底上了年紀，被太后數落一頓，即便一肚子委屈無處發洩，但這樣大的事，自己竟然被瞞在鼓裡，怎麼樣也說不過去，只得硬著頭皮挨罵。有負托孤之重的他踉蹌地走下殿，忽然伸手抓住王溥的胳膊，一邊自責道：「倉卒遣將，吾輩之罪也。」

王溥胍門被握，一邊胳膊頓時酸軟無力，沮喪之餘，更不敢答話。

這時，范質見韓通疾步向外走去，連忙放開王溥上前追趕，哪知這韓通輕功甚是了得，轉眼工夫，已經走得不見身影。

老頭長歎回首時，卻見王溥仍站在殿上，檢視腕間的指痕。

根據歷史記載，宰相早朝未退，聞變。范質下殿執王溥手曰：「倉卒遣將，吾輩之罪也。」爪入溥手，幾出血，溥噤不能對。

筆者之如此敘述，不是爲了嘩衆取寵、增加文章的可讀性，而是因爲王溥雖是後周的宰臣，後來仕宋之後，卻是宋朝最年輕的宰相，時年三十三；但他同時也是另一個之最，是壽命最短的宰相，卒年三十七。這樣年輕的青年卻被老宰相握得「幾出血」，可見范質力道之大。

就在趙匡胤率軍踏上回程之前，趙普又派出兩名心腹飛馬先行一步。這兩位一個是楚昭輔，也就是把「天有二日」的異象傳滿營皆知的人。另一個是潘美，此人因爲後人的演繹而名垂千古，後人還在他名字裡多加了一個「仁」字，即潘仁美。潘美奉「旨」回城見范質、王溥等幾位執政大臣，而親信楚昭輔此行是爲了安頓新君妻小。

從這細微差別上可以看得出，同樣是親信，潘美在趙匡胤心中，遠沒有楚昭輔親近，這也是「趙普導演」選擇他與苗「半仙」率先登場的原因，通常搶先上台的都是小角色。

楚昭輔快馬加鞭回到城中後，輕車熟路地趕往趙匡胤府中。

當楚昭輔極力壓抑著興奮與激動，把兵變成功、黃袍加身的消息告訴老夫人後，杜老太太竟脫口而出：「我兒素有大志，今日果然。」無意之間，天機盡洩啊！

第 3 章

改朝換代

陶穀的這番閃亮登場，使得朝代更迭一事得以順利進行。有了這張簿簿的紙，一切就可以順理成章地進行下去。

趙匡胤返回城中之後，徑直前往都點檢的衙門。

並不是他自重身份，而是他人早就爲他安排好一切，他只需要坐在那裡等好消息，靜觀事態發展即可，非常淡定與從容。

這時，大部分的士兵已回營中安歇，這次趙普沒有隱藏於幕後，直接帶人闖進宮禁之中。范質與王溥衆人還在殿上，見趙普率衆擁至殿中，一時驚得面無血色，兩股打顫。衆士兵不等趙普吩咐，各持刀槍守在四周，殿中氣氛顯得異常凝重。

范質到底爲相多年，立馬就從慌張轉爲鎮定，注視殿中衆人，默默不語，直勾勾地望著趙普。

趙普被這麼一瞪，一時也不知如何開口，他沒有笑場，而是突然忘詞了。雖然熟知歷朝革命之事，卻因讀書不求甚解，一時有些愣住。

就在這短時間的冷場之際，趙匡胤的另一名親信主動挺身而出。

這人正是羅彥瓌，武夫到底心直口快，對趙普一時無語感到不解，雖然趙「書記」爲人向來恭謹有禮，改朝換代之事情也見過好幾齣，但這種關鍵時刻，哪裡是這種縛手縛腳的人能擔大任的呢？

他不知道，今日眼前這一切，全拜這位「讀書人」運籌帷幄所賜。

羅彥瓌按捺不住，縱身一躍，擋在老宰相范質面前。

范質被他的舉動嚇了一跳，不禁往後退了兩步。即便如此，仍色厲內荏地問道：「你是何人？想要怎樣？」

羅彥瓌見他如此模樣，覺得好笑，但不能顯露在臉上，只得繃著臉，一咬牙，從腰間拔出劍來，厲聲叫道：「我輩無主，今日必得天子！」

聽長官這麼一嚷，手下士兵也紛紛高舉手中刀槍，大聲附和，一時間，殿中迴盪著士兵的叫嚷聲，震得大殿樑間塵埃飛揚。

這時，趙普清醒過來，維持慣有的謙遜，望著幾位昔日宰輔，上前幾步溫言道：「幾位不必慌張，還是借一步說話的好。」

幾位顧命大臣無可奈何，只好哭喪著臉，在眾士兵的挾持之下，前往衙門見趙匡胤。

當范質眾人失魂落魄地來到都點檢衙門時，出乎意料的是，坐在堂上的趙匡胤看起來竟比他們更沮喪。

一整晚無法好好休息，又披星戴月地趕路，趙匡胤臉色本來就很難看，這時候見到范質、王溥眾人，更是哽咽不已。

歷史上凡成大事者，無一不是善哭之人，一有需要立刻熱淚奪眶而出。邯鄲的學步者雖學得似是而非，卻也受益匪淺，畢竟會哭的孩子有糖吃。

就在眾人一頭霧水時，趙匡胤迅速離座，跑到他們面前，用無比誠懇的語氣說道：「吾受世宗厚恩，無以爲報。今日六軍不發吾奈何？趙某愧負天地，實在無顏見諸公啊！」自責之後，唏噓不已。

幾個「心太軟」的朝臣見此情景，以為趙匡是被士兵逼迫所至，緊繃著的心也跟著鬆懈下來，居然在面色稍霽後，琢磨著要和趙點檢商議如何善後。

性急的羅彥瓌再一次跳出來，一如既往地發揮軍人亮劍精神，立刻拔劍在手，順便擺了一個漂亮的POSE，有沒有挽個劍花不得而知，但此時的戲劇效果絕佳。手下將士見他如此，也紛紛抄起傢伙，頓時都點檢衙門大堂之上，一片刀劍撞擊之聲。

范質還想說些什麼，一轉頭卻不見身邊的王溥。再仔細看，卻見王溥已經退到階下，與其他衆人跪拜於地，口稱萬歲。

「到底是年輕人心眼小啊，范質老矣！」范質感嘆道，但他雖老，還沒到老糊塗的地步，見此情景，知道自己再堅持下去，只怕會身首異處。

想到此，他也顫抖地來到階下，拜倒在地，對趙匡胤俯首稱臣。

趙匡胤見此心情大好，正想下去伸手攙扶，卻被趙普用眼神制止，索性坐回堂中，虛抬了手，請衆愛卿平身。幾位朝臣剛從階下起身，外頭就有人來報：「侍衛親軍司副都指揮使韓通作亂被誅！」

聞言，朝臣略顯平靜的心再度掀起波瀾，個個驚得面色如土，同時暗中慶幸自己腦筋清醒，否則下場就會跟韓通一樣。

韓通手握軍權，又受世宗託付，聞變之後，立刻跑回家中。就在他離了朝，騎上馬，帶著手下往返家的路上狂奔時，正好與王彥升一行人撞個正著。

王彥升拍馬挺槍一刺，韓通不敢戀戰，一來不是對手，二來急於閃人。他知道王彥升實力了得，故此虛晃一槍便扭頭跑走。

韓通的手下衝上前截殺，被王彥升施展手段，不一會兒就全數喪命。

王彥升見韓通跑遠了，急忙打馬如飛地追趕。

韓通恨不得肋下生翅，一個逃，一個追，逕往韓府衝去。

沿途百姓見此情形，紛紛躲避，指指點點的同時更是納悶，平日威風八面的韓大人是怎麼一回事啊？竟然跑得如此狼狽？再一看身後一人一馬一槍急起直追，更是一頭霧水：「這年人是誰啊？」

韓通被追得無路可走，好不容易捱到宅邸門口，跳下馬就往院裡狂奔。

王彥升的任務是取韓通的性命，見他棄馬向院中疾奔，心裡一急，大喝一聲，同時猛提馬韁。馬兒奮力一縱，竟越過數道石階，直接躍入院中，把正想上前阻攔的韓家人撞得東倒西歪。

韓通沒料到王彥升竟有如此手段，聽得身後動靜，轉身一看，亮晃晃的長槍登時穿胸而過，把他釘在原地。

韓通到底是行武出身，臨死之前，伸出雙手握緊住槍桿，一雙眼睛瞪視著王彥升，臉上盡是一副錯愕不解的表情，殷紅的鮮血順著嘴角淌了下來。

韓府中以士兵居多，見主人橫死，立刻出聲高喊，並持兵刃向王彥升衝殺過來。

王彥升根本不把這些人放在眼中，見他們衝過來，正要抽槍抵擋，忽然發現長槍竟被韓通握住，抽了兩下也沒奪回。

韓府兵丁見狀，立即刀槍並舉向他，恨不得馬上把他碎屍萬斷，好為主人報仇。

王彥升即使久經戰陣，也只能左支右絀，一時之間手忙腳亂。

正在危急關頭，王彥升手下的士兵及時趕到。韓通腦筋不太好，他家的人也一樣。倉促之間，竟忘了關上府門，好來個關門放狗。

老王的手下見主將危急，趕緊飛奔趕過來解圍，韓家人見情勢不妙，這才知道大禍臨頭，紛紛選擇走避，一時之間府邸亂成一片。

沒等王彥升吩咐，士兵們便舉起刀斧大砍大殺，腿腳利索的人還想往大門跑去，哪知王彥升的手下早已關閉府門，韓府上下全數倒臥在血泊之中。

殺完人後，士兵自然不會錯過發橫財的機會，開始順手牽羊。

這時，王彥升把長槍收在懷中，對著韓通的屍體，恨恨地吐了一口口水，立即催馬出門，向新天子交旨。

根據史書記載，韓通是唯一一個在趙匡胤代周時罹難的臣子。趙匡胤對他的死，除了表示意外，還贈送一個中書令的榮譽職務，「以禮葬之」。之後雖有閭巷奸民趁亂攘奪，撞在新政權的槍口之上，但最後皆被斬於市；而被掠者，損失皆由官府所償。

相較於其他朝代的更迭，趙匡胤的篡位代周，是百姓受害最輕的一次。宋代傑出的文人代表蘇東坡，對此有所評判：「予觀漢高祖及光武帝，及唐太宗，及我太祖皇帝，能一天下者四君，皆以不嗜殺人者致之，其餘殺人愈多而天下愈亂。」與唐太宗相比，宋太祖趙匡胤的篡周之舉雖然同樣是不光彩的行為，但仍須差別看待。趙匡胤的種種行為，無不是在預示著：一個人性化的大時代即將來臨。

得知韓通被順利幹掉以後，堂上所有人都鬆了一口氣。

這時，趙普上前提醒趙匡胤：「應該換個地方說話了！」導演見演員走神，善意的提醒是必要的。

這次范質與王溥反應不慢，主動上前，一人攙扶新天子、一人分派人手，督請朝臣到宮內議事，分工十分到位。

在衆人的小心陪護之下，趙匡胤來到內城宮中，準備在崇元殿接受禪禮。京中文武百官也爭先恐後地趕到現場，見面之後，全都是心照不宣的嘴臉。

直到午後申時，大臣們才按部就班，各就各位。

望著下面這些熟悉的面孔，趙匡胤志得意滿，表現出來的肯定是「千秋萬代，一統江湖」的豪邁神情。這時，他突然覺得殿中空氣有異，殿中鴉雀無聲，文武百官個個面面相覷，默不作聲。

趙匡胤望向趙普，只見他滿頭大汗，現在天氣又不熱，額上哪來的汗水？

原來，趙普忘記了一件最重要的事情：趙匡胤現在連禪位詔書都還沒拿到手，要如何禪讓？這才是令他汗顏不已的原因。

就在趙匡胤等人一籌莫展之時，忽有一人越衆而出，從袖中取出一卷黃紙，朗聲道：「禪位詔書在此，請陛下詳閱！」

這位魔術大師正是後周翰林學士陶穀！

趙匡胤這時的心情只能用「心花怒放」來形容，從前趙普衆人說他代周乃是「順天應人」之舉，他只道是信口開河，從來不在意，現在事實證明，他這次改朝換代果眞是天人相應啊！

禪位詔書不同於普通的文件，不是想要就可以馬上拿到的。按照常例，通常是由現任皇帝命有關官員書寫，再由重臣交給繼位者。

遙想當年，曹操爲兒子代漢一事，做了數十年的前期準備工作，他死後不久，迫不急待的曹丕便派手下華歆等人，協迫漢獻帝寫禪位詔書。

漢獻帝無奈，只得命陳群起草。

華歆拿到詔書與傳國之璽後，立刻糾集百官勸進。

但曹丕這時聽從賈詡等人的建議，先建了一座受禪台，把禪位詔書退還給漢獻帝，要獻帝重新潤稿，如是者三，才令他滿意。

後來，史官另擇一良辰吉日，集結號角一吹，文武百官齊聚受禪台下，見證劉協親自上獻玉璽綬帶，司儀官宣讀禪位詔書。曹丕這才走上台，接受文武百官的三拜九叩，完成禪位程序。

曹丕首開歷史之先河，功莫大焉。後世野心家紛紛有樣學樣，按照這種模式來做禪讓，儀式可以縮水，禪位詔書卻是不可或缺的重要「道具」。

趙普百密一疏，偏偏忘記這不可或缺的重要道具。

還好，陶穀主動出面「救火」。

陶穀這種精神固然可嘉，細思他的行為，卻令人感到後怕。

表面上看來，周恭帝母子似乎早有禪位的念頭，在此前就密令翰林學士陶穀起草禪位詔書，陶穀則一直小心保管，並在關鍵時取出來獻給趙匡胤。

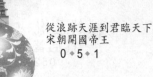

只是後人遍尋史料，從未見類似的記載。很明顯的，這件事並非周恭帝母子所為，而是陶穀的個人行為。

陶穀的這種造假行為，足以令後世的造假者們感到汗顏。造假造到這種地步，還真是「前無古人，後無來者」了。

陶穀這番閃亮登場，使得朝代更迭一事得以順利進行。

有了這張薄薄的紙，一切就可以順理成章地進行下去，趙匡胤的改朝換代大戲方可到達高潮，並在高潮之後完美落幕。

陶穀的精采表演，讓衆朝臣在瞠目結舌之餘，只能在心底自嘆不如。看著同僚們羨慕又嫉妒的目光向他投來，一時之間都有些飄飄然了。

不只是他，朝堂之上的所有文武百官，都認爲新天子這次肯定會「投桃報李」，不吝賞賜，委以重任。陶穀也在得意之餘，一不小心說出自己的期望：宰相公侯之位對他而言猶如「探囊取物」。

史書記載，陶穀嘗自曰：「吾頭骨法相非常，當戴貂蟬冠爾」。

他覺得，趙匡胤之所以頭上可以戴著「平天冠」，全是自己出力所致，因此賞他個貂蟬冠也是理所應當的事啊！

看到這裡，你或許很疑惑，到底什麼是貂蟬冠？

貂蟬冠就是宋代三公、親王參加早朝時專用的帽子。

可惜他太自以爲是，命運往往會捉弄太過聰明的人，包括他這頭骨法相非常之人。很快地，他就明白什麼叫做「事與願違」。

在他高聲朗讀自己寫的絕妙好辭之後，「宣徽使引太祖就龍墀北面拜受。宰相扶太祖升殿，易服東序，即位。群臣拜賀。奉周天子爲鄭王，太后爲周太后，遷居西京。」

趙匡胤的屁股總算坐在龍榻上了，該是對幫助自己的人有所回報的時候了。爲了維持政局穩定，他繼續留用後周朝臣，范質、王溥、魏仁浦三人仍是宰相，其他官員也各有封賜。

陶穀也伸長脖子，等待新君的聖眷，但左等右等，等到脖頸酸麻，仍沒有得到自己想要的東西。

新天子只是象徵性地授以「禮部尙書」一職，仍讓他兼任翰林學士，讓他在這個崗位上繼續發光發熱，繼續爲新朝服務。

這讓陶穀大感疑惑，自己以前屢試不爽的手段居然會失靈？難道趙匡胤打算過河拆橋？還是他所做的奉獻，不配得到應有的賞賜？

其實，趙匡胤絕對不是一個簡單的人物，更不是個糊塗的君主。就算是眼光狠毒的趙普，也只得到一個從四品的官職：右諫議大夫、樞密直學士。

你想想，趙普是什麼人物？是陳橋兵變的總規劃、大導演，還是新朝的奠基人之一，連這種牛人都只能從四品官階，陶穀如果能想到這裡，大概就能釋懷了。

第 4 章

求個名正言順

在中國，凡事都講求名正言順。有了一個好的開頭，後續進行起來才會風生水起。無論從哪個角度來看，宋文明都將是一個前無古人、後無來者的時代。

周世宗七歲兒子柴宗訓在帝位上僅坐了數個月，還沒等到改元，就把江山拱手送人。禪讓之後，母子二人出居西京。

趙匡胤登基，立國號為「宋」、改元名為「建隆」。建隆三年，周恭帝柴宗訓出居房州。開寶六年三月（西元九六八—九七六年），房州言周鄭王殂，在風華正盛的年紀殞落，估計也不是什麼善終。如果趙匡胤不想下這黑手，安知房州地方官怎麼可能代勞？

從古至今，一個朝代的國號、年號，都要有極豐富的內涵，不能隨隨便便亂起一個。夏、商、周、秦、漢等朝代，年代太過久遠暫且不提。連五代時期這些短命的政權，國號也各有各的理論。

例如後梁朱溫的國號，與他被封為宣武節度使有關，因為宣武節度使的開府地在大梁（開封）。

後唐李克用的姓氏是李唐所賜，順理成章的自以為唐室繼承人。

後晉石敬瑭因立國之前曾任太原節度使，太原是三晉之都，故此國號為「晉」。

後漢的劉知遠，覺得自己姓劉，如果不加以利用，簡直浪費資源。於是主動和劉家有頭有臉的人物劉邦、劉秀二人扯上邊，硬是沾別人的光，立國號為「漢」。反正東頭一個「漢」、西頭一個「漢」的，再多他一個「後漢」也無所謂。

而郭威所立的周更加傲慢，他的思想境界遠超前面這幾位，乾脆把自己直接和周文王、周武王平起平坐，夢想建立一個繁榮富裕的大周時代。

宋人熱衷修史，正史、野史、筆記……等為數相當龐大。他們認為自己是緊接在五代、後周之後的中原正統王朝，急於修《五代史》，就是為了給自己代周尋找一個光明正大的藉口。

而同一時期的遼人也以「中國」自居，現代北京地區出土的遼代中晚期石刻中，經常看到「南贍部洲大契丹國」、「南贍部洲大遼國」等字樣。

之所以會有這種情形，與契丹佞佛有關。按照佛教的認知，中國所處的地理位置正是南贍部洲。

遼道宗末年，遼人史官修成的《皇朝實錄》中自稱「軒轅之後」，也是對華夏文化的一種認同。

契丹人棄「夷」入「華」的做法，說明他們積極地向漢文明、漢文化看齊，漢文化的向心力之大可見一斑。

有鑑於此，漢民族對自己的正統合法性漸漸感到不安，趙匡胤在國號的選擇上，也更須慎重。

趙匡胤當然也相信自己能順利代周，是冥冥中自有天意。自己的「龍潛」在宋州，發跡也在宋州，在國號的選擇上，這當然也在考慮範圍之內。

而五代後周應的是「木德」，由木生火，天道也有章可循。所以，他的朝代必須上應「火德」。剛好宋州也是最早祭祀火神的地方，把國號定爲「宋」，再恰當不過。

建隆元年，「有司言：國家受周禪，周木德，木生火，當以火德王，色尚赤。從之」。

在中國，凡事都講求名正言順。有了一個好的開頭，後續進行起來才會風生水起。所有的一切無不是在預示一個嶄新時代的來臨，華夏文明從唐末五代的大亂，將趨於平靜，走入大治。

無論從哪個角度來看，宋文明都將是一個前無古人、後無來者的時代。

第 2 卷

箭在弦上，不得不發

臨陣斬將乃是兵家大忌，何況這一斬就是數十人。

揚州城中頓時人心浮動，還沒和宋軍交鋒，

就上下相疑、離心離德。

沒有人願意跟一個失心瘋的人共事，

更不用說為其賣命。

第 1 章

李筠起兵

使者走後，李筠才醒悟到自己愚不可及，就算內心再怎麼不滿，也不能在使者面前發作啊！這時候，除了亡羊補牢，沒有別的挽救辦法了。

大宋的金字招牌既然掛起來了，就要做一些必要的事情，首先要做的就是昭告天下，讓天下人知道官家換人做了。

大周因為經營不善，已經被強行退市。如今江山易主，地方最好擁護新政權，你好我好大家好！

很多藩鎮勢力，在周世宗在世時候就表現得桀驁不馴，現在改朝換代，當然不可能輕易俯首稱臣，這讓新君趙匡胤心中不停打鼓。

幸虧有韓通這個前車之鑑，開封城很快就從短暫的混亂中平靜下來。

趙匡胤把京師安定工作做好之後，立即派使者（太監），前往各地藩鎮，告之後周天子禪位、新朝已立之事。

趙匡胤最擔心的人有兩個，一個是駐守潞州的昭義軍節度使李筠，另一個是郭威的外甥李重進。他略施詭計，把兩個最大絆腳石踢出政治權力中心汴梁城。讓李重進駐守揚州，張永德改鎮許昌。

張永德雖是郭威的女婿，卻與趙匡胤私交甚篤。他對禪代之事雖感意外，卻沒有太多的牴觸。

趙匡胤為了營造一個祥和安定的新氣象，在對待二李上也與其他藩鎮不同。

當前他首要注重的事情就是建設與發展，為了達到這個目的，不得不放低身段，溫言撫慰之餘，又賜二人榮銜「中書令」，以求息事寧人。

當家才知柴米貴，這會兒，他才懂得爲什麼當初柴宗訓即位，就加自己爲節度使的原因了。一來是餌之以利，同時也讓他在政務繁忙之餘，無暇產生其他非分之想，這種心機，估計不是一個七歲的孩子想得出來的，肯定與范質、王溥等輔政大臣有關。如果趙匡胤不行禪代之事，搞不好哪天也會被請出汴梁，這也是他爲什麼會選在正月動手的原因之一，普天同慶時，人們的警惕與戒備通常是最鬆懈的。

趙匡胤的擔心也不是沒有道理的，當使者捧著詔書，來到李筠駐紮的潞州時，李筠死活不肯接受，最後在手下紛紛勸阻、一番開導之下，才勉強叩頭接旨，承認趙匡胤這個新君。

這頭一磕下去，君臣的名分從此成了事實。如果他拒絕接旨，當場起兵，還可以稱做「靖難」，成爲後世忠君臣子的表率。可他已經膝蓋發軟而跪地，再起兵就叫「造反」，這其間的差別，諸位不可不知。

估計使者在路上時內心相當忐忑，擔心自己隨時有可能腦袋搬家。這時看見李筠彆扭地行了大禮、接了旨，一顆懸在嗓子眼的心才終於落回原位。

但是，接下來李筠的行事就讓人感到匪夷所思了。

使者風塵僕僕前來，一番款待是必不可少的，畢竟他代天行事，身份不同，就算是失了男根的太監，置酒款待也是免不了的。

使者一看不辱使命、大事已了，也貪了幾杯晉地佳釀。這時，他見到一個令他詫異的場景：李筠請出周世宗的畫像，高懸在堂上，涕淚滂沱、悲傷不已。

不但使者驚訝不已，連李筠的部下也覺得主公在自討苦吃，這事情要是被使者回去添油加醋地一說，下場肯定很難看。

還好李筠手下不善飲酒之人見此情形，急忙上前打圓場：「令公今日不勝酒力，失態失態，請天使莫怪！」

即使沒有人出面解圍，使者也不敢當場發作，這時聽到別人這麼說，也只有裝醉的份。後來，使者不敢再多留，趕緊回京城覆命。

趙匡胤聽了，不禁陷入沉思，看來，有些人還真的是給臉不要臉。

不只是趙匡胤一人殫精竭慮，還有一個人想從這件事上做文章，這個人就是北漢國主劉鈞。他的父親劉崇是後漢開國君主劉知遠之弟，是祖上曾經闊過的人，也就是人稱的「富二代」。

北漢與後周有不共戴天之仇，劉鈞剛回太原，本來打算來個御駕親征、聯合契丹人大舉南征。但聽說趙匡胤代周之後，不知什麼原因，伐周之舉竟不了了之。退回老巢之後，才覺得心有不甘。

劉鈞聽說李筠在潞州（今山西長治）雖然已接受趙匡胤代周的事實，但表現得有點勉強，舉止還很乖張，顯然不是心念舊主，就是對趙匡胤心存不滿。

一想到這裡，他按捺不住心中的激動。一番琢磨之後，修書一封給李筠，誘之。

李筠這時候正在為自己酒席宴上的表現感到懊悔不已，看來這酒一喝多，還真是誤事。其實，與他有一樣心思的人不在少數，大家都是站在一條起跑線上的選手，哪知，時移世易，從前稱兄道弟的同僚，再見面就得對其三拜九叩。這樣一想，任何人心中都不會爽。所以酒入愁腸之後，難免流露失態之舉。

使者走後，他才醒悟到自己愚不可及，就算內心再怎麼不滿，也不能在使者面前發作啊！這時候，除了亡羊補牢，沒有別的挽救辦法了。

就在這時，北漢劉鈞的蠟書送到，眞可稱為「及時雨」也。

李筠根本沒多加考慮，直接把蠟書轉送給趙匡胤，他不是擔心劉鈞此舉是「明珠暗投」，而是期望自己這樣做，多少能給趙匡胤「我依然忠於你」的錯覺。

做皇帝難，做藩鎮也不容易。如果可以做到「爾不虞，我不詐」，那還眞是種一廂情願的想法。

李筠的反應早在趙匡胤的預料之中，就在他打算做進一步動作時，李筠轉交的蠟書送到了汴梁城。

趙匡胤對他「此地無銀三百兩」的伎倆洞若觀火，但仍佯裝不知，下旨褒獎他。

趙匡胤忠厚老實的外表極具欺騙性，許多老奸巨猾的人都著了他的道，更何況李筠這種不知道韜光養晦的笨蛋。

就勾心鬥角的本事來說，李筠與趙匡胤明顯處於不同的檔次。

李筠肚子裡雖然沒有什麼牛黃狗寶，但是打起仗來是一把好手。二十多年的軍旅生涯中，他戰功卓著，有輝煌的戰績，無論是個人技擊水準還是軍事指揮能力，都是藩鎮中的傑出人物，也是他敢於向趙匡胤叫板的本錢。

他祭出「瞞天過海」的法器之後，便開始「暗渡陳倉」。

許多歷史人物對於軍事一道向來都是無師自通，許多戰法都與兵家要旨暗合，再不濟也懂得在戰爭中學習。

但在他自以爲得計的時候，趙匡胤早就在暗中做好準備。

對於李筠的這種行爲，他的兒子很是不解：「既然君臣名分已定，何不老老實實地盡臣道？」並經常在父親耳邊聒噪。

李筠本來肝火就旺，肚子裡憋了一股無名火無處發洩，心裡煩躁得要死，這時聽到兒子的勸諫，更是不耐煩，完全充耳不聞。

這件事很快被趙匡胤知道，除了手書慰勉，還召他兒子李守節入京，委以皇城使一職。李筠得旨之後，立即安排兒子進京。他這樣的心思，可以說爲達目的，開始不擇手段了。

這樣做確實有很多好處：一來可以示以自己心胸坦蕩，使趙匡胤不疑有他。二來，兒子在身邊不但沒幫忙，反而天天諫阻、從中做梗。打發他赴京，既可以眼不見爲淨，又可以把他安放在新君身邊做耳目，這樣一石二鳥，實在高超。

其實，他最險惡的用心，在於起兵之事已經箭在弦上，最好趙匡胤聞訊後，一怒之下把兒子的頭砍了，這樣自己就更「師出有名」了。

爲了一己之私，竟可以把父子親情棄之不顧，實在惡毒。

只是，他也跟陶穀一樣自視太高，低估了對手。看不清對方還屬於天作孽，看不清自己就是屬於自作孽了，而自作孽的結果如何，不言而喻。

李守節奉召入京，趙匡胤親自接見，第一句話就把他嚇個半死。

趙匡胤也是極具搞笑天賦之人，與李守節一見面，還沒等對方給他行禮，就主動搶話：「太子爺遠來辛苦！」

李守節一聽此言，驚得七魂三魄險些飛去，急忙跪在地上，連連請罪。

趙匡胤見目的達到，便上前扶起他，溫言撫慰一番說：「兒子忠孝是兒子的事，老子混帳是老子的過錯，需差別對待。咱新朝新氣象，不搞株連那一套。」

李守節見趙匡胤果有仁君風範，心中感慨之餘，更對父親的不智行爲擔心不已。

後來，他在汴梁城中沒有待多長時間。趙匡胤對他的內心世界清楚得很，看李筠反態已明，便讓他回去好生規勸父親，把皮球傳到對方腳下。

在這小夥子臨行前，趙匡胤苦口婆心地叮囑他，請他轉告李筠：「我未為天子時，任汝自為之；我既為天子，汝獨不能小讓我耶？」

這種低三下四的話從一個君王的口中說出來，還眞是不容易。

趙匡胤也希望李筠可以迷途知返，能不兵戎相見最好。武者，「止戈」也！經歷五代的兵荒馬亂之後，民心思定。好不容易能有一個表面的和諧，他實在不願意打破這種安寧。

但是，李筠誤把趙匡胤的這一番良苦用心，理解成是對自己下的最後通牒。這樣處心積慮，完全是為了達到「不戰而屈人之兵」的效果。

的確，做為一個政治家，鮮有說話算話的時候，投身政治漩渦久了，無法獲得他人相信也是可以理解的。

李守節把趙匡胤的話，隻字不漏地全部轉述，估計其中也有幾分自我發揮之處。但他老爸連至親的話都可以當做耳旁風，一個鞭長莫及的新君之言，更能起什麼作用？趙匡胤的一番肺腑之言，不但沒有起勸阻的作用，反而使李筠加快起兵作亂的步伐。

雖然李筠在潞州經營多年，稱得上兵精糧足，可他對起兵對抗中央一事，仍覺得勝算不大。

一番思索之下，他想起了送蠟書的北漢劉鈞，上次他把劉鈞的示好當成與趙匡胤鬥法的利器，這次他得放低身段，為自己處境多做些考慮。

北漢雖僻處晉中、晉北，可是太原地方人傑地靈，帶甲之士十餘萬，易守難攻。如果自己找這棵大樹依靠，做起事來豈不更能進退自如？

於是，自以爲得計的他馬上動手，先把宋廷派來的監軍周光遜等人用檻車囚禁，再命手下把他們押往北漢，同時奉表稱臣。

人昏頭後往往不會計得失，李筠在檄書中大罵趙匡胤篡周，自己起兵是替周室出頭。只是他明知北漢與後周是世仇，卻主動稱臣，這種行爲跟趙匡胤禪代之事相比，似乎更加惡劣。

趙匡胤既代周，北漢當然也是他的死對頭，李筠此舉可謂「得不償失」。要知道，北漢對契丹人稱臣，仰賴遼人的鼻息而活，現在跑去抱北漢的大腿，等於是落人口實。

但北漢主劉鈞並沒有因爲李筠上次的行爲，把他派來的使者拒於門外。畢竟，李筠主動登門稱臣不說，還請爲先鋒，哪有不答應的道理？與其等趙匡胤休養生息完畢，騰出手來收拾自己，不如自己先時不時爲難對方，還能從中獲利。

於是，劉鈞欣然率北漢士兵與李筠相會，同時派手下宣徽使盧贊統軍，與李筠先鋒會合共同進兵，又命大將范守圖做後援。

一聽說北漢劉鈞親自來會，李筠趕忙遠迎。在此之前，手下曾有「智多星」勸他：「令公孤軍起事，其勢甚微（危）。雖欲結北漢爲後援，可是北漢蕞爾之邦，不能指望。

趙宋新朝兵精將勇，此番定有一場惡鬥。令公沒有屠龍刀，怕是難以與倚天劍爭鋒。為今之計，莫如西下太行，直抵懷、孟，塞虎牢，據洛邑，東向而爭天下。計之上也！」

這位「智多星」提出的上策，與當年北漢少尹李驤勸劉崇之語如出一轍。

當年郭威代漢，後漢隱帝劉承祐被殺。劉崇正要起兵南下復仇，忽然聽到漢太后派老臣馮道去徐州迎接自己的兒子，說要立為漢嗣。

劉崇信以為眞，便對部衆道：「吾兒為帝矣，復何慮哉？」聽到要立他的兒子當皇帝就裹足不前了，如果說要立他為帝，不當場抱住郭威狠狠地親幾口才怪。

可李驤接下來說的話，卻令劉崇怒不可遏。他說：「看郭威這個樣子，不像是會把江山拱手奉送他人的主兒。咱們不如領精騎疾度太行，控孟津，以觀其變。等公子登位，再回太原也不遲。這樣做郭威會有所顧忌，就不敢輕舉妄動。」

李驤這番話說得很實在，也是出於至公。

哪知，劉崇聽了大怒，破口大罵：「腐儒竟敢離間我父子？」馬上下令左右把他拖出去斬首。

李驤臨死前歎息道：「枉自負王佐之才，卻為一個愚人出謀劃策，如今死也是活該！只是家有病妻，最好把我們一起斬了，黃泉路上也不寂寞。」

筆者忖度他這將死之人之所以這樣說，是希望劉崇看在多年輔助的情份上，在他死後照顧一下他的病妻。哪知，劉崇竟聽從他的話，果眞把他與妻子二人一同問斬，眞是令人無語。

此計雖是妙計，但好心人的話永遠無法勸回孤魂灘上的鬼，李筠根本不予採信。他起兵作亂以來，兵鋒甚銳，沒幾天就攻破澤州，斬殺太守。

勝利來得太過順利，讓他被衝昏了腦袋，這會兒更是大言不慚道：「吾乃周朝宿將，與世宗義同兄弟，禁中諸將都與吾有舊。等雙方一交鋒，一定有人倒戈來降附。況吾有詹珪槍、撥汗馬，何憂天下哉？」

撇開前面部分不提，單是後面這幾句話，竟與三國的呂布所言極爲相似。

當年呂布被曹操圍的水洩不通時候，不顧他人死活，也大言不慚地說：「吾有方天畫戟、赤兔馬日行千里，何憂天下哉！」

李筠的這番話與前人一比，充其量只能算得上是模仿秀。「詹珪槍」裡的詹珪只是他的一名部將，因槍法精妙、罕有敵手而聞名天下。撥汗馬雖然是不可多得的寶馬，但與赤兔馬一比仍顯不足。

當年呂布就是依仗兩樣利器行走江湖，才死到臨頭而不知自省，白門樓一戰，終至殞身，可見身外之物皆不足以爲憑。

李筠現在這樣說，也不怕沾上悔氣？

眾人聽他這樣說，心寒齒冷之餘，也只能集體選擇沉默。

李筠太過自負，又因起兵之初，小有斬獲，就變得忘乎所以，後果可想而知。

人只要得意一忘形，就離倒楣不遠了。

第 2 章

兵敗如山倒

一場激烈異常的攻防大戰，很快就在澤州城開打，負責攻堅的馬全乂率領敢死部隊向城頭猛攻，一時之間，城上城下箭如雨下。

沒過多久，劉鈞與李筠二人碰面，也因李筠不合時宜的表現，險些鬧得不歡而散。君臣二人雖然強顏歡笑，但心中芥蒂已生。

事情的經過是這樣的，北漢與後周原本是世仇，李筠怎麼可能不知道彼此之間的恩怨？只是他一高興就管不住自己的嘴，反反覆覆地對劉鈞提及當年周太祖對自己如何恩重如山，自己無以爲報，惟有不惜死以報知遇之事。

說一次還可以理解，人非草木，孰能無情？可李筠左三番、右五次地嘮叨個沒完，怎能不讓劉鈞心中有所警惕？

由此可知，他兒子李守節不停地勸諫，肯定也是源自他眞傳。

劉鈞前後一想，「這傢伙上次把蠟書轉交給趙匡胤，這次該不會是想動自己的歪腦筋吧？」

於是，他命令盧贊在李筠軍中任監軍一職。

李筠見劉鈞帶著大軍閃了，自己身邊卻平添一個釘子，而且這釘子帶來的士兵以老弱居多，氣簡直不打一處來，便想盡辦法擠對這名監軍大人，希望他主動走人。

二人經常鬧得臉紅脖子粗，雙方僵持不下。

這時，李筠對自己衝動稱臣的行爲開始感到後悔了，只是如今進退不得，只好留下兒子李守節屯守潞州，自己帶著三萬大軍南下。

他之所以選擇四月才作亂，不知道是不是考慮到趙匡胤剛登基，要做的事情很多。

的確，每一新王朝的建立之初，百廢待舉。但等到一切步入正軌，新政權開始正常運轉，李筠才迫不及待地跳出來作亂，實在令人感到相當費解。

要知道，當你有困難的時候，別人也同樣舉步維艱，等對方熱身結束再開始ＰＫ，只能算是友誼賽。

趙匡胤雖然希望能彼此坐下來，把事情攤開了說，和平地把心結打開，但他絕沒有把和平的希望寄託在李筠的良心發現上。

在與李筠父子折衝樽俎的同時，他也一面暗中調兵遣將。

你想想，他代周才幾個月，就有人出面叫板，顯然對方不是有備無患而來，就是有破釜沉舟的決心，當然不能掉以輕心。

趙匡胤揀選了朝中最驍勇的大將準備應變，受命征伐的二位大將正是石守信與高懷德。臨行之際，他高瞻遠矚地叮囑他們：「切勿縱李筠下太行，急引兵扼其險隘，破之必矣！」

由此看來，李筠部下「智多星」獻上的計策雖然沒被採用，卻很具戰略眼光。

趙匡胤英雄所見略同，認爲和李筠對陣，必須以雷霆萬鈞的手段速戰速決，絕不能和他打持久戰。

就在李筠張羅起兵的時候，遠在揚州的李重進也蠢蠢欲動，得知李筠有所動作，馬上派心腹前往接洽相關造反事宜。

做為周太祖郭威的外甥，他更有造反的理由。

當年郭威傳位給周世宗，最怕李重進不服，為避免日後上演逼宮的悲劇，臨死時堅持要李重進當著自己的面，向柴榮跪拜，確立上下君臣關係。

也正是因為這個緣故，英明神武的周世宗對他敬畏三分。

得知趙匡胤代周之後，李重進吃驚之餘，更多了些忐忑，因為自己身份特殊，一舉一動都需更加小心。

趙匡胤對他的心思似乎明白得很，先加他「中書令」的虛銜，以示寵信。

而他見趙匡胤並沒有對自己下手，也承認對方代周之舉。從前沒有爭，現在老了，更沒有爭的勇氣與精力了，這樣一想，也就勉強做了趙宋的節度使。

只是過不了多久，傳出趙匡胤有意命他移鎮青州的消息後，讓他更加不安。

他沒有舅舅郭威的膽色，覺得造反一事還是找個伴為好，恰巧聽說李筠準備造反，立刻派出手下前去聯絡，打算來個南北呼應，好讓趙匡胤首尾不能相顧。

這如意算盤打得不錯，可惜他沒有想到的是：使者翟守珣與趙匡胤是故交！

老翟奉令去與李筠接頭，走在半途，覺得腿腳疲乏，便拐道進入汴梁城。

翟守珣是個心思縝密之人，並沒有貿然跑去新君面前告御狀，誰知道京師中有沒有李重進安排的細作？進了城之後，他直接跑去見李處耘，打算先把保密工作做好，再談工作！

趙匡胤順理成章地接見了他，感激之情溢於言表。於是推心置腹、開門見山地問道：「如果賜李重進丹書鐵券，他會不會就此收手？」

翟守珣聞言，明確地告之老友：「李重進不會屈居於人下。」

趙匡胤一聽，只好採取緩兵之計。於是，許以翟守珣要職，要他回揚州，勸李重進暫緩起兵，千萬別讓二李同時發難。翟守珣見自己不虛此行，滿口應允，還有什麼比皇帝金口玉言的許諾，更讓人動心的呢？

李重進不識人，翟守珣卻有知人之明，回到揚州後依計行事，果然成功讓他聽信勸說，再度蟄伏了下來。

從此事可知，派人出使也是件技術活，最好的辦法是同時派兩個意見相左的人出去，才能達到效果。

爲了徹底打垮李筠的囂張氣焰，趙匡胤又命慕容延釗、王全斌從東路進兵，希望可以畢其功於一役。

新生政權太需要一場勝利來穩定大局，此戰一定要完勝！

石守信和高懷德本是宿將，這次受新君所付，思欲報效，厲兵秣馬之後，立即率大軍迎戰李筠。

趙匡胤命三司使安排糧秣之物，不得有缺。也許是自助者天助之，懷州刺史忖度李筠早晚會造反，提早儲積許多糧草應變。趙匡胤聞訊後，當然不吝讚勉。

宋軍因為早有準備，將士摩拳擦掌，紛紛表示會奮勇殺敵。

雙方很快就在長平碰頭，宋軍與李筠士兵一交鋒，李筠手下抵擋不住，很快就潰敗，陣亡三千餘人。

這一戰，李筠所說的「大梁兵皆我昔時部曲，見我則降耳」根本沒發生；詹珪的槍法估計也生疏不少，並未有任何出色的表現，反倒是李筠多虧座下「撥汗馬」，才得以逃得性命。

李筠大敗，膽寒不已。整軍再戰，依舊敗北，這次不但折損范守圖，連監軍盧大人也成為宋軍的俘虜。

這下子，他再也不敢說「何憂天下哉」這種大話了。一邊向北漢主劉鈞告急，一邊率殘軍龜縮在澤州城中，等待援軍。

當軍官來報「援軍已在城外」時，李筠喜出望外，急忙登上城樓，向下張望，一看之下，險些暈倒在地。

城外的確是援軍，不過不是他期待的北漢援軍，而是宋軍！

刀槍映日、旗鮮甲亮的宋軍會師城下，所有將士如眾星捧月一般拱衛在一人身旁，那人身披黃袍，一臉從容，不是趙匡胤還會有誰？

這才眞的是「喜出望外」啊！

「喜」者，援軍來也；「出」者，他從官衙裡出來登上城樓也；「望」者，登高望遠也；「外」者，援軍不是自家兵馬，而是外人。

李筠一直認為，自己在趙匡胤即位之初起兵作亂，趙匡胤肯定會手忙腳亂、疲於應付。哪知，他竟會在屁股還沒把龍榻坐熱時，就御駕親征，還眞看得起他李某人啊。

李筠還沒起兵之前，曾叫囂著要和趙匡胤死磕到底。這時仇人就在城外，他的眼卻沒有紅，臉反而越來越綠，徹底成了無膽匪類，歇菜了。

趙匡胤聽到戰事膠著、李筠據險死守不出的消息時，並未立刻發動親征。他很清楚自己江山是如何取得的，如果有人再複製他的成功，該如何是好？如何解決李筠這個麻煩？

一時之間，他還眞的躊躇了一會兒。

就在這時，趙導演又站出來為他指點迷津了。

趙普現在的職務仍是右諫議大夫、樞密直學士，基本上是每天泡泡茶、翻翻書本之類的閒職。

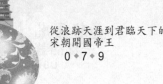

從職務的任命來看，就可以看出趙匡胤委實動過不少心思。

一個國家等於是無數企業的綜合體，在管理方面到位的話，自然會欣欣向榮，反之只會一團糟。

漢高祖劉邦之所以能取得天下，就是因爲他知人善任。反觀項羽，雖有一范增，也沒辦法做到用之不疑，敗亡也在預料之中。

趙匡胤也同樣有用人之明，從他即位之初，對後周朝臣的留用、以利政權平穩就可以看出，此外，他也能聽取其他人的建議，從善如流。

趙普雖然擔任閒職，但在新君制定大政的時候，也須提供相應諮詢及意見。身子雖然悠閒，卻不代表他「兩耳不聞窗外事」。

「陳橋兵變」只是他步入星光大道的處女作，在他心中，「出將入相」才是人生最高理想，也是他體現人生價値的正途，強烈的使命感讓他無法靜觀事態發展。

在聽說宋軍城下受阻的消息之後，他立刻跑來見趙匡胤。

趙匡胤看到趙普淡定從容的表情，心中所有擔憂頃刻間消失無蹤，他知道趙普並不是來找他哈啦的。

於是，他立刻令人奉茶，把趙普請上座。

自從登基以後，他每天忙得焦頭爛額，很久沒有和「趙書記」聊天了，連杜太后也經常問起趙普的進況。

趙普見了趙官家，開門見山地問他對李筠一事的看法。

趙匡胤見此情形，知道趙普早有定見，只得謙遜道：「不知先生何以教我？」

趙普直截了當地建議：「如今之計，唯有親征一途！」言罷，見官家意下躊躇，趙普索性不動聲色道：「陛下以爲憑一個丹書鐵券，就可以欺得李重進一世乎？」

趙匡胤與趙普都是明白人，萬一哪天李重進覺醒，到時候腹背受敵就不好受了。於是，趙匡胤安排完京中事務後，立即動身啓程。

這時，趙普主動請求從軍，趙匡胤當然爽快地答應。

爲了達到「疾道而行，攻其不備」的效果，宋軍在趙匡胤親自率領之下，跋山涉水，向澤州一路疾行。

行到山中峻險的地方，趙匡胤跳下馬來，親自背負了幾塊石頭，三軍將士見狀，紛紛爭搶著背負石頭，崎嶇山路立刻變成坦途大道，宋軍得以快速通過。

在澤州城中的李筠，始終不明白爲何趙匡胤願意遠離京城，以身犯險。但城外數萬宋軍對天子不遠千里的送溫暖行動感激不已，全軍上下歡聲雷動。

李筠想躲在城裡和趙匡胤玩「躲貓貓」的遊戲，但趙匡胤沒有這樣的閒情逸致。看到士氣高漲、人心可用，便趁熱打鐵地在陣前做了個戰前動員。

沒想到，外表忠厚訥於言的趙匡胤，竟是個善於宣傳演講的高人。在他一番熱情洋溢、言情並茂的鼓動下，將士們個個熱血沸騰，紛紛上前主動請纓，很快就成立了一支敢死隊。

一場激烈異常的攻防大戰，很快就在澤州城開打，負責攻堅的馬全乂率領敢死部隊向城頭猛攻，一時之間，城上城下箭如雨下。

趙匡胤立於城下，親自指揮策應，李筠雖與部衆拼死抵擋，無奈宋軍毫不怕死，一波又一波的衝鋒如怒浪一般，把澤州城吞噬。

眼見澤州城情勢岌岌可危，這時撥汗馬也無法載著他逃之夭夭，李筠知道自己不能倖免於難，臨死前，決定再搞一次輝煌的演出：他選擇了自焚。烈焰中，李筠手舞足蹈地跳起踢踏舞，灰飛煙滅後，人也化作一縷青煙，隨風四散。

澤州城未破時，李筠的愛妾曾問他：「城中駿馬還有多少？」

李筠一聽，不解地反問道：「這話是什麼意思？」

愛妾見狀，只好委實以告：「現在困守孤城，援軍不見蹤跡，城破只是時間上的問題，最好還是早做打算。不如立刻潰圍退保上黨，那裡城高池深，而且背倚北漢，可做固守之計。」

李筠一聽，這婦人竟有這般見識，深以爲然，正打算潰圍出城逃遁，手下卻勸阻道：「現在大家都在城中，是禍福與共。要是貿然出城，橫生不測，豈不是悔之晚矣？」

李筠一聽，這話也有道理，於是打消逃跑的念頭，沒想到，第二天就落得城破身死的下場。

這告訴我們，耳根子太軟很難成就大事。

李筠選擇自絕於人民後，手下紛紛失去鬥志，急忙放下武器，重新歸順新朝。而北漢劉鈞派來做和事佬的大臣衛融，沒來得及逃走，就成宋朝的階下囚。當士兵把他拖到趙匡胤面前時，他主動請死。

趙匡胤見他這樣頑強，便拿起鐵撾，打在他頭上，打得他血流滿面。衛融負痛大呼：「臣得死所矣！」

趙匡胤一見，頓時心生憐惜，於是釋而用之，任命爲太府卿。也等於告訴世人：「新朝對於所有降人都是用之不疑，求賢之心若渴！」

城破之後，趙匡胤入城打掃戰場、安撫地方、大饗三軍。休整三日後，宋軍向李筠的老巢潞州進發，向叛軍最後的據點發起攻擊。

這時潞州城的守將是李守節。

李守節不熱衷於造反，短時間的汴梁之行，已經讓他深深地體會到做公務員的好處。如果一生中可以過著居有竹、食有魚的生活，沒有人會甘願冒著殺頭的風險去造反。得知父親在烈火中得到永生，做爲兒子的他並沒有感到太過悲傷，這種結局早在意料之內，所以他只做了一番象徵性的抵抗，隔天就獻城投降。

趙匡胤赦李「太子」無罪，更把他的職務升為單州團練使。可惜這種好日子沒有很長，這小夥子年紀輕輕，三十三就壽終正寢，但與父親李筠相比，終究是得了善終，也算是他識的大體的好處。

至於當初勸李筠跑路的小妾，因為懷有身孕，李筠沒讓她一起同歸於盡。但她是否「君死又隨人去了」呢？史籍未有記載。

第 3 章

另一場騷動

還沒造反時，李重進還能在揚州呼風喚雨，一旦擇造反，馬上成了過街老鼠，人人喊打，這怎麼能讓他的上市公司不崩盤呢？

北漢主劉鈞見趙匡胤親征，自己派出的援軍被殺個大敗，更折了盧贊、衛融二肱股之臣，只能選擇屯軍，觀望不前。

在得知李筠兵敗自焚後，他不再做停留，宵遁而去。

同樣是親征，結果卻天差地遠。

李筠四月造反，六月就被掃平，他的愚蠢反襯出趙匡胤調兵遣將、運籌帷幄的過人之處，離京親征，更是果敢勇毅。

這一戰，宋軍完勝，趙匡胤也察覺趙普果然了解兵法、深曉兵機韜略，於是升他爲兵部侍郎、充樞密副使。

時任樞密使的吳廷祚是後周老臣，做爲軍委主席的他，心中明白趙匡胤這個任命的用意，在許多重大軍務的處置上，也主動聽取趙普的意見。果然，不到兩年時間，他就光榮地外放做了地方官。

這樣一來，趙普總算光明正大地坐上了軍界老大的位子，步入政治權力中心。

趙普不單輔佐趙匡胤成就帝業，也爲宋初許多典章制度的建立、治國方略的制定與實施，發揮了重要的作用。

在他的影響之下，宋的基本國策得以確立。明、清二朝的許多施政綱領，也受到其很深的影響，直至今天，它的影響依然存在。趙普對宋朝在歷史中的地位形成，以及對整個華夏文明的傳承，可以說居功甚偉！

當初趙普投奔趙匡胤後，在他手下做幕僚時，並未得到重用，趙匡胤的心中也從來沒有把這個讀書人當一回事。出身於行伍家庭的趙匡胤，小時候並不喜歡讀書，也因為這樣，對讀書人不太恭敬。

趙匡胤還沒發跡前，有一天，他與趙普在汴京城閒逛。當他們路過朱雀門時，他指了門上寫的「朱雀之門」四個大字問趙普：「為什麼不直接寫成朱雀門呢？多個「之」字有什麼用啊？」

趙普聽完一愣，略作思考回道：「『之』字為語助。」

趙匡胤聽罷，哈哈大笑：「之乎者也，助得什麼事？」

隨著他年紀漸長，對當初自己認為的「讀書無用論」有了反省，便在戎馬倥傯之餘，留心起學問。

一次，他隨周世宗征戰，回軍之日，有人向周世宗密報他私下擄掠不少財物，還明目張膽地用車載走，隨軍而行。柴榮聽了將信將疑，命人打開那車輛一看，卻是滿滿的書籍，當即哈哈大笑，不再追究。

趙匡胤發動「陳橋兵變」順利代周時，得到了趙普的傾囊相助。不過，突然把他揀委以重任、放在高位上，也不符合自己的用人策略。

而禪代之際，陶穀的主動出場，不但讓趙匡胤看透了陶穀的為人，也讓他體會到讀書人的可怕，更不願太快把趙普給升至高位。

宋軍掃平李筠的叛亂黨羽後，成德節度使郭崇、保義節度使袁彥，以及建雄、安國軍節度使無不單騎來朝，各地方也紛紛上表賀捷，其中包括南唐李璟。趙匡胤本來很懶得看這些公文，只是李璟的賀表明顯與他人有所差異，讓他不得不展讀細觀。

沒想到，賀表中居然有一張是李重進所寫的，還是他寫給南唐主李璟的共約起兵造反信函。李重進居然在沒勾搭上李筠後，轉而勾搭距離更近的南唐李璟，這讓趙匡胤心頭一驚。

南唐的確兵精糧廣，李璟也是「五代十國」中十國的老大，雖然有造反的實力，卻缺少造反的勇氣。李重進只知李璟過去曾有進取之心，卻不知如今的他一有閒暇，只會做些填詞作賦的風雅之事。

李璟打從心底沒有動過趁時而動的念頭，在他看來，能守得住自己的土地就謝天謝地了。當趙匡胤代周的消息傳到江南後，他急忙派人前往祝賀；等趙匡胤掃平潞、澤二州，順利班師，南唐使者更是相望於道。

因此，他對李重進主動派使者前來聯繫反宋一事，更是嗤之以鼻，斷然拒絕。

爲了表示誠意，李璟不但主動把國號改成「江南」，還把從前沿襲唐代制度所設的中書、門下、尚書省這些中央機構的名稱一律撤銷，改回當初藩鎮的建制。所有動作無一不是在向趙宋朝廷示好，希望可以永遠做個附庸。

對於李重進所說的「唇亡齒寒」思想，他更是當成耳邊風。

李璟把李重進的書信封好之後，直接派人送去宋廷，之後搜腸刮肚地想出一闋絕妙好詞：

菡萏香銷翠葉殘，西風愁起綠波間，還與韶光共憔悴，不堪看。

細雨夢回雞塞遠，小樓吹徹玉笙寒，多少淚珠何限恨，倚闌干。

詞中一股美人遲暮的哀怨淒婉之情，顯然是李璟發自內心深處的無奈與悲涼。國事飄搖、大廈將傾，卻只能坐視，英雄無奈是多情啊！

趙太祖建隆二年，李璟去世，他的兒子李煜即位。這位詞人國主，詩詞造詣更在父親之上，世人皆知的「春花秋月何時了，往事知多少」更是他生命中的絕唱。

值得一提的是，李煜令人研製以他書房命名的「澄心堂紙」，堪稱中國造紙史上的一朵奇葩，可惜筆者從未親眼目睹這種奇珍，可謂人生一大憾事。

更令人稱奇的是，父子二人的詞都有一種「無可奈何花落去」的頹廢氣息，顯然李璟對於亡國早有預感，只是苦於回天無力，悲憤莫名之下，只能寄情於詩詞，聊以自慰。

這時，趙匡胤不等趙普來尋他，主動前往請教該拿李重進「如之何」？

趙普爲他剖析一番後，獻策道：「李重進內乏糧草，外無援兵。緩攻亦破，急攻亦破，兵貴速戰速決，希望陛下速取之。」

趙匡胤一聽，與自己意見相符，於是傳令大起三軍，再次親征。

爲了解決李黑頭（李重進天生皮膚黑，被人稱為「黑大王」），這次更派出豪華的陣容：石守信、王審琦、李處耘、宋偓四將，率精兵前往平叛。

大將高懷德之所以沒有出現在這次的首發陣容中，是因爲他剛剛成爲趙匡胤的妹夫，正在歡度蜜月。

有了妹夫與弟弟趙匡義看家，趙匡胤完全放心了。上次他親征選擇騎馬，這次則決定乘船順流而下，親征聲勢非常浩大，宋軍舳艫千里、旌旗蔽空。

雖然翟守珣曾說過：「即使賜李重進丹書鐵券，他也不會改變造反的初衷。」但趙匡胤沒有輕易放棄拉攏動作，兩面作戰與個個擊破，孰是計之上者？他認爲：「防止二李勾結、暫緩李重進作亂尤爲重要。」

翟守珣出使歸來，李重進仍被蒙在鼓裡，不知對方早已「身在曹營心在漢」。翟守珣果然力勸李重進養威持重，不要輕舉妄動，而他也眞的信了。

恰巧此時南唐李璟的「賀表」到了，趙匡胤看罷，更是開心。要是李重進不這樣做，還愁找不出個征討他的理由呢！

眼見李重進終於反了，既然要動干戈，就要把這個毒瘡給徹底根除。

於是，趙匡胤著手進行解決李重進的計劃，先是傳旨徙他爲平盧節度使，又派出六宅使陳思誨，帶著鐵券前去賞賜，以慰撫對方。

李重進看完趙匡胤令人眼花撩亂的表演之後，感到有些暈頭轉向，收到鐵券之後，竟打算收拾行裝，跟隨使者回汴梁城。左右親信見此無不勸阻：「在揚州，趙匡胤還心存顧忌，如果匹馬返京，區區一個獄吏就可以把您拿下。」

李重進一聽，還眞有些道理，但一時之間也拿不定主意。思來想去，終於痛下決心，鋌而走險，與其坐以待斃受煎熬，不如掙個魚死網破、你死我活。

主意一定，他馬上扣留來使，並派人聯繫南唐李璟。

見李重進反態已明，手下有懼禍、不願附和的人，急忙逃離是非之地，投靠宋軍。李重進驚怒之下，以爲手下將士皆不附己，就把他認爲有可能投宋的數十名將士全部囚禁起來。

這些部衆一起哀求他，他卻覺得這些人都是趙匡胤派來的臥底，要是現在不痛下殺手，他們就會拿他的人頭向宋皇邀功。於是，不由分說地在衆人的哀懇聲中，把這些部衆悉數斬殺。

臨陣斬將乃是兵家大忌，何況這一斬就是數十人。揚州城中頓時人心浮動，還沒和宋軍交鋒，就上下相疑、離心離德。沒有人願意跟一個失心瘋的人共事，更不用說爲其賣命。

還沒造反時，李重進還能在揚州呼風喚雨，一旦選擇造反，馬上成了過街老鼠，人人喊打，這怎麼能讓他的上市公司不崩盤呢？

由此看來，在選擇事業方面，一定要慎之再慎，沒有打虎藝，休上景陽崗啊！

當石守信統軍來到揚州城下時，李重進根本不敢出城列陣與之對壘。這次他理智地選擇固守，想和宋軍來個消耗戰，妄圖等宋軍在城下師老兵疲後，來個出兵突擊。

石守信在幾次試探性的攻城之後，對於城內虛實盡知，立刻派人請趙匡胤速速前來。他雖然不見得知道「雪夜訪戴逵」的故事，卻明白如果讓趙官家千里迢迢地來到揚州，只做一次遠足，那肯定非常掃興。

做為部下，永遠要把功勞讓給領導，只有這樣，才有更上層樓的機會。從他們君臣的互動看來，趙匡胤不但個明白人，石守信等人的腦子也很清醒，深知韜光養晦才能在政治的漩渦中進出自如。

果然，在趙太祖親臨城下的那天晚上，宋軍奮勇攻城，揚州城宣告失守。

李重進老早就準備好乾柴，城破之際，一家人赴火而死，這廝造反步李筠的後塵，死法也沒有絲毫的創新，黑大王化黑煙追尋李筠，令人莞爾。

在他臨死之前，手下勸他殺掉宋使陳思誨，但他突然善心大發道：「我舉族赴火而死已經足夠，何必再殃及無辜呢？」

但他死去之後，陳思誨亦被殺害。

趙匡胤的揚州親征之行至此圓滿地劃上句號，翟守珣順利完成自己的「無間道」重任，趙匡胤不但兌現諾言，還多有賞賜，以勵後來者。

南唐李璟聞知李重進敗亡，心中在暗呼僥倖之餘，急忙派臣子至揚州賀捷、勞軍。趙匡胤僅花短短數月，就平定兩個令他最頭疼的藩鎮，得意之餘，打算趁戰勝之餘威平滅南唐。

但他對南唐的虛實不太清楚，出兵也得有個藉口，於是他故意作色、厲聲對來使道：「你國主為何與我叛臣交通？」

南唐來使一聽，當時愣住，這還真是「欲加之罪，何患無辭」了，可是他哪敢當面頂撞趙匡胤呢？這來使是史上著名詞人馮延巳的弟弟馮延魯，也是個心思捷敏之人，回神後立刻略作思考，回道：「怔忡陛下此言差矣。你只知他們交通，更不知我國主曾預其反謀也！」

這下輪到趙匡胤迷糊了，本來他想在雞蛋裡找點骨頭，哪知，來人不但承認有骨頭，還是個大骨頭！聽了馮延魯的話，他不由地脫口問道：「果有此事？」

馮延魯早料到他會有此問，心中暗喜，卻維持一本正經的臉色，不卑不亢地說：「李重進派來的使者，當時就住在小臣家中。我主根本未見，只是派人傳話：造反的事經常發生，但都視天時、地利俱備，才會有所動作。當初宋皇受禪之初，潞州李筠率先發難，你們應該舉兵回應，如今，人心已大定，再行造反，就是孫、吳再世，怕也難以成功。南唐兵少國弱，不敢相資，如今陛下得以駐蹕揚州，正是因為我南唐不出援兵相助，李重進速敗所至。」

趙匡胤碰了軟釘子，心中微惱，不願意在群臣面前被南唐小國之臣折辱。沉吟片刻，又問道：「我也知你家國主不敢負朕，只是三軍將士紛紛建言，應乘勝過江，你以為如何？」

馮延魯聽了這赤裸裸地要脅，面不改色，起身一躬回道：「潞州李筠、揚州李重進雖世稱英雄，但陛下神武，振臂一呼，二醜皆滅。江南蕞爾小邦，如何當得陛下天兵神威？只是吾主亦有侍衛數萬，皆為百戰精兵，與國誓同生死。陛下如果甘願犧牲數萬將士性命過江，我君臣也無法坐守待斃。況且長江濁流千里，風高浪急，萬一攻城受阻城下，糧草不濟，如何全師而返？請陛下熟思之！」

趙匡胤聽完馮延魯貌似恭謹，實則綿裡藏針的話，細一琢磨也說得在理，又見趙普在旁輕輕搖頭，心下猛醒，立即收起殺伐之心，假意笑道：「適才聊相戲爾！你主以小事大，謹遵號令，先是告變、這番復又遠來犒師，是有大功於宋……」

馮延魯這才偷偷抹了抹額間的冷汗，心道：「有這麼相戲的啊？」

第 3 卷

醉翁之意不在酒

趙匡胤聽完王溥的細述，
驚怒之餘，心中同樣感慨萬千。
在他人生經歷中，
類似的事情大概也做了不只一次兩次。
從前並不覺得有錯，
現在卻覺得此舉有失體統。

第 1 章

王彥升又犯錯

趙匡胤思來想去，像王彥升這種功臣拍不得、打不得。做得過了，會影響到其他人的心理；但如果處罰的太輕，根本無濟於事，著實為難啊！

趙匡胤兩次親自出警滅火，來去雖然匆匆，但心情迥異，倒是宋軍兒郎戰罷歸來，無不欣喜。

此時，親征歸京的趙匡胤臉上，不見有勝利者的喜悅之情，本來一股氣掃平二李是件可喜可賀的事情，但他快樂不起來。

才做了不到一年的皇帝位置，難道他厭倦了？

其實，在順利搞定二李之後，他心下納悶了：「這皇帝為何做起來比做臣子還要累呢？」

從前只知道人們為了這個位置，可以爭得頭破血流。一旦屁股坐上龍椅，就覺得當皇帝其實沒有多少樂趣可言。

難道每天東奔西跑、疲於奔命，就是做皇帝的職責所在嗎？

細數這兩次親征，先不說慘死刀下的敵軍有多少，就連隨自己出征的兵卒，也有許多戰死在沙場上，僥倖不死的士兵歸來，見到家人無不喜極而泣。

而追隨二李造反的敵軍死傷數字更在宋軍之上，在征李筠的時候，石守信為了立威，竟坑殺數千北漢降卒，這些士卒豈無父母？他們的親人聽聞死訊後，又豈會不傷心？

趙匡胤從前的軍旅生涯，也是靠軍功的積累，一步步邁向成功。

出身於亂世，又曾遊走於社會底層的他，隨身份地位的變化，思想與眼光也產生翻天覆地的變化。

當你還是士兵的時候，心中所想無非是立功殺敵、報效祖國；當你成爲將軍後，如果再把喊打喊殺掛在嘴邊，豈不讓人笑掉大牙？而當你有幸成爲國家的領袖，就必須要有統籌全局的思維與氣魄！

趙匡胤獲得至高無上的權力後，每天都在思考該如何維護政權，以免又墮入五代「其興也勃焉，其亡也忽焉」的歷史循環。爲了不使宋朝在短時間之內分崩離析，如何建立一個完善的制度，同時以律令頒佈實施，是他一直苦思的事情。

趙匡胤心裡明白，單靠自己無濟於治世，因爲很快有事實證明他的判斷無誤。

這事要從陳橋兵變成功後說起。

趙匡胤登位後，王彥升擔任恩州團練使、領鐵騎左廂都指揮使。看到自己只做了個團練使的低職，其他人的職位卻比他高出很多，心裡非常不爽。

後來，趙匡胤把他升爲京城巡檢，命他負責京城中的治安。

當時，北宋還實施宵禁，王彥升見趙匡胤對他委以重任，心裡非常得意，剛開始很盡心盡職，可沒過多久，又舊態復萌，並在不知不覺間闖了大禍。

這一天三更半夜，他率士兵巡夜，路過王溥的府邸。這時，他不知哪根筋不對，命士兵上前敲門。

王府人見半夜有士兵登門，急忙入內通稟王溥。

王溥一聽，驚得血壓驟升、差點腦溢血。這三更半夜天的，來這裡做什麼啊？肯定是「夜貓子進宅」，沒什麼好事。

他一想到前幾天朝堂上發生的事情，頓時嚇得面色蒼白，渾身顫抖。

原來，前幾天，朝堂上發生了一件看似沒有什麼大礙，卻對後世君權與相權有深遠影響的事件。

某天早朝，趙匡胤高坐龍榻之上，忽然望著下面坐著的幾個宰輔，心中有所觸動。

原來從李唐開始，宰相在朝堂之上都有座位，其他文武大臣只能站在一旁說話。

這時朝中的宰輔仍是後周時代的范質、王溥、魏仁浦等衆人。

趙匡胤看著這些人端坐著與自己說話，而自己寵信之臣只有站著旁聽的份，覺得有必要遏止一下相權，藉以加強、鞏固一下皇權。因爲歷史證明：相權太大，皇權就會相對縮水。

趙匡胤思來想去，最後想出一個好辦法。

這天，幾位宰臣又在朝堂上與他議事。

范質捧著奏章，說得口乾舌燥，趙匡胤耐著性子聽了很久，突然對他說：「連日來睡不好，有些頭暈眼花，麻煩老相把奏章送至案前。」

范質聽說官家龍體欠安，君王有命，不疑有他，嘴上說著要珍重身體的話，一邊離座，把手中奏表送至趙匡胤面前。

待他返回要落座時候，卻發現椅子竟然不見了！他雖然上了年紀，但心如明鏡，知道這是新君有意爲之，否則，皇宮大內沒有人敢和趙官家開這種玩笑，只好站著說話。見首席執行官站著，王溥與魏仁浦等衆人也不好繼續坐著。

從此以後，衆人行事言語更增添數分謹慎。

現在得報有士兵半夜登門，王溥一時之間心裡七上八下，聯想到數日前發生的事，更不由他不往壞處想。

王溥手忙腳亂穿戴好，忙吩咐家人快請。

只聽得門外腳步雜遝，一人已在隨從簇擁之下推門而入。王溥一見，來者正是汴梁城第一「煞星」王彥升，心口似被什麼東西猛地撞了一下。

王彥升的心狠手辣，令他不寒而慄，韓通一門老幼盡遭毒手的慘像似乎就在眼前，刺鼻的血腥氣息依稀可聞。

雖然俗話說「平時不做違心事，夜半不怕鬼敲門」，但是另有俗話說「神鬼怕惡人」，有王彥升在座，鬼神也得敬而遠之，避之惟恐不及。

王溥心中暗忖：「趙匡胤登基一年多來，朝政逐步走入正軌。難道自己因爲是前朝舊臣，新君要做兔死狗烹之事？否則，這位煞神不可能無事不登三寶殿啊！」

這時，王府上下都已從睡夢中驚醒，眾人驚惶失措、睡意全無，以為「閉門家中睡，禍從天上來」。王溥儘管心下忐忑，明白此番「是福不是禍，是禍躲不過」，也只能硬著頭皮上前招呼。

只見王彥升完全不把自己當外人，進入房中，大馬金刀往椅上一坐，身後數人環衛。坐下之後，先伸了一個大大的懶腰，然後翻著一雙怪眼，左右打量屋中陳設。

王溥一見這廝對自己視而不見，更增憂懼之情，急忙上前陪笑，壯著膽子問：「王將軍深夜至此，不知有何貴幹？」

這時，王彥升裝做剛剛才看到王溥的表情，恍然道：「原來此處是王相府上？怪不得如此富麗堂皇。打擾王相歇息，勿怪！勿怪！」

王溥心中暗罵：「這煞神每天負責京城中巡檢之事，閉上眼也不會走錯道，怎麼可能不識自己的宅院？這番顧左右而言他，肯定另有玄機！」

但王溥表面仍一副若無其事的樣子，淡然說道：「好說！好說！王將軍辛勞國事，識不得我府宅也是有的。今日至此，令小宅蓬蓽生輝，眞是稀客。不知道到此間有何見教？」

王彥升這時面露尷尬之色，擠出來的笑容來竟比哭還難看，吞吞吐吐地說：「巡夜走得疲乏，特到貴府討盞酒吃！」

王溥聽罷，氣得險些暈將過去。不說這酒吃得不是時候，單是這王彥升與自己都是身份微妙之人，如果被其他人撞見，上奏誣陷這「交結朝廷重臣，圖謀不軌」，到時如何能擔待得起？

王溥見王彥升說完以後，反而若無其事坐在那裡，根本沒有閃人的意思。心中又是好笑，又是氣憤，知道這廝根本沒想到這些後果，此番深夜前來，乃是「醉翁之意不在酒」，想趁機討些零用錢花。

打秋風居然打到宰相府上，更不知其他朝臣被敲詐了多少。

王溥雖對「王煞星」的良苦用心揣摩得一清二楚，但是見他不說破，索性也故意裝糊塗，急忙請他暫坐，吩咐府中下人準備酒菜，不一會兒便準備齊全。

王彥升此番前來，並不是爲了吃酒，見王溥如此不知潛規則，便不斷地用話提點他。哪知，王溥早在心中拿定主意，一概裝做不懂，只顧著勸酒。

王彥升眼見兩手空空，哪裡吃得進？草草地喝了幾杯，就起身告辭。

送走王彥升這個「瘟神」之後，王溥也沒了睡意，想了許久，便在第二天早朝，第一時之間就把這事告知趙匡胤，請他開示。

趙匡胤聽完王溥的細述，驚怒之餘，心中同樣感慨萬千。在他人生經歷中，類似的事情大概也做了不只一次兩次，從前覺得並無不是之處，現在卻覺得王彥升此舉有失體統。王溥既然這麼說，誰知道心中會不會認爲，此舉是王彥升在自己授意之下所爲？

趙匡胤思來想去，像王彥升這種功臣掐不得、打不得。做得過了，會影響到其他人的心理；但如果處罰得太輕，根本無濟於事，著實為難啊！

最後，他把王彥升外放到唐州做地方官，這樣做不但顧及君臣之義，更是對王彥升的保護。如果任由這樣發展下去，天知道他以後還會做出什麼出格的舉動？

後來，王彥升移鎮原州，為國捍衛邊疆。

史書記載：「西人有犯漢法者，彥升不加刑。召僚屬飲宴，引所犯以手捽其耳，大嚼，卮酒下之。其人流血被體，股慄不敢動。前後啗者數百人，西人畏之，不敢犯塞。」

雖然把人的耳朵硬生生扯下來下酒，是有點殘忍，不過收到奇大的效果，西人從此不趕進犯。

從對王彥升的任命，我們可以看出趙匡胤的知人善任，絕非普通帝王可比。

第 2 章

杯酒釋兵權

眾人感動之餘，再度拜倒在地，叩謝君恩。如此有情有意的官家，的確令他們感激不已。皇帝都把話說到這種份上了，再不就坡下驢，就不能怪官家不教而誅了！

趙匡胤即帝之初，不敢只深居九重，經常打扮成尋常百姓的樣子微服私訪。一來可偵知京城士民對於自己代周一事的態度；二來，是為了體查下情，方便自己做出相應的政策調整。

當時有近臣勸諫，害怕他繼位之初，人心未附，怕他出巡時遭到意外。趙匡胤卻很不以為然：「帝王之興，自有天命。倘若真的天命在我，自然是天人佑助，無往不利；如果不是的話，就算每天關門閉戶也沒用。」

他之所以不顧眾人的勸阻，有意反其道而為之，應該是想用事實證明：自己是真正的天之驕子，君權神授。

但是，夜路走多了，難免會撞到鬼。

這天，他坐著轎子出巡，身邊只帶幾名侍衛。忽然，一枝箭不知從處電射而至，左右來不及提防，那枝箭筆直地插在車轎上。眾人無不臉色大變，趙匡胤卻好整以暇地笑道：「如此箭法，也敢拿出來嚇唬人？」

回到宮中以後，左右請他派士兵在城中搜索，他卻搖頭拒絕，事情跟著不了了之，但奇怪的是，從此之後，竟沒再出現類似的事件。

有史家說，這是趙匡胤安排手下人做的，但是我認為可能性不大。

因為，這箭如果角度稍微偏斜，趙匡胤就會當場命喪黃泉。就算他不計後果地出此下策，應該也沒有人敢做這種事，更何況，他這時貴為帝王，便不可能拿自己的性命開玩笑。

對於微服私訪一事，筆者認爲，爲政者不能只是高高在上，應該時常地方走動，留意民心世情。否則，制定的政策會與社會脫節，得不償失。

如何改變唐末五代以來戰亂頻仍的面貌，讓趙宋江山長治久安？這個沉重的問題一直縈繞在趙匡胤的腦海裡，即便經過多次微服出巡，也找不出答案。

這時，趙匡胤覺得，是該找個人爲他指點迷津了。放眼朝中，似乎只有趙普能爲他解惑答疑，於是，君臣之間有了一次意義非凡的談話。

話說，這一晚君臣二人摒退左右，促膝而言。

趙匡胤把自己連日來的苦悶與疑惑，如竹筒倒豆子一般盡數說出，然後一臉謙誠地望著趙普，等待他爲自己解開心中的迷惑。

趙普一聽趙匡胤有如此胸襟抱負，心中感動之餘，急忙起身跪拜。

趙匡胤一邊伸手攙扶，一邊輕笑道：「這裡只有你我二人，無須多禮。」

趙普恭恭敬敬地跪拜後，起身正色道：「此一拜，並非爲趙普一人，而是爲天下蒼生百姓而拜。官家有如此菩薩心腸，蒼生幸甚乃社稷之福！」

趙匡胤聽了，心下有所觸動，歎息道：「天下自唐季以來，短短數十年，帝王凡易八姓，戰亂不休，百姓流離失所，問題的緣由到底是什麼？我希望令江山永固、生民樂業，平息干戈，不知先生何以教我？」

趙普聽完，沉吟片刻道：「陛下之言，國家社稷之福！請恕臣無禮，不知陛下還記得王彥升否？」

趙匡胤聽他答非所問，當下一頭霧水，然而知道趙卿家肯定另有深意，只得輕笑道：「王彥升已解職離京多時矣！」

趙普繼而問道：「那陛下肯定知道他夜闖王溥府邸之事。區區一個左廂都指揮使，竟敢登門敲詐當朝一品官員，實在是膽大包天。」

趙匡胤面上一紅，王彥升的舉動，自己以前何嘗沒有做過？

趙普見他這般神情，來回踱了數步，站在他身邊低語道：「做為一介武夫，通常使用拳頭跟刀槍來說話。誰的拳頭硬，誰就是規矩。如果只是單純把王彥升解職了事，將來還會有千千萬萬個王彥升跳出來。」

趙匡胤一聽，點頭道：「卿家說得極是！」

這時，趙普落座，向前探了身子，望著趙匡胤，問道：「不知陛下認為這天下何物最大？」

趙匡胤一愣，見趙普目不轉睛地望著自己，沉思良久，斟酌道：「世間『道理』最大。」

趙普聽了，頷首笑道：「那麼，如王彥升之輩又當如何？」

趙匡胤這次變得靈醒，恍然道：「我也要有我的『道理』，令天下臣民盡知！只是，只是……」

趙普微笑道：「只是在講道理之前，需做幾件大事，否則天下無人理會陛下。」

趙匡胤見趙普胸有成竹的樣子，知道他早已在心裡打好算盤，急忙拱手請教道：「先生請講！」

趙普喝了口茶，不疾不徐地道：「削奪其權，制其錢糧，收其精兵！」

趙匡胤口中喃喃，立刻明白趙普的用意：維護趙宋朝的長治久安，最好的辦法就是加強君權，同時牽制、削弱各地藩鎮權力，現在迫在眉睫的就是要解決各地大將擁兵自重的問題。

只有做到這一點，政令才能通達各方，否則，一切的「道理」都是紙上談兵。

趙普一針見血地指出癥結點，趙匡胤從此更常微服夜行，出現在趙普宅中，而趙普也殫思極慮報效君王。

只是，令趙普沒有想到的是，在他順利成為宰相的時候，趙匡胤這個學生，把他所言發揮到一個令他始料未及的高度，在解決武夫擁兵自重的問題之後，又再次順利抑制相權膨脹的問題，這是後話。

就在趙匡胤緊鑼密鼓地準備，打算依照趙普所言有所動作時，杜老太后卻突然一病不起，於建隆二年六月駕返瑤池。

在忙完杜太后的喪事之後，趙普見趙匡胤還沒動靜，便催促他及早就收復兵權一事做決斷，又建議先對禁軍將領做一番調整，藩鎮節度使的事情先暫時擱置不議。

然而，趙匡胤不忍心對這些曾跟隨他出生入死的兄弟下手，趙普幾次勸諫，竟讓他不耐煩起來。這天，趙普又提及此事，他立刻沉聲道：「這些人一定不會背叛我，卿家無須擔憂。」

趙普一聽，哭笑不得，堅持道：「微臣也知他們並無背叛之心，然而，這些人馭下無方，倘若有軍官作亂，一定會立刻遭受不測。倉促之間，難保不會發生陳橋之事。」

趙匡胤一聽，當場嚇得臉色發白，冷汗直流。話都說到這個份上了，再不驚醒就眞是無藥可救了。

試想，如果當初周太祖郭威與世宗柴榮沒有如此信賴他，怎麼會有今天？自己會做禪代之事，難保別人不會有樣學樣。這幾位禁軍頭領雖不會造自己的反，但如果部衆推戴，到時身不由己，也是有可能的。先前李筠與李重進造反不成，只是因爲他們距離汴梁太遠，自己出手方能一擊中的。

想到這裡，趙匡胤寢食難安。他知道操作這事情頗有難度，稍有不愼就會引發無窮的後患。但趙普已經爲他指明大方向，如果再去詢問細節的話，只會顯得他太過無能。

很快地，他就想出了一個妙計。

那時，雖然已經七月，天氣依然燥熱難耐。這天晚朝散後，徐徐清風拂散日間的酷暑之氣。宮女們把酒菜果蔬之物奉上後，站在一旁小心伺候。

趙匡胤召集了石守信等幾位禁軍將領宴飲。太后大喪期間，所有人都不敢違禁，早就想喝酒了，這時官家請客，奉旨飲酒，無不笑顏逐開。

不久，趙匡胤見酒喝得差不多了，便揮手摒退左右。

石守信眾人見狀，知他有話要講，紛紛停杯擱箸，望著他。

只見趙匡胤敦厚的大臉上寫滿誠懇，感激地道：「我能有今日，全仰賴諸位賢卿鼎力之助！」

眾人正在和他「憶往昔，崢嶸歲月稠」之際，忽然聽到皇帝這番內心獨白，哪裡敢居功自傲，急忙紛紛避席拜倒道：「臣等爲陛下，甘效犬馬之勞！」

趙匡胤抬手命他們起身落座，待他們入座後，打量左右道：「諸位功德，我銘記在心中。只是從前不知，做皇帝沒有節度使快樂，食不甘味不說，更不敢安枕而臥啊！」

石守信、王審琦、高懷德、張令鐸眾人一聽，見趙皇一臉苦悶，急忙詢問緣由。

趙匡胤一臉無奈地說道：「原因很簡單啊！坐上龍榻，成爲九五至尊，誰不想啊？」

石守信眾人一聽，知道皇帝話中有話，酒立時醒了七八分，急忙再拜於地道：「陛下何出此言？現在天命有歸，人心大定，誰還敢有此不臣之念？」

只見趙匡胤搖頭歎息道：「吾亦知諸位忠心耿耿，但如果爾等麾下有士兵圖謀富貴，一旦黃袍加身，就算你們不願意行此大逆之事，只怕到時候身不由己啊！」

眾人聽到這些言語，頓時汗如雨下，大腦中一片空白。

在皇宮內苑，只要官家一揮手，眾人的腦袋就會搬家的。一急之下，涕淚橫流，拜舞於地哽咽哀求道：「臣等愚魯，慮不及此。請陛下哀憐，指一條明路！」

趙匡胤既然說過「天下大不過道理」，心中當然也認為「有理走遍天下」。如果只因為石守信等人可能會率眾造反，就把他們砍了，天下人會如何看他這個新君？

見到一切都在自己的掌握之中，不由地心下得意。但看到幾個親信惶恐之下，眼淚鼻涕一大把，忽然又心下不忍：當年這些兄弟都是同生共死、不離不棄，彼此從來沒有猜忌之心。現在卻對他們動這種歪心思，真是不應該！

但是，眼前突然浮現李筠與李重進，兩人在火光中呼號的情景，又猛地從回憶中清醒過來。

趙匡胤索性離座，踱至眾人面前，激情洋溢地勸慰道：「夫天地者，萬物之逆旅；光陰者，百代之過客。而浮生若夢，為歡幾何？」吟詠罷，一讚三歎道：「李太白此語果是至理！」

言畢，低頭卻見眾人面面相覷，掩口失笑道：「和諸位卿家講這個，也真是焚琴煮鶴，看來為將不知書，終不是辦法！」

石守信卻聽懂「焚琴煮鶴」這句的意思，奉承道：「陛下明鑑千里，我等行伍之粗人，如何比得上陛下天縱英才，文武雙全？還請陛下說直白些！」

趙匡胤連忙伸手把衆人扶起來，推心置腹道：「你我君臣相識相知，倏忽也有十數年矣！人生匆匆，不過短短數十年。千里爲官，也是爲了吃穿，何必這樣辛苦？爭莫如做一富家翁，多蓄些歌兒舞女，每日飲酒快活，使兒孫豐衣足食，共用天倫之樂，豈不知自在便是神仙？爾曹若能釋去兵權，出守藩鎮，我與你等約爲婚姻，君臣之間，再無猜疑，上下相安，共樂太平，豈不美哉？」

衆人聽了趙匡胤這一番語重心長的話，方才醒悟過來。原來官家並不是要了結他們的性命，只要不做京官、掌握禁兵權，出任藩鎮，就能得享天年、壽終正寢。

衆人感動之餘，再度拜倒在地，叩謝君恩。如此有情有意的官家，的確令他們感激不已。皇帝都把話說到這種份上了，再不就坡下驢，就不能怪官家不教而誅了！

衆人這時也沒了飲酒的興致，於是起身拜辭。

趙匡胤見衆人臉上一副如釋重負的表情，知道自己這番話已經收到效果，也不做挽留，君臣就此別過。

望著衆人的身影沒入暗夜，趙匡胤揩揩額頭的汗水，自忖道：「如果忽然把衆人外放，是否會讓朝野驚恐？不如讓石守信再在職上留任些時候，免得讓人非議自己沒有容人之雅量！」

主意一定，心下愉悅，步子也變得輕鬆起來，信步向寢宮走去。

第二天早朝，石守信、王審琦、高懷德、張令鐸衆人上表稱疾請罷典兵，趙匡胤假意奪情任用，衆人一見，急忙力爭，老趙「無奈之下」，只好應允。

於是，他任命石守信爲天平節度使、王審琦爲忠正節度使、高懷德爲歸德節度使、張令鐸爲鎭寧節度使、趙彥徽爲武信節度使。

除石守信仍兼任原職外，其他人都被免去禁軍官職，各令藩鎭。

其實，石守信這個兼職也只是名譽職罷了，試想人在千里之外，就算想插手禁軍軍務，也是心有餘而力不足。

衆人各自帶了豐厚賞賜上路履新職，皆大歡喜。

後世人以爲「杯酒釋兵權」是即興表演，一次搞定，殊不知宋太祖的釋兵權之舉，乃經過一番準備。

第 3 章

雪夜定策

這時候，忽聽家人來報，說有客來訪，急忙出門迎接，見到趙匡胤兄弟二人站在大雪中等待，立刻搶上前拜見，向裡相迎。

為了履行自己的諾言，不久後，趙匡胤把自己的兩個女兒分別許配給石守信與王審琦的兒子，又做主讓弟弟趙匡義成為張令鐸的乘龍快婿。

這種政治聯姻歷朝歷代多有，撇開婚姻幸福與否不提，此舉有助消弭君臣之間的猜忌，有利於構建合諧社會，從結果上來看，還是値得推許的。結果，宋代再也沒發生類似禪代的事情，武人亂政的可能性基本消除，成效不可謂不突出。

這場意義非同尋常的晚宴之後，汴京城禁軍發生明顯的變化，侍衛親軍司的正副都指揮使不再設置，侍衛馬步軍都虞候也長期遇缺不補，形同虛設。

而殿前司都指揮使、侍衛親軍司馬軍都指揮使、侍衛親軍司步軍都指揮使、殿前司都虞候，這四個相對較低的職務，分別由資歷淺、才能普通的親信韓重贇、劉廷讓、崔彥進、張瓊等四人接任。

在石守信、王審琦衆人連袂離京之後，趙匡胤又想命令符彥卿出掌禁軍。

趙普對聽到這消息之後，急忙入宮諫阻。

這下，趙匡胤還眞是前門拒狼、後門入虎了，好不容易打發衆人上路，又請了一尊神進來。俗話說「請神容易送神難」，龐大的軍權落入一人手中，絕不是社稷之福。

趙匡胤如果這麼做，就眞的是「辛辛苦苦數十年，一夜回到解放前」了。

符顏卿早在後周時期已經是節度使了，後周世宗與後來的宋太宗都是他的乘龍快婿。

這種名位太盛的人掌握禁軍權，眞的不是什麼社稷之福。這也是趙普極力反對的原因。

趙匡胤對這麼輕易就釋數人兵權感到開心不已，對這個冒失的打算沒有多想，看到趙普反應如此激烈，有些不悅地質問道：「卿家爲何如此？我待彥卿不薄，他怎麼會背叛我？」

趙普聽完，反問道：「陛下何以負世宗？」

趙匡胤一聽此言，就此沉默，事情很快就不了了之。

看到事情朝著自己與趙普預想的方向發展，趙匡胤心中對趙普的敬佩之情更是如滔滔江河之水。他知道，如果沒有趙普的定策之功，也不會有今日的大好局面。回想起母親健在時，曾當著自己的面，重心長地叮囑趙普：「趙書記且爲盡心，吾兒未更事也。」

趙普早在自己當年移鎭宋州時，就被自己表爲「掌書記」。到了大宋開張的時候，他已是位極人臣了，老太太卻仍是以「書記」相稱，顯然不把他當外人，這個「書記」乃暱稱也。當時，趙匡胤還認爲老人家病得糊塗了，今日看來，還眞是「知子莫若母」，非但知子，更知人啊！

趙匡胤思緒的閘門一打開，往事便一一浮現在眼前，回想自己人生最關鍵的時刻，身後總有趙普默默奉獻的身影；每當自己失意彷徨，總會因爲聽完趙普入情入理的剖析，變得豁然開朗。

他望著宮外漫天飛舞的白雪，忽然心念一動，喚來內侍，命他請御弟趙光義過來。

趙匡義已於兄長登基後，改名為趙光義。

不久，趙光義匆匆趕到，趙匡胤也不多言，帶著他徑直出宮。

趙光義早就習慣兄長這種舉動，在他身後緊緊跟隨。見兄長步履輕盈，逕奔趙普府上，心知肯定有國事要與這位「文膽」商量。

眼見趙普府邸就在眼前，趙匡義急忙跺跺足上的泥濘，搶上一步上前敲門。

因為趙匡胤時常微服登門，趙普回到家中也不敢馬上脫掉朝服，生怕失了君臣尊卑之禮。的確，穿著睡衣和老闆說話，實在很不成體統。

他這樣做也是有原因的，雖然官家有時候太過隨意，但身為臣子，才不會在意你的漫不經心。

早前，在立國之初的某個炎熱夏季，宰相竇儀曾去和趙匡胤奏事。

這時趙匡胤正在宮廷後院納涼，披頭散髮、光著腳丫子，一派閒適不羈的樣子。

竇相到了門口一看，趕忙轉身退回外面。

宮廷執事不解，忍不住開口，催他快進去奏事，免得讓官家在裡面空等。

竇相不為所動，回道：「官家正行方便，竇儀不敢進。」

這宮廷執事聽完很生氣，身為臣子，還膽敢挑趙官家的理了？便憤怒地進去告訴趙匡胤。趙匡胤沒有理會閤門使的刁狀，只是低頭看了看自己的打扮，命令左右取來朝服，穿戴齊整後才出來去賓儀。

在專制社會，許多事情都有一定的規則。雖然沒有任何一條規定，要求皇帝見臣子要穿戴整齊，但趙匡胤開國之初，宋廷上下迷漫著：「做皇帝的比較尊重大臣，把臣子當人看的傳言。」

這樣的氛圍，也在無形中替趙匡胤加了不少分。

這天晚上，趙普見天降瑞雪，紛紛揚揚如扯絮般越下越大，估計這種天氣趙官家不會出宮，於是換上家常服飾，令府上下人準備兩道小菜，自己燙了酒，打算與老妻一邊飲酒，一邊觀雪景。

這時候，忽聽家人來報，說有客來訪，急忙出門迎接，見到趙匡胤兄弟二人站在大雪中等待，立刻搶上前拜見，起身帶路，向裡相迎。

趙普妻子見趙匡胤兄弟二人相偕而至，也急忙上前拜倒迎駕，嘴裡說著：「不知陛下雪夜至此，失禮莫怪！」

趙匡胤忙請她起身，見她要迴避，忙喚「嫂子」。

趙普立刻明白，這種天氣，趙官家親自過來，絕不只是要跟自己賞雪飲酒。找侍女伺候不大方便，索性摒退左右，留妻子在旁侍奉。

於是，衆人落座，趙普妻在一邊爲他們添酒、做燒烤。等到酒至微醺，趙匡胤歎息道：「朕自登大寶之來夙興夜寐，不敢有絲毫懈怠……」

趙普怎麼會不知道他言外之意，故意問道：「如今四海升平，國事蒸蒸日上，陛下又爲何不悅？」

趙匡胤聞言，又是一聲長歎：「雪夜至此，實在緣於無法安枕。一榻之外，皆非我宋所有，還請先生不吝賜教！」

趙普聽完，沉默片刻，忽然問道：「如今民心已附，正是大有作爲之際。征伐之事，正得其時。不知陛下可有打算？」

趙匡胤正想把心中所想合盤托出，忽然一轉念，故作神秘地答道：「吾欲北下先收太原！」

行文至此，我們不妨先對北宋初年的疆域做個簡單的瞭解。

宋朝的北面敵人正是契丹人建立的大遼政權，此時在位的是人稱「睡王」的遼穆宗耶律璟。作爲君王，這老兄卻不修政治、經常睡到日上三竿仍不起床，醒來時候又好飲酒，一喝起來就通宵達旦。每天不是在醉中，就是在夢中，鮮有清醒的時候。

據悉，耶律璟爲人殘暴異常，以殺戮爲樂，只有在熟睡的時候不殺人，也只有在殺人的時候，才會保持清醒。

攤上這樣的一位主子，左右侍奉他的人每天活得膽顫心驚，朝不保夕。國事如此糜爛，當然會有民變四起。「睡王」一面派人四下出警滅火，一面還得小心應付來自朝中覬覦帝位者，根本騰不出時間找宋人的麻煩。

遼穆宗如此，僻處一方的北漢劉鈞至與李筠結盟戰敗之後，更是嚇破了膽，守在他的自留地之中，關起門來做太平天子。趙宋不來尋他的不是，他哪裡敢去自觸霉頭？

北方如此，南方更是共存七個不同的割據政權。共有南唐、吳越、南平、南漢、後蜀，以及福建的軍閥陳洪進，與湖南一隅的周行逢。

相較而言，南方雖有七雄並立，但在趙匡胤眼中只是「癬疥之患」，北方的契丹才是他的眞正敵人，畢竟睡著的獅子也還是獅子。此外，北漢的劉鈞雖然僻處晉地一隅，卻因爲背後有契丹人的扶持，敢與中原王朝作對。

面對五代以來的割據局面，趙匡胤心中存有深刻的憂患意識，無法安然入睡也是合情合理的。

聽到趙匡胤這樣說，趙普陷入了沉思。

自趙宋開國以來，只有一百多個州郡納入版圖，漢、唐故土幾乎全掌握在後蜀、南唐、南漢、荊南、湖南、漳泉、北漢，以及契丹人手中。

以正統自居的宋人斷不會放任這種現象持續存在，朝中也形成兩種截然不同的意見：其一，就是先用兵北漢，拿下這個硬骨頭之後，再去收拾南方的那些割據政權。持這種意見的占絕大多數。

其二，首先要做的是老太太吃香瓜，只揀軟的掐，先把南方的綿瓜們逐一拿下，再返身收拾北漢。趙普就是持此意見者。

趙普見官家明明知道自己對此事的態度，仍然故作不知，還口口聲聲地說來請教，認爲其中肯定有詐！

對於趙匡胤逐漸把治術之道運用得駕輕就熟，趙普心中喜憂參半。明明知道他有意如此，身爲人臣卻只能裝做不知。於是，他婉轉地先從田忌賽馬開始說起：「以君之下駟與彼上駟，到君上駟與彼中駟，取君中駟與彼下駟。」

趙匡胤兄弟二人怎麼會不知道此典故？聽完後，會心一笑道：「卿家所言正合我意，適才聊相試爾！」這番踏雪而來，又是不虛此行。

眼見夜色已深，趙匡胤起駕回宮，這一晚睡得格外香甜。

觀趙匡胤一生，都是按照雪夜定下的國策來執行的。

有幸恭逢其盛的趙光義後來自立爲帝，對這個「統一方略」仍以一貫之、堅定不移。只是急於用兵證明自己能力的他，兩次慘敗在契丹人手下，從此收起「萬丈雄心」，去修他的文治，此為後話。

後人對趙普這一正確方略多有非議。天真的人認為趙普的怯敵畏戰，害趙宋痛失進攻契丹人的最佳時機，坐失收復漢家故土燕雲十六州的契機。

把未能收復漢家故土歸罪於趙普，實在有失偏頗。

而趙普之所以如此，也是有原因的，事情要從周世宗北征說起。

柴榮臨死之前，神勇無比地奪取三關，後世稱為「不世之功」。周世宗取得三關後，認為燕雲垂手可得，之所以被稱為明君，也是因為實施「先南後北」的統一政策的關係。

顯德元年（西元九五四年）二月，北漢國主劉崇趁柴榮剛繼位，會合契丹國四萬精兵來犯。周世宗柴榮獨力排眾議，決意親征，於山西高平大破北漢。

戰後，柴榮整頓軍紀，揀選優異，組成精銳雄師。

擁有強大的軍事力量後，又把統一華夏的事情提上議程。令人稱奇的是，朝中除了王樸等重臣之外，陶穀極力贊成先用武力平定江、淮。

看到這裡，你一定不難發現，趙普所提出的「先易後難」、「先南後北」，根本就是後周統一戰略的翻版，而這麼做也有其用意。

中唐以來，東南地區佔全國的經濟所得比重越來越高。

宋初，淮河流域雖已納入版圖，但最富裕的長江三角洲、浙江，以及號稱天府之國的四川卻仍在南唐、吳越、後蜀等地方政權的手裡。趙匡胤、趙普與周世宗都明白：「單依靠中原一地的物力，很難支撐到統一的那天。」

這個年代打的是糧草軍需，需要的是真金白銀，沒有豐裕的物質做基礎，最好還是深挖洞、廣集糧，韜光養晦、積蓄力量的好。

與契丹、北漢相比，南方的割據政權地方狹小、國防力量薄弱，對付起來也不會太吃力。先逐一把這些勢力掃平，一來可以令軍中士氣大振，二來可獲得豐裕的物資。「腳踏實地」與「好高騖遠」相較，孰優孰劣？

趙匡胤制定出統一方略後，立即著手準備付諸實行，對付北漢、契丹，他暫取守勢，實在是明智之舉。而對於南方的割據政權，他則不能容忍他們繼續存在，「一統江湖，千秋萬代，唯我獨尊」，才是他的人生理想！

第4卷

定荊南，平後蜀

蜀軍潰敗的消息傳入成都，孟昶嚇得膽顫心驚。

從府庫中取出金帛等物募兵，好不容易湊到萬餘人馬，卻任命太子元喆為帥、李延珪為副帥，率軍增援王昭遠。

第 1 章

荊南借道

趙匡胤不但不為過路荊南買單，反而命荊南派三千水軍赴長沙助宋師平亂。二月初時，宋軍趕到收費站（襄樊）附近。正商議著下一步該如何行事，突然見荊南高家派出軍馬迎接。

建隆二年六月，皇太后崩。

這時候，王溥得到一個光榮艱鉅的任務：擔任山陵使一職。

觀宋史便可知，凡是接任此職，就是退出政治權力中心的信號。

果然，在他順利完成任務歸來，趙匡胤就命他去修後周《世宗實錄》。

作為後周遺臣，王溥對於史實盡知，更以文名著稱於世，實在有必要對前朝做個詳細的記載，只是對於他率先避階下拜，依附趙匡胤一事如何措辭，不能盡知。

沒過多久，范質、魏仁浦也被相繼罷相，趙普順勢成為宰相，開始將近十年的輝煌人生。

北宋一百餘年歷史中，獨相者甚多，卻並未對皇權形成威脅。

嚴格說起來，北宋年間的皇帝基本上都很稱職，就算是被世人視為昏庸之主的宋徽宗，也可以立即請四度拜相的宰相蔡京下課。

北宋年間沒有產生權相，固然與宰相的個人素質有關，陶穀也功不可沒。

趙匡胤雖然得到他的大力幫助，心下卻對他的人品不以為然，認為他大德有虧。但如果因為不喜歡他，就不予理睬的話，也會打擊後周朝臣依附他的積極性。

有許多事情在兩難選擇的時候，只能兩害相權取其輕了，對待陶穀這種人要用，但千萬不能大用，因為大用只會帶來災禍。

趙匡胤對陶穀時刻提防，經常對身邊的人說：「陶穀有雙鬼眼！」

所謂的「鬼眼」，無非是說他眼光遊移不定，目光閃躲。

據亞聖所言：「存乎人者，莫良於眸子。眸子不能掩其惡，胸中正則眸子了焉，胸中不正則眸子眊焉。」

我認爲，凡眸子不正者、明眸善睞者，最好還是敬而遠之。

陶穀終其一生，只擔任翰林學士一職，隨時要對趙匡胤所需之事以備諮詢、解惑答疑，任內可說是盡其所能、傾其所有，爲新朝貢獻一生所學，居功甚偉。

趙普爲相之後，趙匡胤在心中犯起嘀咕。他見趙普一人獨相，擔心長此以往，不利於皇權的鞏固，心中琢磨該如何安排幾個新的職務，當宰相的助手，以行監視之實，分趙普之權，但這麼做還需做得有理有據才行。

只是趙匡胤再怎麼好學，對這種「術業有專攻」之事，還是不甚了了。

某天，他忽然看見陶穀在身邊晃悠，心念一動，馬上喚他過來，問：「前代下宰相一等有何官職？」

換成是別人，大概會當場避席以謝，回家翻書，翌日再做答覆。但陶穀不是普通人，他飽讀詩書，熟知歷代典章制度，短時間內大腦高速運轉了N次，反覆思考該如何應對，及主上問這問題的目的。

他心中猜疑，表面卻不動聲色，恭恭敬敬地回道：「李唐時有參知機事、參知政事等職，俱是宰相副職。」

能在倉促之間回答問題，著實不易。

趙匡胤聽完，大喜，原來分相權之事，並非自己的專利。於是依樣葫蘆，過了幾天，任命薛居正、呂餘慶為參知政事。從此之後，參知政事（含兼同知樞、門侍、中侍）一職，就成了副宰相的代名詞。

趙匡胤在對待如陶穀這類德不勝才之人上，一直採取「抑其勢，用其才」的辦法。對這類人要讓他們盡展其才、為我所用，在他們張狂時，時不時做些敲打的工作，讓他們知道要有所收斂，抑制人性惡的一面，發揮長處與積極的一面。

對待陶穀這種人才有選擇地利用，對初興的趙宋政權絕對有益，對人民也是件幸事，而對於當事人陶穀來講，何嘗不是幸事呢？

陶穀在翰林學士任內，充分施展才學，著述頗豐，成為北宋初年文風的開創與奠基者，最後得以善終。

「雪夜定策」後，趙匡胤把目光越過滾滾長江水，時刻關注南方的動靜。為實施統一國策做前期準備工作。

就在他磨刀霍霍的時候，天遂人願，機會來了！

建隆三年十月，武平節度使周行逢死於任上，兒子周保權接位，時年十一歲。

自唐季五代之後，節度使一職成了世襲制，中央根本無權過問。一來是鞭長莫及，二來是中央政權失去向心力與凝聚力，各地藩鎮各自為政，根本不聽它發號施令。地方割據勢力視中央如無物，已經成了一種慣性思維。

武平地方雖小，關起門卻也是個小朝廷。十一歲的孩子接任節度使，與中原的「主少國疑」時期非常相似。

周行逢病篤時，曾考慮到自己的身後事。

為了對將來發生的事有所防備，召來所有心腹將校，當著他們的面，叮囑道：「我死之後，張文表必叛。請諸位用心輔佐我兒子，不要把土地落入他人之手，迫不得已之下，可以舉族內附宋廷。」

放心不下的他掙扎地說完這番話，終於戀戀不捨地去了。

沒多久，事情果然如他所料，當他的死訊傳到張文表的耳裡後，對方非但沒有表示哀傷，反而對周保權繼任一事大為不滿，要他當黃口小兒的從屬，實在讓他難以接受。

其實，這些託辭，只是他想自行在湖南做一方諸侯的藉口罷了。

周行逢生前一直想找機會幹掉張文表，只是未得其便，養虎為患不提，竟給趙匡胤找到一個出兵南下的好藉口。

就在他屍骨未寒之際，張文表已經開始作亂。他在衡陽摩拳擦掌、招兵買馬，準備起兵作亂，恰巧這時周保權派遣士兵來永州地區換防。

途經此地的士兵被張文表威脅，一身縞素，似在奔喪，以迷惑長沙守臣。

當時長沙的守將是行軍司馬廖簡，他打心底瞧不起張文表，早把周行逢臨死前的叮囑丟在腦後。

這天，士兵來報：「張文表率叛軍來攻城！」

廖簡這時候正在官署宴客，賓主正推杯換盞，喝得不亦樂乎。聽到這個消息，根本不以為意，望著座中諸人，大言道：「張文表黃口小兒，何足道哉！此番前來送死，定叫他有來無回。來、來、來、故人相遇，不醉如何歸得去？」

座中諸人聽聞有變，心下正躊躇，忽聽廖簡如此篤定地說出這般言語，便也把擔心拋在一邊，繼續舉杯痛飲。

當眾人喝得杯盤狼藉、酣暢淋漓時，長沙城已告陷落。

亂軍在張文表率領之下，衝入廖簡官署，這時的廖簡早已喝得醉眼迷離、不省人事，賓主等人盡數成了刀下亡魂。眾人在黃泉路上挨挨擠擠，也不至於太過寂寞。這正是：

高流端得酒中趣，深入醉鄉安穩處。生忘形，死忘名！

張文表佔據長沙後，繼續發兵向朗州（今常德地區）殺去，想佔盡所有周行逢的土地。周保權想保住自己的權力，一方面調兵遣將抵擋張文表，一方面派使者前往宋廷，請兵援助。

趙匡胤接到周保權的書信，不禁大喜。自己早已叮囑出使南方的使者留意南方大小事，這幾年來，對南方人心向背、山川地理知之甚詳。周保權此次來信請援，正是南下的最佳藉口。

乾德元年正月（西元九六三年），趙匡胤任命慕容延釗為都部署，樞密副使李處耘為都監，借道荊南，進討張文表。

臨行之際，他授以二人錦囊妙計：「假道滅虢，一石二鳥。」二人皆是疆場宿將，自是心領神會，遵旨依計而行！

荊南是五代的高季興所建立，又稱作南平國。疆域小得可憐，最廣袤時只有荊州，也就是現在的湖北江陵、公安地區。

按照常理，這樣小國不可能立足於五代。

得以苟延殘喘至今，完全是因為其地理所致：它是周邊幾個割據勢力的緩衝區，加上戰亂頻仍，南唐等小國與中原王朝為敵，主要交通命脈早被封鎖，南北雙方之間的貿易往來只剩陸路，荊南一地就成了南北陸上交通樞紐。

荊南高家也是生財有道的高人，他們在自己的土地上，建立當時最大的茶葉集散地。北地、中原所需的茶葉都得從這裡採買，也因此累積一筆令人咋舌的財富。

錢雖然多，卻夾雜在中原、南唐、後蜀三個大國之間，說話底氣硬不起來，只能小心翼翼地侍奉，才得以生存。對於身旁這幾個大佬，荊南高家一個也不敢得罪，連遠在北地的北漢與契丹人也在他們巴結的範圍之內。

就在高家拼命展開金錢外交的同時，也動起打劫的念頭，於是光天化日之下，高家軍成了明目張膽的犯罪集團，過往的客商、各地使節都成了他們的待宰肥羊。

高季興死後，由兒子高從誨接位，人送綽號「高賴子」。堂堂一國之尊，竟然被人呼作「賴子」，其人品之低下、世人對他的蔑視由此可見一斑。

高賴子死後，其子高保融繼任。

高保融死於建隆元年，由其弟高保勖接任。

這高保勖因為幼年多病，及至成年也是個又瘦又弱的體質，病秧子一個。

但是，他有特殊的個人癖好：寡人好色，史稱「荒淫無度」。

他最喜歡看「眞人秀」，時常召集性工作者到他的府署，然後挑選一些身體健壯的士兵，和這些人交合，恣意調謔。他則帶領一堆妻妾躲在簾後觀戰，處理政務的公堂，頓時成為白晝宣淫的場所。

做為一方首腦，有這樣一個癖好，對於尋常百姓來說，只是增加一些茶餘飯後的談資。雖對精神文明建設有礙，但對小民生計影響有限。

這病秧子雖體弱多病，卻生性好折騰，還喜歡搞些形象工程。政事、私德不修，只管修些樓台殿閣，時間一久，軍民嫌怨。折騰了兩年多，他終於在千夫所指下，於建隆三年十一月駕鶴西歸。如果他果斷地做出自宮之事，或許還可以多折騰幾年。

他死後，荊南節度使一職又為其侄兒高繼衝所有。高繼衝是高保融的長子，估計是病秧子荒淫無度，身後無子，才由侄兒接任。

這時，荊南、湖南正好都逢喪亂、政事更迭時期，此時出兵正得其時。

趙匡胤不但不為過路荊南買單，反而命荊南派三千水軍赴長沙助宋師平亂。

高繼衝死於開寶六年，時年三十一。這小夥子的手下雖對趙宋借路一事意見不一，卻未對宋軍有所提防，只能乖乖地遣兵派將出師相助，不敢有違。

二月初時，宋軍趕到收費站（襄樊）附近。正在商議下一步該如何行事，突然見荊南高家派出軍馬迎接。

慕容延釗、李處耘二將以為借道被拒，正準備出戰，就聽到士兵來報：「荊南高保寅、梁延嗣帶牛酒來軍前犒師。」

對於趙匡胤的這番心思，荊南兵馬副使李景威看得很清楚，馬上勸諫高繼衝：「宋軍大至，絕不是只為平叛而來。假名借道將會不利於我，最好在荊門險隘設伏以待，攻其不備。宋人遠來，糧草無以為繼定會退兵，然後我揮師平滅張文表，獻捷宋廷。此計之上者，不然恐有不測之禍。」

高繼衝聽罷，不以為然道：「我高家奉事朝廷不敢不失，爾無多慮，必無此事。況且你遠非慕容延釗之敵。」

就在李景威苦口婆心地勸說時，有左右進言：「李景威安識成敗？中原自周世宗時，有混一之志。如今趙宋順天應命，生民樂附。現在舉兵來伐張文表，其勢如泰山壓頂。湖湘若平，斷無收軍之理。為今之計，最好封存府庫以待王師，如此非但荊南可免禍，主公也會不失富貴。」

意思是雖然勸誘讓一方諸侯斂手聽命，有點長宋人威風，滅自家志氣之嫌，但事實也的確如此，「不戰而屈人之兵」也需要敵我雙方達成諒解才好。

高繼衝以為然，否則覆巢之下無完卵，和宋軍死扛的結果非但是祖宗基業不保，自己的小命也會丟掉。

李景威一看大勢已去，只能選擇自絕。只是，為這種地方割據勢力殉葬也太過不值，既然對方不以國士待你，又何必以國士自居？

第 2 章

平定江陵

使者中的興州軍官趙彥韜者，入得汴梁城，見宋雖是在肇始之初，城中卻已百業興旺。他一路留意沿途地方民心、輿情，知道人心思定、民心樂附趙宋，心中也開始打起算盤。

再說到高保寅與梁延嗣二人，名義上是來勞軍，其實是來觀察宋軍去向的。

周保權得知張文表攻陷長沙，惶恐之餘，立即派使者向宋廷請援，因此鑄下大錯。

周保權這孩子也是個死心眼的誠實人，他父親要他迫不得已時才內附中原，可這孩子在悲痛之中，只聽見後面幾個字。

打發走使者之後，他不敢有所懈怠，急忙調兵遣將，準備平叛。

大將楊師璠奉命出征，臨行前，周保權泣道：「先父待諸君不薄，可謂知人。如今墳土未乾，張文表就造反了，如今安危在此一舉，望諸公努力！」

這些叔叔大爺輩的部屬，見小主公臉蛋兒上淚花閃閃，無不既憤慨又傷心，決定痛扁張文表，以報周家知遇之恩。

俗話說「哀兵必勝」，楊師璠所率領的士兵雖是哀兵、勇氣可嘉，雙方接戰之初卻被張文表所敗。

初戰失利之後，他痛定思痛，化悲痛爲力量，改變戰法，採取守勢。

反觀張文表，這時已經失去耐心，聽說宋師來討的消息，一邊派出使者與宋軍聯繫，一面加強對楊師璠的攻擊力度。

張文表佔據長沙後，又大敗楊師璠，一時之間也顯得有點得意忘形。經過兩個多月的相持後，貿然出擊，結果不但丟失潭州城，最後還落得被分而食之的下場。

事件發生的當下，宋軍正在南下的行路之中，「助周保權平叛」的藉口立馬過時，再也沒有借路的理由了。

慕容延釗與李處耘商議後，各自分頭行事。

慕容延釗負責接待趕至軍前犒師的高保寅和梁延嗣，賓主一見，分外親熱。烹牛宰羊、觥籌交錯，把酒臨風，皆喜洋洋者也。

李處耘則親自率領數千精騎直驅江陵。

在此之前，為了迷惑高繼衝，慕容延釗故意當著高、梁二人，傳令三軍：「明日即班師。」

高保寅一聽大喜，馬上派手下飛馬報知侄兒高繼衝。

高繼衝得報也心花怒放，根本沒有任何防備。

高繼衝興奮得一晚沒有入睡，獨自站在城頭，一邊觀景，一邊等待叔父與梁延嗣的歸來。這時，他突然聽聞宋軍已距江陵不遠，驚得目瞪口呆。慌張之餘，急忙出城十五里來迎。之所以有如此行為，大概也是考慮到，出來得快點，宋軍會當他自首，繼而寬大處理。

不一會兒，李處耘率領鐵騎而至，見到高繼衝率手下在道邊相迎，只在馬上朝他們一揖，同時吩咐屬下在此等待慕容延釗，自己則率精兵馬不停蹄地向江陵城狂奔。

李處耘兵不血刃地搶入江陵城，率先登上江陵北門。

等高繼衝與慕容延釗回到城中時，宋軍早已佔據城中各處要衝險隘，易幟多時。望著這既定事實，高繼衝估計把叔父與梁延嗣二人，用眼睛不知殺死多少次。好在荊南上下人等，早就存有降宋心思，大家早有心理準備，接下來所做的事就無須懊惱了。

高繼衝痛快地交出印綬等物，又令人奉上降表，以所轄三州十七縣，十四萬二千三百戶來歸。

至此，維持了數十年的南平小政權，終於宣告滅亡。

宋軍南來，本是要助湖南周保權平叛，哪知假道荊南，兵不血刃地佔有其地。由此先聲奪人，拉開統一大業的序幕，從此之後攻無不克、戰無不勝，精采紛呈。

宋軍佔據荊南後，稍作休整，又徵發萬餘荊南精兵，一起往南進發，日夜兼程，往朗州（今常德地區）奔去。

周保權聞訊後驚恐不已，召一名「李觀象」來議事。

可能這李觀象自幼就喜歡數星星，擁有有「仰觀天文，俯察地理」的本領，所以才有如此官名。

李觀象據實告訴周保權小朋友：「聖宋繼周，乃是上應天、下順民之舉。現在張文表已誅，而王師不還，顯是欲盡有湘湖。從前有荊南互爲唇齒，如今高繼衝束手聽命，朗州勢難獨存。爲今之計只有匹馬歸朝，還可永保富貴。」

一個十二歲的孩子，能有什麼主見呢？聽完了李觀象的話，馬上決定照辦。無奈身邊幾位執掌兵權的人執不同意見，只好聽任他們準備戰守之具，期待與宋軍一決高下。

慕容延釗派軍前往朗州安撫地方，卻被拒於城外。

這時，周保權手下的士兵已經「盡撤部內橋樑，沉船舫，伐木塞路」看來是打算與宋人死磕了。

先頭部隊因兵少，見此情形，立刻退回待命。慕容延釗只好把消息上報，數日後，趙匡胤傳詔曉諭湖南周保權，對其忘恩負義、自取滅亡的行徑大加鞭撻。

慕容延釗則分兵，水陸並進。

水路直取岳州（今湖南岳陽），大破敵軍於三江口，繳獲戰船數百，斬首四千餘級，順勢攻取岳州。

水軍大勝之後，小周的得力幹部張從富在澧州（今湖南澧縣）以南，與宋軍不期而遇。這位主戰派將領想重創宋軍，無奈手下不雄起，兩軍未及交鋒，所部已望風而潰。

李處耘指揮宋軍在後追殺，俘獲甚衆。

李處耘擔心對方實施「敵進我退、敵駐我擾、敵退我追」的游擊戰術，也和對方打起心理戰。

爲了增加朗州城中的恐慌氣氛，命手下從俘虜中挑選十幾名珠圓玉潤的傢伙，剁洗乾淨，燉好分而食之，其餘的在他們臉上悉數黥面，然後放歸。

這些被刺字的俘虜被縱歸之後，膽顫心驚之餘，繪聲繪影地描述宋軍吃人的事情，城中百姓聽得毛骨悚然，無不驚恐失色。

從此以後，湖南地方減肥成了一種時尚，大家都知道一個道理：瘦削者的逃生機率遠高於肥胖者。

後來，城中的恐慌氣氛越來越濃，終於到達臨界點。宋軍入城後，士兵於城中四處放火，驅趕城中居民奔竄入山，張從富被擒殺，宋軍佔領朗州。

只是宋軍遍尋城中，就是不見周保權的蹤影，於是偵騎四處打探他的下落。原來，周保權一家被手下劫持，躲在一座寺院之中，李處耘派手下前往捕捉，手下見情勢不妙，扔下小主子轉身跑路去了。

周保權在失去政權之後，總算保住了性命。宋軍盡復湖南，共收到十四州、監一、六十六縣、居民九萬七千三百八十八戶。

七月，周保權詣闕待罪，趙匡胤菩薩心腸，既往不咎，還賜他一個右千牛衛上將軍的官職。

宋太宗雍熙二年，他死於左羽林統軍的任上，和許多在趙匡胤時代活蹦亂跳的人一樣，在趙光義即位之後，莫名其妙地一命嗚呼了，這是後話。

而李觀象則因為勸周保權歸降，也被授與左補闕的官職。趙匡胤這樣做，當然是有意為之，希望有人步其後塵。

平定荊湖，可以視作趙匡胤、趙普二人初出茅廬的第一戰。

首戰告捷，意義非凡。透過用兵荊湖，證明「先南後北」戰略確實正確，並一舉鼓舞了宋軍士氣，堅定起朝臣們的信心。

收復荊湖之後，宋廷不但獲得豐厚的物資。在戰略位置上，西上、東進、南下全都進退自如、遊刃有餘，隨時可用兵後蜀、南唐、南漢等地。

荊湖自此成為趙宋鍥入南方的一顆釘子，從此，南方各勢力寢食難安。

唐末以來，許多文士為躲避戰亂，紛紛跑到四川。當地勢力對這些人採取優撫政策，使得唐人的宮廷文化得以在該地廣為傳播。

值得一提的是，四川地方是唐末以來雕板印刷最先進的地區，五代中原王朝刻印根本不能與之比較。

北宋初年，後蜀的國主是孟昶。即位三十餘年間，天佑神庇，無災無難。他覺得蜀道艱遠、國泰民安，開始變得痲木、驕奢淫逸。

晚年的孟昶一改從前的英明神武，任用奸小，國政不修，不恤黎庶。

從前的勤政愛民成爲歷史，豪奢到連便壺上也要鑲滿寶石，這樣的混帳行爲如何不令人憤恨？上天震怒、民怨沸騰也在情理之中。

趙匡胤早在用兵荊湖之前，就有窺蜀之心。乾德元年四月，華州團練使張暉轉職爲鳳州團練使，兼任西面行營巡檢壕寨使。不久後，也就對蜀地的山川地理無一不知，密奏官家，獻上進取之計。

趙匡胤覽奏，大喜。

宋人收復荊湖的消息傳到後蜀時，宰相李昊上奏道：「臣觀趙宋肇始，氣象萬千便與晉、周大不相同。唐末五代以來，紛爭離亂不止，天厭之，人厭之，一統宇內，此其時乎？若與宋通職供，或可保三蜀，請陛下熟思。」

哪知，孟昶早已失去雄心壯志，英雄遲暮矣。聽完李昊的這番話，沉思片刻，深以爲然，打算依計而行。

正要遣使奉表，大臣王昭遠極力勸阻，認爲萬萬不可。

王昭遠乃成都地方人士，是個孤兒。

雖然幼小失怙，卻聰慧異常，一個叫智諲的僧人見他孤苦無依，把他收作童子。

這天，孟知祥在府署中佈施齋飯，王昭遠跟隨師傅，捧著巾履在旁侍奉。

孟知祥見他生得伶俐，心生愛憐，正好孟昶才開始讀書，就把他留下，做兒子的伴讀。如此一來，孟昶與王昭遠這兩個年齡相仿的孩子，每天在一起嬉戲，成了知交。

孟知祥沒有想到，自己的一念之差，竟爲自己所打造的政權安排了掘墓人。孟昶即位後，王昭遠跟著雞犬升天，先被任命爲捲簾使、茶酒庫使。數年之後，又被封爲樞密使。

王昭遠掌握重權之後，更是呼朋引伴，把朝堂政事搞得烏煙瘴氣。本來就已經民怨四起，加上任人惟親，更使孟昶讓朝臣心寒、上下離心。

在王昭遠的極力反對之下，孟昶只得打消遣使奉表的念頭。

接著，王昭遠調兵遣將，屯紮於入蜀的險隘之處，又檢閱水軍、增兵備戰。他很清楚朝臣對他出任樞密使一職多有不滿，所以一直在等待機會，想證明自己。

王昭遠覺得自己是深藏不露的高人，不出手則矣，一出手肯定「一鳴驚人」。他這樣的心思，朝中佞臣當然知之甚詳。

乾德二年十一月，山南節度判官張廷偉向他進言：「大人從來沒有什麼值得誇口的勳績，卻身任樞密重職，不想辦法建立不世殊勳，如何使衆人心服？」

王昭遠早有此心，只是一時不得其便，聽了張廷偉的話，又見他一臉的諂笑，眼前一亮問道：「不知你有何妙計？但講無妨！」

張廷偉不敢再賣關子，馬上把妙策合盤托出：「爲今之計，最好立刻遣使通好北漢，約期共舉。待北漢兵南下，我軍即日北下，出子午谷響應。如此一來，方能令趙宋首尾不能相顧，則關右失地垂手可得！」

王昭遠一聽，大喜，馬上依計而行。

在他認爲，這樣既可彰顯天子知人善任之明，又能施展腹中所學，等到自己戰勝歸來，朝中文武還有什麼話說？

孟昶對王昭遠完全言聽計從，聽他一講，立刻傳旨孫遇、趙彥韜、楊蠲等人，攜帶蠟書前往北漢。書中只道蜀軍已經在褒、漢等地屯紮重兵，就等北漢約期共舉。

孟昶雖遠在蜀地，也聽聞過李重進遣使一事，只派出數人前往太原。

儘管他對使者半途改道一事有所防範，但是北宋版的「張松獻地圖」一事，仍不可避免地發生了。

這幾位使者，甫一出蜀地，便議定趁此公費出國的良機，多到一些名勝遊玩一下，也好在回國「龍門陣」的時候有些談資。

幾個使者進入趙宋，首先想要去的就是汴梁城。東京乃是趙宋首善之區，順道觀國之光，也是他們這次行程中最爲重要的一站。

使者中的興州軍官趙彥韜者，入得汴梁城，見宋雖是在肇始之初，城中卻已百業興旺。他一路留意沿途地方民心、輿情，知道人心思定、民心樂附趙宋，心中也開始打起算盤。

經過一番琢磨，他偷取了蠟書，逕自跑去見趙官家。

趙匡胤聽說後蜀孟昶派使者求見，心下納悶：「怎麼沒聽臣子們提及此事？」當他打開蠟書，不禁大喜：「這下師出有名矣！」

趙彥韜這麼做了以後，同行的孫遇、楊蠲二人也隨之浮出水面。反正蠟書已經送到趙匡胤手中了，再去北漢就失去意義了。

趙匡胤同時赦免了三人的罪，溫言嘉勉，做爲使者，他們的行爲無可厚非，「受人之託，忠人之事」。更何況做爲臣子，身不由己。

三位使者感激之下，把後蜀山川險隘、戍守處所、道裡遠近一一詳述，然後配合宋人畫師繪製後蜀地圖，對趙宋平蜀做了不可磨滅的貢獻。

數日後，趙匡胤命忠武節度使王全斌爲西川行營鳳州路都部署，武信節度使、侍衛步軍都指揮使崔彥進爲副，樞密副使王仁贍爲都監。寧江節度使、侍衛馬軍都指揮使劉光義爲歸州路副都部署，內客省使、樞密承旨曹彬爲都監。

大起軍馬、步兵六萬，分路進行討後蜀活動。

爲了昭告天下百姓平蜀之志在必得的決心，趙匡胤命手下在汴梁城中尋找風水寶地，爲孟昶大興土木，建了五百餘間美宅。是那種孟昶一來東京，就可以馬上入住的豪宅。

王全斌等人出師入辭之際，趙匡胤在宮中崇德殿上大排宴筵，酒過三巡，他把繪製好的蜀地圖遞給王全斌等人，然後問：「西川可取否？」

王全斌等人見了圖，喜出望外，回道：「臣等此行仗節鉞代天征討，只須謹遵廟算，蜀地可克日而定。」

龍捷右廂都指揮使史延德則上前拜倒，在官家面前大聲宣誓：「西川如果是在天上，我等上不得去。在地上的話，大軍至時，即可踏平！」

趙匡胤一聽他的豪言壯語，慰勉有加，然後對王全斌叮囑道：「攻取城寨之後，除器甲糧草，金帛之物悉數賜與士兵，我要的只有土地。」

也正因為這番言語，平蜀的宋軍才會在蜀地肆無忌憚地擾民、斂財，最終激起民變，使得盼望統一的蜀民深陷水火，也是趙匡胤統一大業中的一大敗筆。

當然，這也是後話。

乾德二年冬，宋十兵分兩路討蜀。

北路以王全斌、崔彥進等率步騎三萬出鳳州（今陝西鳳縣東北），沿嘉陵江南下；東路以劉光義、曹彬等率步騎兩萬出歸州（今湖北秭歸），溯長江西上。以期兩路分道進擊，會師成都城下。

軍情十萬火急，很快就傳到蜀主孟昶耳裡，孟昶立刻慌了手腳，埋怨王昭遠道：「宋軍大至，全是你招引所致。」

王昭遠卻信心滿滿地保證：「陛下勿憂，兵來將擋，水來土掩。一切有微臣在，可保無虞！」

孟昶無奈之餘，只好死馬當活馬醫，慰勉道：「從速出軍抗禦，盼你早日得勝凱旋！」

王昭遠領旨，立即調兵遣將，準備應敵。

孟昶任命王昭遠為北面行營都統，左右衛聖馬步軍都指揮使趙崇韜為都監，山南節度使韓保正為招討使，洋州節度使李進為副招討使，牽軍禦敵。

這四人中，王昭遠出身微賤，沒有經歷戰陣，卻驟得大用，總內外兵柄。而韓保正是世祿之子，也沒有眞材實學。

唯有趙崇韜是將家子弟，有乃父遺風，驍勇善戰，當年周世宗攻拔四州後，打算繼續擴大戰果，被他擊退，之後與宋軍的交鋒表現上亦可圈可點。

大軍出征之日，宰相李昊與衆臣子奉旨前往軍前餞行。

來到城外，卻見王昭遠一身道裝，頭戴逍遙巾，手持鐵如意，自比為諸葛亮，一副胸有成竹的樣子。

衆人見狀，無不覺得好笑，無奈此人聖眷正隆，沒人敢得罪。

酒至微醺，王昭遠拉著李昊的胳膊，口吐狂言：「此次出兵並非只有克敵制勝就算結束，而是率數萬軍卒直下中原！立不世殊勳易如反掌爾。」

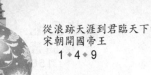

兒戲。

李昊等人一聽，奉承恭維之餘，心中更增憂懼。兵凶戰危之事，在王昭遠眼中竟是

就在「肖諸葛」王昭遠大言不慚的同時，宋軍在趙彥韜、孫遇、楊蠲等嚮導的帶領

之下，進軍神速。

王全斌攻克乾渠渡、萬仞、燕子等要隘，克復興州，大敗蜀兵，繳獲糧草四十餘萬

石。蜀軍不得已，只好退守保西縣。

宋軍初戰告捷，更是勇氣倍增，一鼓作氣連克二十餘寨。

在趙匡胤面前發了豪誓的大將史延德，一馬當先、衝鋒陷陣，不避矢石。

蜀招討使韓保正聽聞興州已失，不敢迎戰，退守到保西縣之後，派兵數萬依山背城，

結陣自固，準備以地利之便，與宋軍一決高下。

史延德指揮軍馬發動攻擊，韓保正眼中的堅固防線頓時變得不堪一擊，蜀兵大潰，

韓保正非但沒有保住保西，連性命也沒得保全，成了宋人的俘虜。

崔彥進等率軍沿途追殺，一路趕至嘉州城下，俘獲甚眾。

蜀軍屢戰屢敗，只好燒掉棧道，退到葭萌關。

北路軍進展順利，東路劉光義、曹彬等人也不遑多讓。攻城拔寨，似乎沒有遇到什

麼像樣的抵抗，陣斬蜀軍萬餘，繳獲戰船二百餘艘。

劉光義、曹彬所率宋軍溯江而上，很快就攻進夔州（今重慶奉節）。蜀軍在江面上設立浮梁爲障，兩岸炮火無數，只等宋軍闖入之後加以重創。

出乎所有蜀人意料的是，趙匡胤在劉光義、曹彬未曾出兵之前，就耳提面命，告之二人：「泝流至此，切勿以舟師爭勝。當先遣步騎潛擊，俟其稍卻，乃以戰棹夾攻，可必敗也。」

趙官家把如何行軍、進退說得一清二楚，二將對官家的這番「教導」，自然時刻銘記在心。

二將在距離鎖江三十里處，捨舟上岸，率精兵潛行前往搶奪浮橋。等殺完蜀軍，佔據浮橋，又乘舟而上，直抵白帝城下。

這時，城中蜀軍將領意見產生分歧，西蜀寧江節度使高彥儔，對副使趙崇濟、監軍武守謙道：「宋軍遠道而來，利在速戰，最好堅壁不出。」

但監軍武守謙持反對意見，他認爲：「宋人入寇，陳兵城下，這時候不迎頭痛擊，更待何時？」

他不顧衆人反對，率領麾下千餘士卒出城迎敵。

此時，劉光義正爲如何攻城感到頭疼不已，突見蜀軍主動出擊，不禁大喜，馬上派大將張廷翰前去迎戰。

宋軍故意示弱，把蜀軍誘至城外，返回再戰，武守謙抵敵不住，只得往城中敗退。宋軍緊追不捨，趁勢殺入城中。

當高彥儔整軍出來援助時，宋軍早已破城而入。

高彥儔力戰之下，身中十數槍，左右都逃的不知去向。他奔回府署，判官羅濟勸他暫時回蜀，收拾殘軍再戰，但他無顏去見蜀中父老，選擇縱火自焚。

蜀軍自以爲燒了棧道，北路宋軍就無法繼續深入蜀腹地。哪知，宋軍此行志在必得，王全斌部衆全力修治棧道，沒過幾天就修復完畢。

崔彥進出兵棧道，王全斌率大軍繞道由羅川至深渡。兩路宋軍又合兵一處，繼續向蜀地挺進。雙方大戰三回合，蜀軍潰不成軍。王昭遠這下也顧不得手持鐵如意指點江山了，曾經揮斥方遒的閒情逸致，也不見了蹤跡。

蜀軍潰敗的消息傳入成都，孟昶嚇得膽顫心驚。這哥們急忙從府庫中取出金帛等物募兵，好不容易湊到萬餘人馬，卻任命太子元喆爲帥，李延珪爲副帥，率軍增援王昭遠。

李延珪乃是製墨大家，相傳此人所製墨堅硬如鐵，可削木，乃墨中極品。如果在書桌上有李延珪所製的墨、澄心堂的紙、諸葛高的筆，再配以端溪鳳珠硯的話，那麼此人非富即貴。就因爲喜歡他製的墨，孟昶任他爲武信節度使、兼侍中，如此公權私授，不亡國何待？

太子爺孟元喆更是了得，是個川劇骨灰級發燒友，發燒到國事已經火燒眉毛了，仍沉湎在戲劇大世界中，而不能自拔。在大軍出發之際，竟帶了幾個愛姬、數十名伶人同行。川劇道具、服裝、樂器也在軍伍之中。

正當他們彩旗招展、鑼鼓喧天時，晴空萬里的天空突然烏雲密佈，繼而大雨傾盆。太子爺躲在轎中，心疼這些淋雨的蜀錦，急忙命左右先解了收好。不一會兒，雨過天青，再取出裹飾，倒懸在轎桿之上。

見到的蜀人紛紛搖頭竊笑，這陣勢哪裡像是要去打仗，分明是去上前線勞軍的。天象示警，出師之日就旌旗倒懸，太子爺卻不以爲意，搖頭晃腦地哼著小曲，踏上征途。

第 3 章

後蜀歸降

蜀軍人數雖多，卻是烏合之眾，被宋軍裡外夾擊，很快就兵敗如山倒，陣亡的與失足跌入江水溺斃者不知幾何。

蜀地大雨倏忽而至，移時雲開霧散。但汴梁連日天降瑞雪，飄飄灑灑，不見雪霽的跡象。

這時，一股冷風吹來，坐在講武堂氈帷中視事的趙匡胤拉了拉穿在身上的紫貂裘，若有所思道：「我端坐此間，穿著貂裘仍覺得體寒。思及遠征蜀地的將士披荊斬棘，風雨兼程定是辛苦異常，委實令朕心下難安！」

想到這裡，他靈機一動，解下身上的貂裘，喚來一個隨伺左右的太監，命他立刻把貂裘快馬送至王全斌軍前，並且曉諭諸將以不能遍及。

趙匡胤也是自奉甚儉的人，貂裘可不是每人都能賜一件的。王全斌把君王所賜之物捧在手中，熱淚盈眶，替這樣的老闆工作，就是累死也值得啊！

王全斌感念君恩，馬上召眾將士集思廣益，「劍門關古稱天險，陳兵關下，攻之不克，該如何是好？」

就在眾人一籌莫展的時候，一個軍官上前道：「有蜀軍降卒名喚牟進者，知道越過數重大山之後，有一條狹長的小道可過江，從此間出劍門南二十里，可直通官道。宋軍如果從此捷徑穿越，可直至劍門關之後。劍門天險也會變得無險可恃。」

王全斌一聽，心花怒放，眞是天助我也，打算立刻率軍間行前往。

沒想到，有裨將勸阻道：「蜀軍屢戰屢敗，已經破膽。主將沒有必要親自前往以身試險，只須派軍從小道繞行劍門關之後，與大軍夾攻，劍門關可破，王昭遠必定成擒。」

王全斌聽完，依計而行，派史延德率軍前往，宋軍在他的帶領之下，有驚無險地繞過劍門關。

這時，王昭遠不在劍門關，他分派一名偏將把守關隘，自己退到漢源坡。在他心中，劍門天險，沒必要親自坐鎮，一夫當關即可。沒想到，守劍門關的蜀軍抵擋不住宋軍兩面夾擊，天險很快就易手。

宋軍立即揮師疾進，出其不意地現身漢源坡。

趙崇韜驚惶之餘，立刻指揮蜀軍佈陣，自己身先士卒，向宋軍發起自殺式衝鋒。而王昭遠則被宋軍的猝然而至，驚得癱軟在胡床之上，無法起身。

趙崇韜被困在重圍，手刃數十名宋士兵卒之後，終於力竭被擒。就在他浴血奮戰的時候，王昭遠終於從胡床上掙扎起身，脫下身上的甲冑，奪路而逃。

但老王也沒有跑太遠，川馬耐力雖好，短時間的衝鋒能力卻低於宋人的馬。王昭遠被宋軍追得狼狽不堪，躲在一家農戶的倉庫底下，如鴕鳥一般把頭埋在裡面，一邊以淚洗面，一邊悲吟「時來天地皆同力，運去英雄不自由」。

此詩為唐人羅隱所作，詩名為籌筆驛，追憶諸葛亮的一生功績。

都到了這個時候，王昭遠還是在自比諸葛亮呢！真是令人感到既吃驚又好笑。

可能王昭遠自感身世，吟哦的聲音略高，被追兵循聲而至，逮個正著。妙的是，送到闕下，趙匡胤非但釋而不問，還授以左領軍衛大將軍。

這時，仍在途中嬉戲遊歷、不恤軍事的太子爺、李延珪一行人，方才行到綿陽，聽到劍門關已失，立刻裹足不前。第二天，棄軍西還，一路上把倉庫廬舍焚燒殆盡，無形中增添蜀地的恐慌氣氛。

萬餘士兵失了主帥，頃刻之間作鳥獸散。

孟昶人在成都，聽聞劍門天險失守，王昭遠、趙崇韜被擒，以及太子奔還的消息，驚得臉色煞白、手足無措，急忙向左右問計。

有一老將建議：「宋軍遠至，已是強弩之末，其勢必不能久。爲今只有聚兵堅守，靜觀其變。」

這老將軍戎馬一生、老成持重，所見極是，只可惜孟昶聽了之後，大大地搖頭。史載，蜀主歎曰：「吾父子以豐衣美食養士四十年，一旦遇敵，不能爲我東向放一矢。今雖欲閉壁，誰肯效死者？」

宰相李昊在一邊聽孟昶所言，已有斂手聽命的意思，於是建言：「即刻遣使請降，封府庫以待宋軍。」做趙宋順民，仍不失富貴。蜀地君王出降者多矣，陛下不是第一個，也不會是最後一個。

李昊說這番話，自有他的道理。

王建所立前蜀政權，在四十年前被後唐莊宗派軍平滅，李昊做爲事件的親歷者，不但躬逢其盛，還是前蜀降表的撰稿人。

聽完老宰相的建議，孟昶茅塞頓開：「這到不失爲長保富貴的一個辦法！就算投降，還是有得做『安樂公』、『歸命侯』的。」

他轉憂爲喜，催促李昊立即草表。

雖然時隔四十年，卻因有章可循，李昊文思不減當年，筆走龍蛇，片刻間降表草就，文中把蜀主孟昶惶恐、乞憐、恭順的心態描敘得淋漓盡現。

孟昶覽畢，苦笑之後，拿出玉璽蓋章。降表畢竟不是表揚信，不寫得可憐一點，怎麼可能收到奇效？

到了晚上，消息已傳得滿城皆知，好事者連夜在李昊府門大書「世修降表李家」六個大字，見到的人無不莞爾。

雖然李昊修了兩次降表，但也有値得推崇的地方。他在孟昶時代兼職修國史，修成《昶實錄》四十卷。

有一次，孟昶想拿過來看，他卻斷然拒絕：「帝王不閱史，不敢奉詔！」頗有「在齊太史簡，在晉董狐筆」的錚錚史家風骨。

李昊此番言語，當令後世只知爲尊者諱、爲親者諱、爲賢者諱的史家們汗顏。

翌日，孟昶命使者奉降表詣於宋軍前。

王全斌率宋軍行至魏城，正巧遇到奉表前來的使者，一面派人飛馬回汴京報訊，一面遣使先行入成都曉諭孟昶，慰撫軍民。

孟昶又令宋軍所到之處，地方官吏出牛酒犒師。

東路軍的劉光義、曹彬攻克夔州之後，繼續溯江而上。沿途經過忠縣、開縣、萬縣（俱屬今日之重慶直轄）等地，全都望風迎降。

到了遂州，地方官吏一樣不戰而降。

宋軍入城之後，盡以府庫錢帛賞賜士兵，大軍過處，劉光義手下將領想大肆屠戮，卻被曹彬極力阻止。

東路的宋軍入川，基本上做到秋毫無犯。

趙匡胤聞訊後，讚曹彬道：「吾任得其人矣！」

但曹彬也只保證一路宋軍的軍紀嚴明，北路軍進入成都之後，軍紀很快就敗壞，大肆擄掠，其流毒直至宋太宗晚年。

史書上記載，蜀地居民在趙匡胤與趙光義兩朝，足足發起十餘次民變。其中，以李順、王小波為首的民變，更提出「均貧富」的口號，著實撼動宋廷在蜀地的統治。

王全斌率軍到達升仙橋時，蜀主孟昶備亡國之禮出降。

孟昶出降，王全斌承制釋之。

後蜀滅亡，自宋軍從汴梁出征，到孟昶投降，共計六十六日。宋人共收得州四十六、縣二百四十、戶五十三萬四百二十九。

王全斌率軍進駐成都，沒幾日，劉光義、曹彬等人順利抵達，會師成都。

孟昶則奉旨舉族歸朝，離開成都。

宋兩路大軍入城之後，緊張的神經鬆懈了下來，閒暇之餘兩軍便摩擦不斷，開始互相爭功。

王全斌、崔彥進、王仁贍等人進了成都之後，不思振奮，在志得意滿之餘，每日聚飲無度，不恤軍務，手下士兵四下擄掠，奪人子女、劫人財貨，蜀人苦之，泣告無門。

曹彬三番五次督請班師，王全斌等人根本不加理會。

乾德三年二月，趙匡胤命參知政事呂餘慶權知成都府。

當呂餘慶到達成都的時候，當地民怨沸騰，可宋軍仍然恃功驕恣不法，王全斌仍一如既往，不加以約束。

這天，呂餘慶正在衙署，外面忽然有屬吏來報：「有軍官酒後尋釁滋事，光天化日之下，竟然持刀闖入剛剛營業的藥材集市，在人潮洶湧的鬧市公然搶奪藥商財物。」

呂餘慶一聽，大怒，立刻派手過去擒拿，當場斬於市。

如此一來，宋軍終於知道要收斂，城中百姓稍安，成都城在呂餘慶治理之下，逐漸恢復平靜。

在此同時，成都之外發生許多突發事件，梓州地方竟然發生亂軍脅迫鄉民趁夜攻城的行爲，幸虧新任知梓州樞密學士馮瓚處變不驚，才沒釀成更大的災禍。

在追斬帶頭搗亂者後，事態總算平復。但蜀地依然暗潮洶湧，稍有不慎，就會爆發蜀地居民的反抗事件。

這時，趙匡胤的一紙詔書，又成爲蜀地動盪的導火線。

在孟昶舉族赴汴之後，蜀地文武官員也一同趕赴京師，趙匡胤傳旨王全斌：「優給著裝錢，令蜀軍出川赴汴。」

趙匡胤可能認爲南北兩地氣溫有異，故有此命。

可惜王全斌把他的叮囑當成耳邊風，把這件事當成撈外快的大好機會。朝廷調撥下來的專款，他沒有全額發放到蜀軍手中，反而趁機雁過拔毛，中飽私囊。

如此一來，本來給蜀軍的是棉衣錢，到了他們手中時只夠買件單衣了。蜀軍怨聲載道，一路行來，儘是牢騷與不滿。行到綿陽時，終於激起兵變，亂軍攻拔綿陽屬縣，斬殺護送北上的宋軍。

原文州刺史全師雄帶著家小前往汴梁城，路過綿陽，恰好碰上兵變之事。

全師雄曾爲蜀將，素有威名，見到這個情況，擔心亂兵威脅他造反，急忙拋下一家老小，四處躲避。

躲了數日，還是被蜀軍找到，衆人推舉他爲帶頭大哥，起兵反宋。

正因爲宋軍的侵擾與欺侮，蜀軍早就心懷不滿，短短數日，就衆至十餘萬，號爲「興國軍」。

王全斌聞訊，並未重視，只是隨意派出部將朱光緒，率領七百餘騎士兵前往安撫。這朱光緒這一去，非但沒有安撫全師雄，反把全師雄的愛妾安撫進他的被窩，其他族人盡數斬殺，川資行李掠爲己有。

這樣一來，完全把全師雄逼上不歸路，堅定他反抗到底的決心。盛怒之下的全師雄率領蜀軍猛攻綿陽，守城的宋軍拼死抵擋。危急時刻，兩路宋軍趕來援助。

蜀軍人數雖多，卻是烏合之衆，被宋軍裡外夾擊，很快就兵敗如山倒，陣亡的與失足跌入江水溺斃者不知幾何。

全師雄收拾殘軍轉攻彭州，城守抵敵不住，棄城而逃。佔據彭州之後，他自號「興蜀大王」，開幕府、置僚屬，成都所轄十縣紛紛起兵響應。他任命十餘名將佐爲節度使，分別屯紮於灌口、導江、郫、新繁、青城等縣。

崔彥進派手下討伐，被打個落花流水，一時之間，四川震動，亂軍之勢更盛。

全師雄趁機分兵綿、漢州，斷劍閣、緣江置寨，聲言攻取成都，蜀地十七州也遙相呼應，漸成燎原之勢。

直至成都通往汴梁的驛路被隔斷，王全斌這才慌了手腳。

這時，成都城中有近三萬蜀軍尚未發遣，如何解決這些蜀軍，成了他的心結。兩路宋軍入川共計六萬，分屯蜀地，有些陣亡及護送孟昶等回汴梁，現在留守成都的宋軍勢單力孤，如果全師雄真的率眾來攻城，城中這三萬蜀軍裡應外合，宋軍必敗無疑。

王全斌越琢磨越害怕，與其這樣坐以待斃，不如先下手為強。見他生了殺降的心，手下有人勸諫：「這些蜀軍中很多都是老弱病殘，先把這部分人遣散，然後再派兵護送其餘部分去汴梁城，沿途如果被全師雄的手下劫奪，再殺也不遲。」

王全斌雖然明白「殺降不祥」的道理，但在這時候要他分兵弄險，他可不敢。

乾德三年四月，近三萬蜀軍被誘殺於成都夾城之中，屍體堆積如山，血流成河，慘不忍睹。

血腥與殘暴只換來蜀地軍民更激烈的反抗，王全斌等人的確該殺。可惜，後來趙匡胤追究責任之時卻大赦眾人，只以降職責罰了事，未能還給蜀人一個公道，無法服眾。

趙匡胤的統一大業本該是一帆風順的，只是在攘領成都之後，手下未能做好善後，導致軍紀敗壞、驕兵悍將恣肆不法，全是唐末五代以來的陋習。

趙匡胤理當對這種情況有所提防，要是在出軍之前有號令三軍嚴守軍紀，就不會引起民變，讓事情鬧到一發不可收拾。

除曹彬以外，擇將所用非人，他難辭其咎。

五月，趙匡胤優詔撫慰孟昶：「既自求於多福，當盡滌於前非。朕不食言，爾無過慮。」並為他舉行隆重的迎降儀式，數萬宋軍大陳闕前，旗鮮甲亮，精神抖擻。而孟昶和隨行兄弟、兒子、李昊等重臣三十三人，則素服待罪於明德門前。禮畢，趙匡胤大宴孟昶等人於大明殿上。

六月，他任命孟昶為開府儀同三司、檢校太師兼中書令、秦國公，其他人等也各有賞賜。但是，孟昶卻無福消受，千里迢迢地跑來到汴梁，只待了七天，就莫名其妙地猝逝。

孟昶的死因至今仍是個無解之謎。死後，趙匡胤為之輟朝五日，以示哀思，並贈尚書令，後來又追封其為楚王。

看到蜀地民變四起，劉光義、曹彬無法坐視，率軍進討全師雄。全師雄軍大敗，傷亡萬餘人之後，退至保郫縣，喘息未定，王全斌、王仁贍又率宋軍掩殺而至，只得退走。

二王小勝之後，不知招撫，仍一味地實行高壓恐怖政策，在捕獲全師雄所部官員之後，於成都鬧市之中殺雞儆猴。

全師雄數次兵鋒受挫，徒衆散處各地暫避宋軍。

眼見得局勢朝著有利宋軍一方發展，哪知這時宋軍內部又節外生枝。虎捷指揮使呂翰與上峰不合，率手下在嘉州地方作亂，橫衝指揮使吳瑰、虎捷水軍官孫進眾人也起兵回應，殺官造反之後，與全師雄所部合兵一處，聲勢復振。

叛亂此起彼伏，一時之間，王全斌等人疲於應付。

得知蜀地動亂，趙匡胤不得已重新派軍，數路大軍剿撫並用，一直持續到乾德四年十二月，全師雄病歿，才得以平息。

乾德五年春，趙匡胤召王全斌等人回汴。

在得知蜀地動亂之後，每有使者至蜀地來汴，趙匡胤就會親自詢問事情緣由。蜀地人民苦不堪言，豈會放過這種千載難逢的告狀良機？即使不添油加醋，如實地講也是一副義憤填膺狀，三人尚且成虎，況且此事眾口一辭。

故此，趙匡胤對王全斌等人種種貪贓不法之事知之甚詳。

後來，王仁瞻回京面聖，趙匡胤責問他不法之事。他非但不認帳，反而把過錯盡數推到別人身上，似乎蜀地之事與他毫無瓜葛，自己有功無過。

趙匡胤索性把他不法之事一一例舉，這下子，王仁瞻惶恐不能對，事實勝於雄辯，再狡辯下去，單是欺君之罪就夠他受的了。

趙匡胤一見，立刻明白蜀民所訟之事絕非空穴來風，一時也懶得再問，命人帶王全斌眾人與告狀之人當面對質。

王全斌一看王仁贍的神情，就明白再說什麼也沒有用了，便痛痛快快地認了在蜀地縱兵大掠、倒行逆施，貪贖、殺降等事。

在如何處置王全斌等人的事情上，讓趙匡胤很爲難。

文武百官都認爲，這些人不殺，不足平民憤。但這些人也確實是平蜀功臣，殺了這些將領，又有藏功之嫌。

再者，殺掉功臣所引發的嚴重後果，更讓他心下躊躇不已。

現在國家統一大業未竟，南有南唐、吳越、南漢等勢力未平，北漢與契丹更是心腹大患，仍是用人之際。殺王全斌衆人雖然簡單，但這樣一殺，接下來有誰會願意賣命呢？做爲君王他得權衡得失，最終功過相抵之後，把衆人貶官了事。

王全斌等人被追繳違法所得六十四萬六千餘貫，所有款項一併收歸國庫。他們之所以敢以身試法，雖因一個「貪」字，也與趙匡胤對待部下姑息縱容有關。

乾德元年，趙匡胤在削平南方諸國的同時，對北漢與契丹積極調整部署，調兵遣將，分部守邊。

由李漢超屯關南（今河北雄縣一帶）、馬仁瑀守瀛州（治今河間市）、韓令坤鎮守常山（今正定縣）、賀惟忠守易州（今河北易縣）、何繼筠領棣州，令各保關隘，養銳待敵以備遼人。

經過數年的養精蓄銳，乾德四年正月，雄、霸、瀛、莫、等州宋軍官獵於幽州境上，對遼人誇示武功，與大宋後世兒孫怯戰畏遼形成鮮明的對比。

為了確保邊關安寧，趙匡胤對幾位帶兵諸將予以優渥待遇，不但對他們任之不疑，對其家屬也撫之甚厚。

這些邊將每次回京述職，趙匡胤都惠賜以飲食、珍奇珠寶，同時授以謀略：「來則掩殺，去則勿追。有膽敢犯邊者，給予迎頭痛擊，對逃跑者則歸師勿遏、窮寇勿追。」同時，他命令這些邊將大量召募邊民為間諜，以方便窺測敵情。

這些措施使邊將得以專心邊防事業，每每契丹人犯邊，甫一出兵，宋人早已做好準備，以有備之師擊犯邊之遼人，哪有不勝之理？

其中，李漢超鎮守關南，卻因強娶民女、借債不還，被一狀告到趙匡胤御前。後來，臣債君還，總算讓他知恥而後勇，益修邊政，契丹不敢再窺關南。

平蜀將領的表現讓趙匡胤很失望，唯一讓他感到欣慰的只有曹彬。他知道，此人材堪大用，大加賞賜，又升其任宣徽南院使，領義成節度、侍衛馬軍都指揮使。

乾德三年三月，平蜀之後，趙普提出諸路置「轉運使」一職，趙匡胤欣然同意。唐末五代之所以動盪不安，就是因為唐人實行武人治國的政策。地方節度使手中有槍還有錢，因此才會有恃無恐、飛揚跋扈，這也是唐帝國最終被朱粱所代、分裂成十國的原因。

趙普提議：「各地方除必要開支，一律上繳國庫，不得擅自截留。凡一路之財，置轉運使掌之。」

擔任轉運使一職的皆是文人，都是朝廷的心腹，讓這些人爲帝國理財，肯定會盡心竭力。轉運使的設置，從根本上剷除軍閥維生的土壤。

趙普的釜底抽薪之舉，實在功莫大焉。以趙匡胤的英明神武，怎麼會看不出其中玄機，當然立刻下旨，依計而行。

從此，「轉運使」一職成了宋代的重大發明，至今仍深受其餘蔭。

趙普謀國方略非常之高，人們對如此不世出的奇才，竟沒有深入的發掘與闡述，實在是一件憾事。

筆者認爲，這與世人誤讀宋史，沒有認識宋朝在華夏歷史文明中，具有重要地位有關。重新審視宋朝這段歷史，將是對我國華夏文明的一個褒揚與展視。

第 4 章

紅顏是否真是禍水？

花蕊夫人最廣為人知的結局，則是趙匡胤對花蕊夫人一見傾心，所以下毒害死孟昶，隨後把她強行接入宮中，納為妃子。

講到宋初歷史，就不得不提及後蜀大名鼎鼎的花蕊夫人。

據史記載，花蕊夫人本姓徐，乃是蜀地青城人。

蜀後主孟昶封她為貴妃，非常寵愛。

孟昶奉詔入京時，花蕊夫人也隨行入汴。

趙匡胤早就聽聞她才貌雙全，初一見面，就命她即興作詩一首。花蕊夫人無法拒絕，不假思索，吟詠道：

君王城頭豎降旗，妾在深宮哪得知？

十四萬人齊解甲，更無一人是男兒！

短短幾句話，從中透出亡國之痛，以及對後蜀君臣無能的哀怨。

趙匡胤君臣一聽之下，大為驚異，對她備加讚賞。

後世有學者考證，雖然後蜀的滅亡與她不相干，但孟昶的暴亡與她有關。

也正是因為這個原因，對於她的死，史料中有許多不同的記載，讓人看了不但一頭霧水，而且還有些悲憤。

據史料記載，趙匡胤一度有意立花蕊夫人為后，在趙普極力諫阻之下，不得已才改立宋氏為皇后。這說明花蕊夫人在孟昶歿後，仍以美麗、才智而得寵，而且寵冠一時。

關於花蕊夫人的死，北宋王鞏的《聞見近錄》是這麼記載的。

一天，趙匡胤與親王、女眷等宴射於宮中宮廷後院。

官家舉杯勸飲，趙光義卻提出一個小小的要求：「如果花蕊夫人肯為我折枝花來，我就滿飲此杯。」

花蕊夫人不等趙官家開口，便快步走到園中折花。園中奼紫嫣紅、群花怒發，花蕊夫人側身其間，竟不輸任何花朵。人花爭奇鬥艷，花蕊夫人立於花叢之中，皓齒朱唇、星眼暈眉、風姿綽約，鬢髮雲髻、光可以鑑。

趙匡胤見花蕊夫人神飛傾城、風情萬種的樣子，一時之間竟忘記吃酒。

就在花蕊夫人靨輔巧笑、翹首摘花的時候，趙光義突然展開弓，一箭快如流星，把花蕊夫人射死在花叢中。

花蕊夫人一聲慘叫，愕然地扭回身來，眼中無限留戀地望了趙匡胤一眼，緩緩地倒臥在百花叢中。殷紅的鮮血順著她臉往泥土中滴落。這時，趙光義扔下手中的弓，抱住兄長的腿泣訴：「陛下方得天下，宜以國事為重！」

我認為，估計這是為了烘托出趙光義的偉大，才寫出來的故事，觀其語中深意，似乎是在指責趙匡胤沉湎酒色、不修政事。

另外一本名叫《燼餘錄》的書，記載的卻是另一個版本。

話說趙匡胤得病，趙光義入宮問疾時，卻趁兄長病重，調戲起自己朝思暮想的花蕊夫人。趙匡胤發現後，盛怒之下「遽以玉斧斫地」。

等到皇后、皇子們趕到宮中時，趙匡胤已氣息奄奄，趙光義卻落荒而逃。數日後，趙匡胤就撒手龍游大海了。

如果此一說成立的話，花蕊夫人在趙光義登基為帝的太平興國元年（西元九七六年）仍在世，後來就不知所蹤了。

而花蕊夫人最廣為人知的結局，則是民國蔡東藩《宋史通俗演義》中的描述。書中表示，趙匡胤對花蕊夫人一見傾心，所以下毒害死孟昶，隨後把她強行接入宮中，納為妃子。

這一切都是因為花蕊夫人是個天生尤物，不但工顰解媚，而且善繪能詩。

後來，趙匡胤又迷戀上十七歲的宋皇后，花蕊夫人受到冷落，落得「千金縱買相如賦，脈脈此情誰訴」的下場。花蕊夫人痛故國之亡、悵失新君之寵，因悲憤成怨、因怨生疾，最後一病不起、香銷玉殞。

歷史到底如何，已不可盡知，而花蕊夫人的傳奇，只能從歷史的點滴記載中窺知一二了。

第 5 卷

北漢失利，轉往南漢

為了滿足一己之私欲，
劉鋹還巧立名目，
規定百姓出入城池都要收取費用。
如果說荊南高家只是假扮強盜，
南漢劉鋹就是光明正大的巧取豪奪，
鮮廉寡恥有的一拼。

第 1 章

各項民生建設

趙匡胤這些樸素的民本思想，鮮有人提及，人們只注目他的赫赫武功，與欺負孤兒寡母一事，對這類問題卻不置一辭，實在令人不解。

五代十國以來，因為朝代更迭、干戈不休，到了北宋初年，黃河流域許多地方白骨蔽野，荊棘遍地。趙宋肇始，瘡痍未平，農業凋敝，百廢待舉，趙匡胤想鞏固新生政權，只有靠恢復民生，發展經濟一途。

中國家數千年來，都是自給自足的農業立國型態，雖然宋朝靠商業貿易獲得空前的繁榮，但在草創之初，仍以農桑為第一要務。為了鼓勵農民開荒，趙匡胤初即位便「詔許民闢土，州縣勿得檢拘，止以現佃為額」。

新開荒地收入百分百為農戶合法所得，無須上繳稅賦。這樣做不但有利於民，使勞動者得到實惠，也增加開荒的積極性。趙匡胤還派官員分赴各地方督查，凡「受民租調，有增羨者輒得罪，多入民租者或棄市」，立法極嚴。

為了提高農業生產，趙宋努力增加社會勞動力。他們把北漢等地的降民遷至這些地方，分以閒田，官給耕牛、錢米。

而為了增加人口數量，北宋也定制出相應的計劃生育政策，鼓勵人民多多生育。更在建隆三年十一月，規定「縣令考課以戶口增減為黜陟」，把官員獎懲與人口數量直接掛鉤。

這一項政策不但促進各地方積極招集流民復業，還制止了勞動力的流失。

建隆二年，趙匡胤又傳旨：「免除各道州府徵用平民充當運送貨物的勞役，改命士卒擔任。」建隆三年，又免除征民搬運戍軍衣物的差役，如果地方官吏不遵守條令，百姓可以檢舉。

當時，農民最大的勞役就是興修水利。

興修水利對於農業建設發展相輔相成，水利對於防止洪澇災害、穩定民生意義重大，除了攏固皇權，對百姓的利益極大。

宋太祖在黃河水患的防治上，花了很多心思。

五代時期，爲了阻止敵方進攻，經常會掘黃河堤壩，次數多了，黃河兩岸經常是一片澤國。建隆三年，趙匡胤令黃河沿岸修堤築壩，並大量植樹，以利防洪。乾德三年更是下詔：「沿黃、汴河州縣長吏，每歲首令地分兵種榆柳，以壯堤防」。

除了黃河之外，還對汴河、蔡河等主要河道做了修整工作，這對宋初農業的穩定、商業的發展，起了積極的作用。

從宋太祖起，宋朝的水陸交通，尤其是水路運輸，有了極大發展。「汴水橫亙中國」，「漕引江、湖，利盡南海」，成爲北宋交通的大動脈。

史載，吳越國主錢俶曾供奉寶犀帶一條，價値連城。

趙匡胤看了，笑道：「朕也有三條帶，與此不同。」

錢俶一聽，趙匡胤竟然有更貴重的寶帶，不以爲然，便請對方明示，讓他也藉機長長眼。趙匡胤大笑道：「汴河一條，惠民河一條，五丈河一條。」

錢俶一聽，羞愧不已，從此以後更加畏服。

可以說，宋朝的經濟能以躍進式發展，在趙匡胤時期就已奠定良好的基礎，後世兒孫只是「大樹底下好乘涼」罷了。

趙匡胤這些樸素的民本思想，鮮有人提及，人們只注目他的赫赫武功，與欺負孤兒寡母一事，對這類問題卻不置一辭，實在令人不解。

開寶元年（西元九六八年），大內營繕結束。

趙匡胤賜諸門畢，令左右把所有門打開，宮中的殿門皆正直豁通，從皇宮之外向裡望來，大殿盡收眼底。

有大臣勸諫：「富貴人家進門也要修個照壁，天子富有四海，更應該如此。」

趙匡胤一聽，笑道：「此如我心坦蕩蕩，少有曲邪，人所共見也。」

如果此見於正史所載沒有粉飾之意的話，那麼下面的事情，就可以證明趙匡胤愧懼之心，這種情結使得他一生謹小戒懼，幾於治道。

某天，他好不容易得閒，在宮中宮廷後院彈雀遊玩。忽有官員有事求見，趙匡胤不敢耽誤，急忙傳他入見。

哪知，見面之後，這官員所奏只是尋常之事。

趙匡胤被他打亂興致，心中十分不快，便怒責那官員。這官員根本不理會他，不惱不火地回道：「臣以爲此事比彈雀之事要緊急些！」

趙匡胤一聽，大怒，盛怒之下，取出身上的佩斧用柄，猛撞這位大臣的嘴。那臣子未料到天子和自己動手，躲閃不及（趙匡胤乃是功夫皇帝，他也是避無可避），在斧柄的一撞之下，口唇出血，牙齒也被打落兩顆。

看到臣子被自己打得如此狼狽，趙匡胤心下後悔不已，怒氣也平了不少。正要安慰這位臣子，卻見對方伸手揩了揩嘴角的鮮血，臉上漾起一絲不知名的笑意，然後不動聲色地從地上拾起那兩顆牙齒，藏在袖中。趙匡胤有點不解，忍不住開口詢問：「你收起牙齒，難道是想要找個地方去告我不成？」

那臣子連稱不敢，回道：「臣豈能告陛下？不過，此事史官定會秉筆直書。」

趙匡胤聽了這話，猛然驚醒，自己行事確實有失儀失德之處，此事要是傳之後世，不知後人要如何評論他了？

結果，趙匡胤非但不怪罪這位臣子，反而賜了金帛之物慰勞他，如此虛心納諫，深懷戒懼之心，與古賢君相較亦不遑多讓。

趙匡胤實施「先南後北」的統一策略後，不得不對北漢與契丹有所提防。

契丹雖是趙宋的頭號大敵，中間卻隔了北漢這個戰略緩衝國。一時半刻不會直接發生攻擊事件。相反的，北漢卻是麻煩的製造者，李筠造反要依附它，連遠在巴山蜀水的孟昶也曾派使者相約共舉。

趙匡胤一面分派大將屯紮在北疆，一面展開外交斡旋。在抓獲北漢間諜後，不但沒有爲難他，還要他回去傳話給劉鈞：「你和周家有仇，不能釋懷朕可以理解。如今趙宋順天應民代周，與你本無瓜葛，何必仍屢興干戈？倘有意爭雄天下，請下太行，你我二人決一雌雄！」

北漢劉鈞得書後，倒也有自知之明，老老實實地回書：「河東兵甲，不及中原十分之一，我在太原只是謹守祖宗基業，不敢與上國爲敵。」

要知道，趙匡胤乃是眞正的「功夫皇帝」，拳腳功夫不凡，一條棒棍橫掃天下罕遇敵手，劉鈞怎麼可能是他的對手？趙匡胤一看劉鈞語含哀懇，便笑著對來使道：「回去告訴你家主人，趙宋放他一條生路。」

趙匡胤此舉雖然沒達到不戰而屈人的目的，但也足以令北漢暫緩興師，如此一來，就能專心繼續進行統一大業了。

第 2 章

太原兵敗

趙匡胤萬般無奈下，只得班師回朝。遼使一見，竟替宋軍惋惜不已：「如果宋軍先浸後涸，如此反覆數次，再堅持數日，太原城肯定會得手。」

劉鈞之所以在言語間不敢開罪趙匡胤，也是因爲自他狼狽敗歸之後，與契丹人的關係日漸疏遠，雖然銀子如流水一樣送至契丹人國中，但是始終得不到契丹國君的歡心。

契丹國君遣使切責劉鈞：「爾不稟我命，其罪有三。其一，擅改年號。其二，助李筠有所覬覦。其三，殺段常。」

劉鈞被遼人數落得不敢辯駁，無奈之下，數次派朝臣前往契丹國斡旋，期望兩國關係有所緩和，但契丹人非但不予理睬，還把使者全部扣留。

劉鈞內憂外懼，惶恐不可終日，終於一病不起。

死後，他的兒子劉繼恩繼位。

劉繼恩是劉鈞的養子，生得大腹便便、美髯飄飄，只可惜上長下短，騎在馬上時，遠遠望去魁梧偉岸，威風凜凜，可跳下馬來就原形畢露，是個侏儒。

他雖然很孝順劉鈞，但是劉鈞仍對他的軟懦感到擔心。

劉鈞臨死時，令宰相郭無爲當顧命大臣，託以後事。

劉繼恩繼位之初，對郭無爲心生不滿，先是埋怨他從前沒有在父親面前幫他說好話，繼而對他的專權感到惱怒。即便如此，劉繼恩仍升郭無爲守司空，讓他繼續在朝中掌握大權，不知是不想馬上拔掉先王之臣，還是太過懦弱所致。

劉繼恩即位後，穿著孝服視事，處理政務、寢處都在勤政閣。從前的親信左右仍留在太原城府邸，大臣勸他把這些人召集在身邊，他竟沒有採納。

這一天，劉繼恩置酒筵於宮中大宴文武與宗子。

新君登基，文武百官都有進秩，皆大歡喜，焉能不開懷痛飲？

待君臣興盡，文武百官各自辭歸，劉繼恩仍如平常時候返到勤政閣中歇息。

夜靜更深，宮中悄無聲息，忽然從暗中閃出十餘條身影，搶入閣中、反鎖閣門。

劉繼恩從熟睡中驚醒，急忙躲避，但礙於先天不足（身長腿短），被爲首的侯霸榮一刀砍死。

侯霸榮等人殺死劉繼恩之後，外頭忽然翻進一批士兵，把這些刺客全部殺光。

原來，是郭無爲前來救駕！

但這駕也救得太過蹊蹺！郭無爲如何在第一時之間得知有人行刺？又爲何要把刺客盡數斬殺？顯然有意殺人滅口。

郭無爲殺了侯霸榮，反誣對方想拿劉繼恩的項上人頭向趙匡胤請功。

原來，這侯霸榮多力善射，輕功了得，最初在并州、汾州地區打家劫舍，後被劉崇招撫用爲散指揮使。侯霸榮戍守樂平，宋將王全斌攻樂平，他率衆歸降，過了些時候，他遁歸北漢。也正是因爲這樣，才被郭無爲利用。

殺了劉繼恩以後，還有劉繼元，也是劉鈞的另一個義子。

與其他義子不同的是，這劉繼恩與劉繼元兩人是同一個媽生的。

二人的母親是劉崇的女兒，她先嫁給薛姓軍官，後來因爲夫妻身份地位懸殊，兩人長期分居。薛軍官憤怒之下，打算殺妻，誰知道老婆沒有殺成，自己先落得自刭而亡的下場。

當時，劉崇見自己的外孫年幼，就讓劉鈞收養他，從此成為姓劉的人。後來，劉崇之女再嫁何姓人家，又生了「劉繼元」。只是沒有幾年，這何後夫又一命嗚呼。劉鈞再接再厲，又收養了劉繼元。

在五代，藩鎮收義子之事很平常，而以義子承繼大統也是尋常之事，後周柴榮就是以義子的身份，繼郭威之位的。

與劉繼恩不同的是，劉繼元果敢於殺戮之事。

劉繼元的妻子段氏曾經因為些許小事，被郭太后責備，誰知道幾天後竟病歿。劉繼元夫妻伉儷情深，懷疑妻子的死是太后所為。繼位之初，就派手下親信，把正在劉繼恩靈前哭泣的太后勒死。

劉崇有十個兒子，劉繼元即位之後，聽信手下佞臣的建議，把這些叔祖輩們紛紛下獄，只剩下一個裝瘋賣傻的劉銑。

劉繼恩即位之初，趙匡胤就開始調兵遣將，圖謀發兵攻打北漢。

開寶元年八月，趙匡胤派李繼勳、黨進、曹彬統軍北征。

這次他一改從前的既定方針，看到北漢政權交替、政局動盪，認為有機可趁。

宋軍還沒殺到太原堅城下，北漢國已由劉繼元即位，劉繼元眼見宋軍來勢洶洶，急忙派大將前往禦敵。

侍衛都虞候劉繼業奉命出征，此人並非浪得虛名，乃是名聞遐邇，戰必勝、攻必克的名將，歸宋之後，改名楊業，即楊無敵是也。

楊業原名楊重貴，父親曾任後漢麟州（陝西神木）刺史。年輕時代的他善騎射、好打獵，每次出獵都不會空手而返，收穫遠多於同伴。北漢劉鈞知道楊業武藝超群，便把他網羅至帳下，令他改姓劉，賜名繼業。因為劉鈞子侄都以「繼」字排行，這樣做無非是示以異寵，收買人心的小伎倆。

劉繼業果然不負重託，驍勇善戰，為北漢東征西討、屢立功勳。由於他每戰必勝，所以世人贈美號「無敵」。

雙方交戰初始，宋軍進展順利，李繼勳指揮兵馬，在洞渦河大敗北漢軍。北漢有許多大臣降附，但隨著戰線往太原城推進，宋人補給不便，北漢拼命抵擋，一時之間，雙方竟成對峙之勢。

次年二月，趙匡胤再次率軍親征，他一面調集各州糧草運往太原，一面派兵扼守契丹援軍可能途經的軍事要塞。

御駕親臨的效果很快就顯現出來，宋軍突破北漢防線，兵臨太原城下。

但太原城堅，宋軍久攻不下，雙方死傷數字每天都在增加。於是有人獻計水攻，只是太原城太過堅固，水攻一時也難以奏效。

劉繼元派人前往契丹求援，遼人擔心北漢滅亡之後，與宋人從此干戈不休，派大軍前來解圍。

宋軍大將何繼筠嚴陣以待，在陽曲大敗契丹軍。

太原守軍在劉繼元的重賞下，傾盡全力死守城池，宋軍未能越雷池一步。

這時，為了打擊城中士氣，趙匡胤命令手下把斬獲的契丹人首級、甲冑等物扔在城下，讓北漢士兵觀看，城中士兵見了，無一不沮喪不已。

閏五月，太原南面城牆終於被汾河水浸塌，大水灌入城中，太原城成了水鄉澤國。城中雖然亂作一團，卻沒有放棄抵抗。

宋軍在城外師老兵疲，已成強弩之勢。這時正逢炎夏，不是大雨連綿，就是驕陽如火，宋軍疲憊不堪，偏偏又傳來契丹人增兵的消息，備感壓力。

這時，隨師出征的趙普力主退兵，許多大臣也紛紛勸諫。趙匡胤仔細思索，認為此次征戰補給困難，軍中瘟疫流行，契丹軍大舉來援。加上大雨如注下，萬一山洪驟至，自己一世英名將會毀於一旦。萬般無奈下，只得班師回朝。

當遼使來到太原城時，城內大水已退，城牆圮壞倒塌。

遼使一見，替宋軍惋惜不已：「如果宋軍先浸後涸，如此反覆數次，再堅持數日，太原城肯定會得手。」

但他不知趙匡胤乃一國之主，弄險之事萬萬做不得的，何況太原易主之後，宋、遼兩國兵連禍，更是得不償失。

遼軍到達太原後，縱軍大掠，全無紀律。

劉繼元驚魂甫定，也無能制止，只能在心中憤憤不平。

這時，楊業建議：「遼人貪利背信，如此行為他日必破我國。不如趁其驕而不備時，以精騎掩襲，可獲良馬萬匹，然後舉國內附趙宋。如此不但可使河東人民免受塗炭之苦，陛下亦能長保富貴。」

沒想到，劉繼元不從。

楊業雖在太原保衛戰期間數敗宋師，但從他這番言語中可知，他心中仍存著對趙宋漢民族的認同，恥於受翼護於異族。

遼人也敬重楊業，三番兩次地誘勸他投降，但他打死也不接受。

北征失敗，趙匡胤無功而返。但他並沒因為一時的失利裹足不前。

很快的，他又把目光轉向南方的殘餘勢力：南漢。

南漢政權是唐末任嶺南節度使劉隱首創，他趁中原戰亂不休時，向朱溫行賄，求得嶺南一方節度使之職，後梁立國後，更進封他為南海王。

但這個劉隱「王」沒有做幾天，就一命嗚呼，由弟弟劉陟繼位。劉陟覺得「王」做起來沒有「皇」來的威風，索性改稱帝號，定都廣州。國號「大漢」，史稱南漢。

劉陟自立為帝後，先把自己的名字改為「岩」，又覺得不太理想，斟酌再三，覺得不能體現他的卓越不凡，便別出心裁地創造了一個「龑」字，（讀為儼），取自《易經》中「飛龍在天」之意。

劉龑死後，兒子劉玢即位，這位新君還沒來得及有所作為，就被其弟劉晟所殺。

劉晟自立為帝，荒淫無度，繼位的劉鋹更是青出於藍，遠勝其父。劉鋹不但全盤繼承父親的所有刑罰，還獨創幾種酷刑。如燒、煮、剝、剔、刀山劍樹，還讓一些犯法的囚徒與老虎、大象搏鬥，種種匪夷所思的刑罰不一而足。

為了滿足一己之私欲，劉鋹盤剝百姓，同時巧立名目，規定百姓出入城池都要收取費用。如果說荊南高家只是假扮強盜，南漢劉鋹就是光明正大的巧取豪奪，鮮廉寡恥有得一拼。

第 3 章

南漢入侵

劉鋹怎麼肯把到嘴的肥肉吐出來？不但對李煜的居中調停置之不顧，還把南唐使者囚禁起來。並回書給李煜，對他出言不遜，其中也包含諸多對趙匡胤不敬之辭。

北宋初年，趙匡胤深感於唐末太監亂政，所以登基之初，就嚴格控制宮中太監的數量，規定不得超過五十名。同時，他還嚴格規定：「如果太監想升職為押班，必須具備：邊任五年、帶御器械五年、限五十歲以上及歷任無贓私者等條件。」當時，押班的月俸為二十五貫錢，雖然是宦官中的最高職位，但也只是正六品官階而已。由此可知，宦官如果想要在宋朝有所作為，沒有一定的資格與年限，以及傑出的個人能力等條件，根本無法成就一番事業。

北宋史上最著名的大太監童貫，混出頭的時候已經年近五十。如果不是他身負絕世武功，估計早沒有什麼奔頭了。

和趙宋截然不同的是，劉鋹宮中不但太監眾多，甚至還有位列三師、三公這樣高位的極品太監。

劉鋹繼位時年僅十七，正是青春年少時。他從小生於宮禁，長於婦人侍宦之手，所以特別寵信身旁的太監。

當時的士人、和尚、道士，只要劉鋹覺得此人有才能，「皆下蠶室」。

蠶室是什麼？

就是閹割。這些人被迫「自宮」之後，得以從「門外」進入「門內」，也難怪南漢有如此多的太監。

除此之外，劉鋹另設機構，要人潛入海中五百尺處採集珍珠。

自己所居的宮殿、離宮，也全都用珍珠、玳瑁等物裝飾。

劉鋹把政事盡數託付給宦官跟妃嬪管理，自己卻在離宮之間遊玩巡幸。

乾德年間，趙匡胤命大將攻克郴州，俘獲南漢十餘名宦官，其中一人體型瘦小無力，太祖不解問他：「你在嶺南做什麼官啊？」

那太監不敢隱瞞，回道：「小人在宮中任扈駕弓箭手官。」

趙匡胤簡直不敢相信自己的耳朵，這樣一個瘦弱的人，能拉得開弓嗎？好奇之下，便命左右取弓矢遞給此人。

那人接弓在手，費了九牛二虎之力，仍未能扯開弓。

左右無不大笑，趙匡胤也覺得好笑，仔細問起南漢國中劉鋹事蹟。聽完以後，震驚不已，歎息道：「吾當救此一方之生民。」

就在趙匡胤準備用兵南漢的時候，南漢劉鋹卻自己主動找上門來了。

開寶初年，劉鋹舉兵侵道州。

宋道州刺史王繼勳上表：「鋹爲政昏暴，民被其毒，請發兵征討。」

趙匡胤當時正在太原城下進行攻堅，無暇抽身，靈機一動，作書命令南唐李煜曉諭劉鋹，希望他立刻退兵，回去湖南舊地。

劉鋹怎麼肯把到嘴的肥肉吐出來？不但對李煜的居中調停置之不顧，還把南唐使者囚禁起來。並且，回書給李煜，對他出言不遜，其中也包含諸多對趙匡胤不敬之辭。

開寶三年，趙匡胤準備充分後，命潭州防禦使潘美、朗州團練使尹崇珂率軍，討伐南漢。這時候的南漢已經「樓艦皆毀，兵器又腐」，聞知宋人征伐，「內外震恐」。邊將急忙向劉鋹報急，劉鋹硬起頭皮，派出龔澄樞、郭崇岳、李托等人各據要衝，以禦宋軍。

九月，宋士兵臨賀州城下，太監太師龔澄樞不敢抵敵，棄城遁歸。

劉鋹另派大將率兵來戰，卻被潘美與尹崇珂設伏兵殺的大敗，大將戰死沙場。

宋軍一路攻城拔寨，於十二月殺至韶州城下。

南漢大將李承渥率兵數萬，結陣於蓮花峰下，準備與宋軍見眞章。

這次，劉鋹把看家的「秘密武器」也拿了出來：象陣。

劉鋹平常命令手下馴服許多大象，教以戰陣之事，每隻大象背上可以載十餘名士兵，打算靠這些「肉坦克」向宋軍展開衝鋒。

象陣在從前用於戰陣，既壯軍威、又震懾敵手，基本上是無堅不摧。對手一見這些龐然大物，無不在心驚膽顫之餘，望風逃遁。但南漢將士不知宋將潘美絕非等閒之輩，看到南漢陣中出現象群，並沒有張惶失措。

這時，宋軍陣中閃出數千士兵，人人手中強弓勁弩，引而不發，待潘美一聲令下，頓時箭如飛蝗。

南漢士驅趕著大象向宋軍發起衝鋒，高踞在象背之上避無可避，瞬間變成刺蝟。而象皮雖厚，在宋軍強弓硬弩的攻擊下，也痛不可當，牠們負痛下，扭頭就逃、拼命亂竄。

南漢陣中將士見這些平日克敵的利器，排山倒海地衝撞而來，驚得魂飛魄散，紛紛丟盔棄甲，哭爹喊娘地狼狽而逃。

潘美見狀，指揮宋軍在後追殺，南漢除大將李承渥之外，數萬士兵或死或降。

潘美率宋軍攻克南漢北門，鎖鑰重鎮韶州以後，劉鋹終於沒有心情玩樂了，只能愁眉緊鎖，唉聲歎氣。

雖然宋軍快打到家門口了，但事情還沒到不可收拾的地步。

劉鋹絞盡腦汁，最後想出一個自以為得計的主意：「在廣州城東挖一個人工天塹，藉此阻擋宋軍的進攻。」

人工天塹挖成以後，要派誰駐防又是個問題。就在劉鋹愁腸百結時，一個名叫梁鸞眞的宮嬪出面為主分憂，替他舉薦將才：她的養子郭崇岳。

你想想，一個深居九重的宮嬪，怎麼會知道自己養子有沒有軍事才能呢？

令人吃驚的是，劉鋹居然深信不疑，立即任命郭崇岳為招討使。

開寶四年正月，潘美率宋軍攻克英、雄二州，南漢宿將潘崇徹率所部投降。

眼見宋軍挺進廣州城下，劉鋹急忙遣使請和，但潘美哪裡肯接受？

不得已，劉鋹又請宋人暫緩師，潘美根本不加理睬，率宋軍迫至廣州城十里外，屯紮在雙女山下。劉鋹坐臥不安，未雨綢繆地準備好十餘艘大船，船上裝載父祖幾代搜刮來的金銀財寶、宮中妃嬪，打算漂洋出海。

只可惜事與願違，就在他準備動身之前，有人捷足先登。

一位名爲「樂範」的公公，率領千餘名城中護衛，踏上大船，揚帆出海。

劉鋹父祖辛苦數世，到頭來卻落得爲他人做嫁衣的地步，眞是人算不如天算啊！

劉鋹驚懼之下，打算派文武大臣出城迎降，卻被郭崇岳極力勸阻。

他看郭將軍胸有成竹的樣子，又設守禦之具以待宋軍。哪知，在宋軍的衝殺下，很快就潰不成軍，只剩郭崇岳一人頑強抵抗。

另一方面，潘美召集將士傳令：「南漢營柵盡爲竹木，若用火攻，當收奇效。待南漢軍大亂之後，大舉出擊，定會成功。」

等到天黑時分，潘美一聲令下，宋軍萬炬齊發，恰好大風突降，風助火勢，煙塵紛起，烈焰衝天。南漢軍大潰，郭崇岳無路可逃，死於亂軍之中。

城外火燒漢營，令宋軍感到意外的是，城中居然也烈焰肆虐。

原來，南漢佞臣龔澄樞、李托等衆人私下商議：「宋軍此來，定是想得到我國的珍寶財帛之物。如果我們一把火盡數焚燒了，宋人得空城一座，必不能久駐。」

幾個人越琢磨，越覺得有道理，於是趁夜自己放起火。

夜黑風高，火越燒越旺，到了第二天早上，宮殿府庫已全化為白地。劉鋹眞正成了孤家寡人，只有束手投降。

潘美入城，俘虜南漢宗室、官屬百餘人，解往汴梁。

這時，百餘南漢宮中內侍，穿著華服求見潘美。

潘美一見這些太監，怒道：「南漢主不修政事、不恤生民，正是因為爾輩這些閹奴造成，吾奉詔弔民伐罪！」

於是，這些失了男根的太監，大腦也搬了家。

此次用兵南漢，共得州六十、縣二百四十，潘美也因軍功，升任山南東道節度使。

對於孟昶的投降，趙匡胤坦誠相待，甚至早在發兵之初就為他大興土木，修建府院。但這個劉鋹非但不聽南唐李煜的勸告，還惡言相向，更主動入侵宋廷。所以，在對待他上，與對待孟昶截然不同。

趙匡胤對孟昶安排的是「受降禮」，對劉鋹安排的卻是「獻俘禮」。

劉鋹剛到汴梁城，趙匡胤就派呂餘慶前往，質問他為何反覆及焚燒府庫。

劉鋹把所有的罪過盡數推到龔澄樞等人身上。

第二天，趙匡胤登上明德門，文武百官各著常服，排列在他左右。吉時一到，有司用白絹把劉鋹一行人如牽狗一樣，牽到劃定的獻俘位，先在太廟告捷，再把劉鋹牽至太社肅立，待到禮畢才牽出。

等把他再次牽到明德門下時，趙匡胤居中而坐，群臣拜舞三呼。之後，刑部尚書盧多遜宣詔斥責劉鋹：「為何膽敢抗拒天兵進討？又把府庫焚燒一空？」

劉鋹叩首不已，委屈地辯解道：「臣年十六僭位，龔澄樞、李托等盡是先臣舊人，每事臣不得專。在嶺南，臣是臣下，澄樞等方是國主。」言畢，淚如雨下，伏地待罪。

趙匡胤命左右把龔澄樞、李托等人拖出去斬首，然後特赦劉鋹，封他為檢校太保、右千牛衛大將軍，恩赦侯。

劉鋹率人跪謝不殺之恩，換上趙宋賜的衣冠，再次跪倒在明德樓前，三呼萬歲。

劉鋹自從不做南漢之主，成為大宋順臣後，很快就適應自己的新角色。除了早請示、晚彙報之外，所有可以表現恭順的機會，他都沒輕易放過。

趙匡胤對這隻喪家犬極為寬容，也藉此用以感示後來者。

第 4 章

以身作則

也正是因為趙家法約束有力，宋朝並沒有出現如唐朝公主插手朝政之事，宋士大夫也能得意地炫耀：「自漢、唐以來，家法之美無如我宋！」

趙匡胤共有六個女兒，其中三人早夭。

魏國大長公主，開寶三年（西元九七〇年）封昭慶公主，下嫁王審琦之子，左衛將軍王承衍。

魯國大長公主，開寶五年（九七二年）受封為延慶公主，下嫁石守信之子，左衛將軍石保吉。

陳國大長公主，開寶五年被封為永慶公主，下嫁宋初宰相魏仁浦之子，右衛將軍魏咸信。

雖然這幾樁婚姻都是政治聯姻，但趙匡胤並未因此大肆張揚、藉機大做文章。

趙匡胤對自己的三個女兒管教甚嚴，平日衣服用度皆有規矩，不讓她們太過奢華。三個女兒也很聽他的教誨，不敢逾矩。

陳國大長公主出嫁時，趙匡胤命令手下對於鹵簿、儀仗之事一切從簡。此前，就有臣子曾勸他：「婚禮最好辦得隆重些，嫁妝豐厚些，一者顯示皇家氣象，二來也可以趁此良機，對前朝文武示好。如果婚事太過簡陋，有失新朝公主尊貴。」

趙匡胤非但沒有聽從，反而在給女兒置辦嫁妝時「儉」字當頭，能省則省。

陳國大長公主聽說之後，心中很不高興。

平時節儉也就罷了，出嫁一生只有一次，尋常百姓都要大事鋪張，自己貴為公主，婚事搞得風光一些又有何不可？

趙匡胤得知女兒有這種想法之後，苦口婆心地開導教育她：「新朝公主出嫁，當然是大事，惟其如此，更應該愼重對待。辦得太浪費奢侈，就會引來臣民效仿。若天下人皆崇尚鋪張浪費，就會帶來政風、世風敗壞，不可不生戒懼之心。」

陳國大長公主聽完父親這番語重心長的話以後，心中豁然開朗，高高興興地去做新娘了。

婚後數日，新婦回宮向父皇請安。

新婚剛才幾天的她，穿了一件貼繡鋪翠的短襦，衣飾甚是華麗。

趙匡胤一見，頓時臉色一沉，訓戒道：「趕快脫下！去換件衣物，從今以後不得穿這種華麗貴重的衣服。」

陳國大長公主沒有注意到他臉上的不悅，嬌嗔道：「父親何必如此大驚小怪？一件短襦用不了多少翠羽，又能值得幾何！」

趙匡胤仍舊不依不饒道：「此言差矣！妳是公主，行事需謹小愼微。穿這種衣物，幾天後宮中就會有人效仿，很快在汴京城就會成爲風尚，京師中翠羽價格昂貴，若購買者衆多，價格還會飛漲。如此一來，定有小民爲逐利而輾轉交易，時間一久，定會要害民生、壞民氣。妳生於帝王之家，更不能開此先例。」

趙匡胤看似「吝嗇」，實則是在爲天下人「守財」。

的確，宋的疆域確實無法與漢唐相比，但宋朝以遠較漢唐少的土地，養活遠比漢唐多的人口，單從這一點上來看，就值得推崇。

也正是因爲趙家法約束有力，宋朝並沒有出現如唐朝公主插手朝政之事，宋士大夫也能得意地炫耀：「自漢、唐以來，家法之美無如我宋！」

話說這一天，趙匡胤乘坐肩輿，前往巡幸講武池。

劉鋹得知後，急匆匆地跑來奉承伺候。

他在第一時之間趕到，趙匡胤見他一臉汗水，知道他做爲降人，心中總難得安寧。想到這裡，便命左右賜御酒一杯。

劉鋹見趙匡胤和顏悅色地御賜美酒，臉上諂笑忽然消失不見，繼而面色灰白、額間汗水涔涔而下。

趙匡胤見他捧著酒杯的手抖個不停，神色有異，不解地向他望去。

劉鋹顧不得君前失儀，雙膝一軟，跪倒在地，磕頭如搗蒜。

良久，才抬起頭來，望著趙匡胤哽咽道：「罪臣繼承父祖基業，違拒天朝，本是罪在不赦。蒙陛下天恩厚澤，得以苟活至今日。願陛下不殺臣，小人樂見太平盛世，願做大梁城一布衣。以彰陛下好生之德。」

原來劉鋹在南漢時，經常假借賜臣子御酒，實則行鴆殺之實。每每望著大臣們喝了鴆酒之後，在自已面前輾轉呼號，都感到興奮不已。現在看趙匡胤賜他酒，以爲宋太祖也和他一樣，想以彼之道，還施彼身！

趙匡胤先是愕然，片刻之後，清醒過來，大笑道：「朕推赤心於人腹，安有此事！」言畢，命左右把賜給劉鋹的酒取回來，一飲而盡，又為他斟滿一杯。

劉鋹看得目瞪口呆，這才知道自己是以小人之心度君王之腹，急忙拜舞於地，稱謝不已。

後來，宋太宗準備征討北漢時，大宴群臣。

劉鋹自然是躬逢其盛，主動捧酒獻祝辭道：「朝廷威加四海，四方僭逆之臣今日已多在座中。北漢旦夕可定，劉繼元也將對號入座。微臣率先來朝，希望可以做個四方降王的頭領！」

趙光義聽了他知情識趣的話，大笑，又多有賞賜。

正因為劉鋹的無恥厚顏，躲過趙光義的猜忌，得以善終。

反觀李煜成天發出亡國之悲吟，讓趙光義看了就反感，又怎麼會留他在眼前呢？

由此看來，古往今來，無恥者大行其道，確實有一定的道理。

第 6 卷

趁勝追擊，再平南唐

樊若冰把數年間觀測到的資料一一造冊，
這才去見趙匡胤。
趙匡胤見圖大喜，這人來得太是時候，
簡直是大宋的「及時雨」啊！

第 1 章

李煜與大小周后

小周后正值情竇初開的年齡，雖然未經男女之事，卻天生解風情之妙，一顰一笑間，更是把李煜撩撥得慾火焚身。

唐末，鎮守揚州的楊行密，憑藉揚州物產豐饒、地理優越，自立吳國。鞏固揚州地方之後，逐漸向長江以南的江西擴張，在他努力經營下，吳國成為擁有二十七州的大國。

楊行密折騰下偌大一份家當之後，一命歸西。死後，軍政大權落在朝臣徐溫與他的養子徐知誥手中。西元九三七年，徐知誥取代楊氏，自己做了皇帝，改國號為唐，定都金陵，並自作主張改姓李。

改姓之後，搖身一變成「李昪」，歷史上便把李唐稱為「南唐」。李昪雖然奪人江山、佔人土地，為人卻十分節儉。做了皇帝之後，揀選賢能，政治清明，國中得以大治。

只是他的保境安民政策，在他死後無法延續。皇位繼承人李璟繼位之後，趁閩、楚內亂，輕率出兵，妄圖把這兩個地方勢力納入版圖。結果損兵折將，損耗不少國力。

偏偏這時後周柴世宗率兵進討，南唐丟失十四州土地，不得已「去帝號，稱國主」，屈辱至極地向後周乞和。

失去淮南這個小金庫之後，南唐國力一落千丈。

李璟也在趙匡胤代周第二年鬱鬱而終，其子李煜即位，史稱南唐後主。

李煜「爲人仁孝，善屬文，工書畫，而豐頤駢齒，一目重瞳子」，不但是個文學青年，更是風流倜儻、卓而不群，怎麼看都是位大有作爲的有志青年。

但李煜沒有其父的勇氣，即位之後，對於趙宋表現出恭順的樣子，希望永遠做一方藩屬，只是，這個想法太過一廂情願。

趙宋順利平滅南漢之後，南唐已經呈現南、北、西三面被包抄的局面，下一個目標肯定是它，李煜怎麼樣都在劫難逃。

李煜當然明白南唐的下場會怎麼樣，只是苦無對策，只能每天向神佛祈求宋軍晚一點到來。

如果非要把後蜀亡國的罪過強加在花蕊夫人身上，那麼南唐的大、小周后也可以視爲傾國之人了。

小周后是隨李煜入宋的傾國美女，是李煜的第二任王后。她得以成爲王后，有一段香艷非常的傳奇，這故事尙需從她的姐姐大周后娥皇說起。

據《十國春秋》記載，南唐宰相周宗家中有兩個如花似玉的姑娘，這兩位姑娘「天生麗質難自棄」，注定要「一朝選在君王側」的。

娥皇在十九歲的時候，嫁給當時還是太子的李煜。她是位既美艷異常，又聰明絕倫的女子。史載她「通書史、善歌舞、尤工琵琶」。

據傳，有次她為公公上壽的時候，親自彈奏一曲，曲畢，李璟除了讚歎，還賜以燒槽琵琶。此燒槽琵琶與漢時蔡邕的「焦桐」、北宋趙佶賜與李師師的蛇腹琴一樣，都是稀世珍品。

娥皇不但能歌善舞，還能填詞作曲。如果身在現代，這樣才藝雙全的女子，足以讓所有實力派偶像歌手靠邊站，可惜她所創的歌曲失傳已久，後人無緣一聞。

李璟死後，李煜即位，立刻冊封她為王后，專寵於一身。

南唐後宮雖然沒有大唐李隆基的三千佳麗，但數百名還是有的，娥皇過了數年風流富貴的生活，她的髮式、衣飾、妝扮……所有一切，都是引領南唐時尚的頭號指標。

某一日，娥皇見夫君愁眉不展，一問之下才知道，李煜在為大唐名揚海內外的《霓裳羽衣曲》失傳而感歎。

唐人白居易有長篇鉅作《長恨歌》傳世，詩中提到：「漁陽鼙鼓動地來，驚破霓裳羽衣曲」。

霓裳羽衣曲是唐朝最為著名的慶典舞蹈曲，此舞此曲只有在佳節盛典、君臣士民同樂時才演出，在盛唐時曾風行一時，甚至遠達西域邊陲。

據傳，樂舞場面絢麗多彩、變化萬千，充分展現各民族融合團結、普天同慶的狂歡景象。可惜歷經百年戰亂動盪，霓裳羽衣曲在北宋初年已經失傳。

南唐李煜以大唐繼承人自居，國家制度、文化事業也全都仿照唐朝行事。許多唐朝文化也確實透過南唐，才能在宋代傳承下來。

在繪畫方面，以擅長花鳥畫的南唐徐熙，以及漢後蜀黃筌皆是並稱於世的名家，素來有「黃家富貴，徐熙野逸」的說法。這二人對於宋人繪畫技法與風格影響甚大，山水畫名家中有董源和他的弟子巨然。

文學方面，有李璟父子、韓熙載、馮延巳等人，其中最著名的無非李璟、李煜父子二人。

李璟的詞感情眞摯，風格清新，不事雕琢；李煜的詞卻細琢精雕，宋初就已廣泛流傳，受到士人高度評價，可惜他早期的作品只是些風花雪月、歌筵舞榭唱和之流。

馮延巳與韓熙載都曾做過南唐的宰相，君王既樂於偏安一隅，做臣子豈能平生事端？在君臣的帶動下，南唐臣子個個都是塡詞高手。

李煜希望恢復《霓裳羽衣曲》，估計只是信口一說，事後便忘得一乾二淨，但娥皇很留意此事，在她的努力下，竟然眞的找到一些《霓裳羽衣曲》的殘譜。

大周后本來就天賦極高，得到殘譜之後，潛心研究，經過認眞細緻地整理、補充，竟然奇蹟般地恢復原曲。

《霓裳羽衣曲》得以重現人間，大周后功不可沒，如此一個秀外慧中的奇女子，李煜當然視若掌上明珠。

只可惜天妒英才，紅顏薄命，大周后在數年之後，因爲兒子早夭，悲傷過度，患上不治之症，最後與世長辭，時年二十九歲。

大周后死後，李煜悲痛欲絕。

他錐心泣血地寫下千餘字的祭文，而且在文中署名爲「鰥夫煜」。看到的人無不落下傷心的淚水，爲未亡人、南唐鰥夫李煜的癡情一讚三歎。

但世人不知道的是，李煜表面上想與大周后「天長地久有時盡，此恨綿綿無絕期」地不離不棄，但他在大周后心中，卻是不折不扣的「負心漢」。

因爲，早在大周后病入膏肓、花顏憔悴的時候，李煜心中早已另有佳人。

事情的來龍去脈是這樣的。

娥皇病重時，她的姑媽帶著她的妹妹入宮視疾。

李煜基於愛屋及烏，破例允許二人留宿宮中。後來，李煜知道大周后與妹妹姊妹情深，便傳旨：「小姑娘在宮中多待些時日，陪伴姐姐。」

不料，有一天，李煜瞥見這位只有十三、四歲的小姨子。當時小周后正處豆蔻年華，本來就生的艷若桃李，與大周后容顏萎頓相比，更是光彩照人。

不看不打緊，一看之下，李煜的一顆色心，從此就跟魂魄繫在小周后的身上，怎麼甩也甩不開了。

從此，李煜總會故意製造一些與小周后邂逅的良機。

為得佳人睞眼顧盼，他絞盡腦汁，不但用眉目傳情達意，還在小周后歇息的時候，上前深情款款、噓寒問暖地和她說上幾句悄悄話。

李煜本就是風月場所中的領頭、脂粉堆中的領袖，對於挑逗勾引之事，自然是個中翹楚。小周后正值情竇初開的年齡，雖然未經男女之事，卻天生解風情之妙，一顰一笑間，更是把李煜撩撥得慾火焚身。

郎有情、妹有意，彼此之間相互愛慕，所缺的只是捅破那層窗戶紙而已。

人們常說：「男女在戀愛的時候，智商總會接近於零。」

李煜、小周后二人如此恣意地傳情，怎麼可能躲得過大周后的眼睛？女人的直覺與第六感是非常靈敏的，大周后怎麼可能不會察覺？

只是，大周后除了心中感到悲苦，完全無計可施。

一個是自己的男人，一個是自己的妹妹，都是至親之人，何況他們尚未做出出格的舉動，自己要是在病中再落下個妒婦的名頭，豈不是自尋無趣、惹世人發笑？

李煜礙於母親鍾太后的管教，又是一國之君，無法太過放肆，心中無時無刻地惦記著小周后，雖然近在咫尺，卻遙不可及，這種情景正是所謂的「妻不如妾，妾不如偷，偷不如偷不著」。

就在李煜食不知味、孤枕難眠的時候，小周后卻大膽地追求自己起的幸福來了！

一個月朦朧、鳥朦朧的夜晚，小周后主動出擊，趁著夜靜更深跑來找李煜。

普通民衆如果做出這種出格的事，色膽包天、淫娃蕩婦的帽子這輩子大概摘不掉了，但此事發生在君王與其所愛身上，就成了千古風流佳話。才子佳人不但可以把偷情的罪過歸咎於「月亮惹的禍」，還能塡詞做詩，以記其事。

李煜見到主動登門的小周后，自然是喜出望外，二人遂攜手入室，行了巫山雲雨之事。二人暗通款曲，盡享魚水之歡，後來李煜回憶起這段令人血脈賁張的浪漫情事，唯恐世人不知，欣然寫下膾炙人口的香艷名詞《菩薩蠻》。

花明月暗飛輕霧，今宵好向郎邊去。

剗襪步香階，手提金縷鞋。

畫堂南畔見，一向偎人顫。

奴為出來難，教君恣意憐。

短短四十四個字，把情節完全躍然於紙上。

小周后爲了走路無聲，光著腳，手提繡鞋來會情郎，嬌羞、膽大心細的神情，描述得十分傳神。

李煜確實是太有才了！要偷情也應該和這種人偷，至少偷完還會成爲傳奇，不受千夫所指。

雖然李煜和小周后公然暗渡陳倉，卻仍刻意隱瞞大周后。但終究紙包不住火，大周后還是知道了。爲了表示自己對丈夫的憤怒與無奈，大周后再也沒有原諒這個負心漢，至死也沒有正眼看一下這個風流天子。

她死後第二年，鍾太后跟著撒手歸西。大喪過後，在北宋開寶元年（西元九六八年），李煜決定立小周后爲繼室，由大學士徐鉉考訂古禮。

南唐在辦了兩場大喪事之後，終於迎來一場盛大的成婚儀式。多情美麗的小姑娘終於得到回報，名正言順地成爲南唐王后。婚後的日子，二人極盡綢繆繾綣之能事。本來就不修國事的李煜更是「從此君王不早朝」。《十國春秋》記載在這一段歷史時寫道：「後被寵過於昭惠后」，昭惠後就是大周后死後的諡號，由此可見，小周后受寵到何種程度。

從前的漢武帝只有「若得阿嬌爲婦，當以金屋貯之」，李煜爲了討新人歡喜，行事更是有過之而無不及。爲了獲得小周后的歡心，花費巨額金帛不說，李煜還親手用比髮絲還細的金線，爲她編織一頂鎏金鳳冠。

小周后知道如此精緻的飾物竟出自李煜之手後，驚得瞠目結舌、喜不自勝。只此一事，就知道李煜與小周后二人伉儷情深、旖旎風光無限了。

第 2 章

滅佛之舉

趙匡胤對南唐佞佛事業推波助瀾，明顯就是包藏禍心。李煜卻照單全收，真的是令人百思不得其解，而接下來的事情更證明：他做一國之君，實在是強人所難。

佛教自漢代傳入東土之後，歷經數百年，雖經歷唐末唐武宗「會昌廢教」的巨大打擊，但五代又再度興起，嚴重到加重國家財政負擔的地步。

當時的法律給予僧尼免除徭役的特權，很多農民為了逃避徭役，紛紛躲入寺院為僧。而逃亡的士兵、遊手好閒的人也紛紛鋌而走險，把寺院當成避難所。在這些假冒、濫竽充數的僧尼大量湧入下，僧、尼數目急劇增加，引起統治階級的注意。

後周顯德二年五月，周世宗下令對佛教團體進行大規模整頓。除了廢止不在朝廷敕額內的寺廟外，還嚴格禁止隨便剃度僧尼。

此外，一心向佛、皈依佛門的人必須經過父母同意才可入佛門。同時，嚴禁「奴婢、奸人、細作、惡逆叛黨、山林亡命、未獲賊徒、負罪潛竄人等」出家。

出家做了僧尼之後，也必須嚴守戒律，地方州縣官吏每年還要登記造冊，掌握僧尼數量，以便管理。

經過整頓之後，後周廢除三萬零三百三十六所寺院，全國登記在籍的僧人共有四萬二千四百四十四人，女尼一萬八千七百五十六人。

據估計，勒令還俗的僧尼高達幾十萬人。

同年八月，後周世宗柴榮又傳旨：「所有民間佛像等銅器，要在五十天之內悉數交官！」

與宋時的軍制不同，彼時的軍隊士兵都是雇傭兵，想要保持強大的戰鬥力，沒有金錢是無法做到的。

唐末五代以來，所有的統治者都囊中羞澀，許多不法商人與小民，爲了使銅的價値遠高於銅錢，紛紛把銅錢熔化，製成器皿或佛像，以獲取暴利。這樣不但使銅錢流通的數目銳減，國家財政也捉襟見肘。

周世宗銷毀佛像鑄錢的做法，在朝野之間引起軒然大波。

從佛教史記載來看，周世宗此舉是所謂的「三武一宗之法難」中的「一宗」。佛家對於周世宗極力加以非議與責難，但事實上，他所做的只是對於日漸膨脹的佛教勢力、太過氾濫的佛教團體進行瘦身活動而已，本意雖然利於治道，但是後續造成經濟復甦、社會穩定，也是件利國利民的好事。

面對種種非議，周世宗不爲所動，對侍臣坦言道：「卿輩勿以毀佛爲疑，夫佛以善道化人，苟志於善，斯奉佛矣，彼銅像豈所謂佛邪！且吾聞佛在利人，雖頭目猶舍以佈施，若朕身可以濟民，亦非所惜也。」

北宋史學大家司馬光在《資治通鑑》中，引述了周世宗的話，還在後面加上注解：「若周世宗，可謂仁矣，不愛其身而愛其民；可謂明矣，不以無益廢有益。」

再看看南唐，當時的李煜除了成天在後宮與小周后纏綿，就是忙著在宮中興修佛堂、念經參禪。建好寺院後，每天自己退朝，就會馬上換上緇衣去禮佛，謙敬非常。

國中若是有僧人作奸犯科，大臣請按法律治罪，他也只命禮佛三百拜。上有所好，下必甚焉，南唐文武百官也都食素持戒，假裝奉佛。李煜事佛甚謹，同時大力提倡，使金陵城中僧尼竟達萬餘，滿大街都是僧服緇衣飄飄，臣子受他影響，紛紛選擇投其所好。

中書舍人張洎每次拜見，不談國事政事，只談佛法。李煜對他寵信異常，提拔爲清輝殿學士，參與機密，恩寵無二。張洎從此之後與太子太傅徐遼、太子太保徐遊二人別居澄心堂，盡掌國事，從此軍政大事皆由澄心堂向外發佈，中書、樞密院這些政府部門形同虛設。

有別於南唐李煜，趙匡胤在代周之後，對待佛教的態度上，更勝周世宗一籌。趙匡胤也是周世宗「毀佛事件」的親歷者，在總結周世宗的前車之鑑之後，對待佛教更趨於理性。

據傳，周世宗爲了表示自己整頓佛教的決心，親自拿斧頭砍壞鎮州大悲像的胸部，結果遭到報應，在北征途中，胸部突然生疽而英年早逝。此事被宣揚因果輪迴之說的佛教徒大加渲染，對於日後趙匡胤看待佛教產生了心理陰影。

但是，任何的宗教都不能游離於政治之外，既然是撲不滅的火焰，最好的辦法當然還是加以利用。

趙匡胤立國之初，一改柴榮的做法，開始有限度地提倡佛教，只是他做得極為隱蔽，朝野大多認為他憎惡佛教、討厭僧人。

事情還得從他南下征討李重進說起。

照說新君平滅作亂的前朝罪臣，勝利歸來，城中士民出城相迎也是應該的，因而城中士民僧道耆老也紛紛出城迎駕，但城中皇建院裡的僧人輝文和瓊隱等人竟不去捧場。

不出城在寺院中參禪念佛，潛心修行的話，趙匡胤也不會為難。只是這幾個禿驢這日撞完鐘，竟然跑去飲酒作樂。趙匡胤聞訊後大怒，命左右把這些僧人拿到，僧人輝文當場被亂棍打死，瓊隱則挨了無數「殺威棒」之後，被流放至偏遠荒涼之地。

或許是為了顧及寺院佛門清淨的名譽，趙匡胤並沒有把此事大事聲張，也沒有公佈有多少和尚受罰。

這樣一來，城中不知內情人士，都以為新君仇視佛門與僧人，才會故意為難。

其實，趙匡胤立國之初早已下令停止毀佛，還沿襲唐人成例，將其生日二月十六日定為長春節，又怎會故意呢？

為了慶祝這個新的國家法定假日，在汴京大相國寺開設祝壽道場，百官赴寺行香，天子賜宴。為示普天同慶、君恩普施，當日普渡行童八千人。

這樣的行為，無非是為了穩定新生政權，並取得南方各割據勢力的理解與擁戴。宋代雖然「農民」起義不斷，但始終沒有對君權構成太大威脅，這不但與宋人儒學大興、以文御武有關，也與趙匡胤順應民眾要求、宏揚佛法，孜孜求治有相當大的關係。

趙匡胤提倡佛學，是為了有利於統治，而李煜癡迷於佛法，卻是佞佛。二者相較，有天壤之別。李煜接手南唐時，國勢已日薄西山，一個偏安一隅的勢力，還要白養萬餘吃財政飯的人，不亡國何待？

趙匡胤得知李煜國中篤信佛教後，專門找了一個佛學深湛的年輕人，前往南唐交流佛學。這位年輕人果不負所託，不但把經文妙義講得天花亂墜，還受到南唐君臣的追捧，被李煜奉為「一佛出世」。

趙匡胤對南唐佞佛事業推波助瀾，明顯就是包藏禍心。但李煜照單全收，真是令人百思不得其解。

而接下來的事情更證明，他做一國之君，實在是強人所難。

第 3 章

明爭暗鬥

座中陪客盡是朝中文臣，聽徐鉉口若懸河，講得目眩神移，自慚不如的同時，都在靜候趙匡胤欽點之人如何作答。

宋朝的文治的確令人歎爲觀止，文人之盛也遠邁前朝，空前絕後。只是，在北宋趙匡胤時期，沒什麼値得後人稱道的文學巨擘出現。趙匡胤只是文人政治的開創、制定者，由此引發的盛況，他未能在有生之年親眼目睹。

平心而論，講到文化事業的與文人士子素質，北宋的確難以與南唐相比。南唐因爲君王大力提倡，文化事業、人才之盛遠勝北宋，當時有人推重「韓、徐」、「大徐、小徐」之說。

韓爲韓熙載，徐爲徐鉉；大徐亦是徐鉉，小徐則是徐鉉的弟弟徐鍇。三人都以文章、書法聞名於世。

其中，徐鉉執三人之牛耳，聲名遠播。

從趙匡胤代周之始，南唐便小心巴結，四時八節供奉不斷，爲了顯示其事大國的誠意，在遣使方面，煞費苦心。既然在動武一事上不佔上風，那麼使者就不用選武夫，讓風度翩翩的文士前往。一來可以彰顯南唐小邦的文質彬彬，二來在心理上不會打怵，與宋人折衝樽俎也不至於落下風。

韓熙載這時已年邁，徐鉉自然成了最佳人選。得知徐鉉將出使的消息，北宋朝臣集體犯愁，「該派什麼人前去接待，才能不辱國體呢？」

遍視朝臣，竟無一人可與徐鉉比肩，這事情也讓趙普犯了難，自己環視朝臣，所有臣子們皆目光躲閃，不敢與他對視。大家都擔心攤上這樣一個差使，明顯是出力不討好的事情，躲都來不及了，哪裡會有人敢主動請纓呢？

趙普無奈之下，只得把情況向帶頭大哥趙匡胤反映。

趙官家一聽竟有此事，再看群臣一臉尷尬赧然的樣子，不禁心中納悶。細問究竟之後，心中已有計較。

他命一名太監去喚入殿前司官員，那官員不知官家有什麼事情，急忙入殿領旨。

趙匡胤命他隨便挑十個不識字的士兵，把名字呈上御覽。

殿前司官員聽得一頭霧水，卻不敢多問，不一會兒就把名冊呈上。趙匡胤接了名冊，草草瞄了一眼，用筆指點其中一人的姓名，吩咐道：「此人可為使！」

殿中諸臣見這樣一件為難事，到君王面前竟變得輕而易舉，全都驚訝不已。

趙普為相多年，對於趙匡胤的敬畏之心也是與日俱增，見趙官家一臉淡定從容，只道是官家胸有成竹，敬佩之情更是一發不可收拾。

被欽點為伴使的這名禁軍，忽然間榮任此職，雖然心中打鼓，卻不敢違君令，只能趕鴨子上架。

果然，不出眾人所料，接待徐鉉的宴會一開始，徐鉉就先聲奪人，口中所言，機辯百出；盡是引經據典、旁引博徵，滔滔不絕。

座中陪客盡是朝中文臣，聽徐鉉口若懸河，講得目眩神移，自慚不如的同時，都在靜候趙匡胤欽點之人如何作答。試想座中宋臣都一知半解，至多知道個大概，做個合格聽衆還不夠格，一個大字都不識的士兵能聽的懂什麼？

史載，「其人不能答，徒惟惟。」

本來就什麼都不懂，臉上自然不會出現敬畏、佩服的神色，徐鉉的滔滔不絕、舌燦蓮花，對他來說根本是「雞同鴨講」。

無知通常與無畏相伴，那士兵不以為然的神色與呆若木雞，在徐鉉眼中看來是一種莫測高深，而且一連數日皆是如此。

到後來，徐鉉只好選擇沉默，聽衆不置可否，自己如果無休止說下去，就是有意賣弄了。看對方神情冷漠，說不定是在心中暗嘲他此舉「班門弄斧」。

徐鉉在宋人面前沒有佔得上風，只能懷著對中原大朝的敬畏之心打道回府。

他根本沒想到，和自己相處數日的伴使竟是文盲。

文人既有自視甚高的一面，內心深處也有一種自卑感，這種自卑多半來自對知識的敬畏。徐鉉後來再出使北宋，再沒有賣弄他的才學，認為中原地大物博，人才之盛，遠非南唐小邦可比，最終隨李煜歸宋，心中也無一絲愧疚。

趙匡胤這招果然了得！

如果派一個文臣去和徐鉉比較，肯定會撞在徐鉉的槍口上，鬧得灰頭土臉、自取其辱。但不派朝臣接待南唐使節，又有失國體，心中略一琢磨，就想出這麼一個妙計：以不變應萬變！

徐鉉的所有招數，雖然使出來有如疾風驟雨，卻無一打在實處，統統被趙匡胤的化功大法化得不知去向。趙匡胤身旁的氣場，軟綿綿的無一受力之處，卻也無懈可擊。

開寶二年，趙匡胤親征太原，六月卻無功而返。南唐李煜急忙派自己的弟弟李從謙為使，臣子查元方為隨從，千里迢迢地進貢慰勞王師。

趙匡胤命盧多遜負責接待事宜，盧多遜陪查元方弈棋畢，忽然意味深長地問他：「東南竟如何？」

查元方一看宋人的策反工作做到了自己頭上，心下啞然失笑，從容回道：「江南事大朝十餘年，極盡君臣之禮，不知其他。」

盧多遜碰了一鼻子灰，一臉慚愧歎息道：「孰謂江南無人！」

趙匡胤想要混一宇內，做為臣子的盧多遜焉有不知之理？此人在後周顯德年間進士及第，曾任左拾遺、集賢殿修撰。

趙宋代周之後，以官知制誥，歷經顯職，開寶四年，已官至翰林學士。此人博涉經史，聰敏異常，善於窺測君王的喜好。

盧多遜在任知制誥的時候，就與趙普交惡。做了翰林學士之後，更經常在趙匡胤面前攻訐趙普。趙普做了多年的宰相，渾身破綻。在盧多遜等人的攻擊下，敗下陣來，終於在開寶六年，黯然離京，暫時退出政治權力中心，此是後話。

可以把趙普扳倒之人，絕對不是尋常臣子。

盧多遜是個有野心的人，心中從來沒有「吃老本」的念頭，而是不斷地求進步。要進步就得「立新功」，很快地，他就幹了一件漂亮事。

開寶六年四月，盧多遜奉旨出使南唐。做為賀南唐國主李煜生辰的國信使，他十分稱職地完成使命。

李煜對於這個大朝國使極盡恭謹，以小事大，不敢不敬。

盧多遜是個對時政高度敏感的人，自然嗅出趙官家有意用兵南唐的意圖。為使自己此番不辱使命，他在快出國門時，忽然派人快馬加鞭，入見李煜道：「朝廷重修天下圖經，史館獨缺江東諸州，願各求一本以歸。」

李煜聞訊，不敢拒絕，趕緊命徐鍇等文臣通宵校對，收拾好之後如數交給盧多遜。

盧多遜取了江南十九州的山川地理、屯戍遠近、戶口等圖，滿載而歸。歸來見天子，奉上江南地理志之後，認為南唐疲弱，應儘早兵發收復。

趙匡胤得到圖經，大喜過望，自然對他另眼相看。

盧多遜立此奇功，只能算是錦上添花之舉。

畢竟，趙匡胤想要平滅南唐，已經是司馬昭之心，南唐君臣雖然外示恭謹，其實也早暗中加意提防。

開寶四年，南漢劉鋹被宋人征討，土地盡失、國主被擒的消息傳到南唐，李煜心中吃驚不已，急忙派出使者前往賀捷。

使者走了之後，李煜左思右想，心下難安。

他知道，宋人下一個目標將是南唐，自己卻無力阻止，而近鄰吳越乃是世仇，國主錢俶比他還會討好宋人。

趙宋倘若用兵，南唐無疑是首選。

直至現在，他才體會到爲什麼父親每天都鬱鬱寡歡，人生的悲哀，莫過於知道每一天都是一生中的唯一，卻只能繼續前行，堅定地邁向終點；一個國家的悲哀，莫過於知道亡國之禍就在眼前，卻回天乏力。

李煜每天日思夜想，還眞的想出一條「妙計」。他天眞地認爲，趙普是趙宋宰相，手掌軍政重權，如果對這種關鍵人物行以重賄，或許可以延緩南唐覆亡的進程。

於是，他另派使者帶五萬兩白銀，悄悄地送至趙普府上。

古時行賄都用眞金白銀，既不好攜帶，又難以避人耳目，南唐李煜如此大手筆的行賄，豈有不被人發現的道理？

他到現在還不知道，「先南後北」這個戰略的首倡者，正是這位趙宰相。

趙普笑納銀子之後，馬上把事情向帶頭大哥如實彙報。

趙匡胤聽完他主動收了南唐的巨額賄賂，並未令他上繳國庫，而是吩咐他：「這錢一定要收，收到還要給李煜一個回執，給送銀子的人多多打賞！」

趙普一聽，連官家都支持他收受賄賂，從此越發膽大妄爲。畢竟，還有什麼比「奉旨收賄」更讓人興奮的事呢？

李煜見趙普把銀子照單全收，頓時安心不少。過了些時候，見宋人沒有什麼動靜，又派出弟弟李從善出使汴京，一邊供奉方物，一邊打探宋廷動靜。

趙匡胤對他的小伎倆洞若觀火，收下禮物之後，任命李從善爲泰寧軍節度使，在京師賜宅邸第，讓他成了宋臣。南唐李煜得知消息之後，急忙上表請遣送李從善歸國，趙匡胤根本不理會他的懇求，他留李從善不遣，是另有深意。

後周世宗時期，趙匡胤曾多次跟隨柴榮征討南唐。

趙匡胤在戰陣中斬將奪旗，奮勇殺敵，因軍功卓著而被周世宗委以重任。

周世宗三次親征，終於佔據淮南、江北。南唐國力大損，被迫請和，割讓江北十四州地方，兩國以長江爲界。

周世宗的赫赫武功，打破數十年來南北勢力均衡的局面。不但獲得大片的國土、人口，也獲得許多淮南、江北地方富饒的物產。

此戰過後，後周的綜合國力更令南方諸國難以望其項背。

反觀南唐，這個南方老大失去一半國土，從此一蹶不振。

在與後周訂立和約時，南唐苦苦哀求柴榮，希望可以保留一塊產鹽的地方，但柴榮哪裡會答應？最終周世宗大發善心，應允每年供應南唐三十萬石鹽了事。

在與南唐的疆場對壘中，趙匡胤奠定自己在後周軍中的地位，也爲日後的順利代周積聚不少人脈。

而在與南唐的攻伐中，趙匡胤對一名南唐大將印象至深，這人就是驍勇善戰、人稱「林虎子」的南唐大將林仁肇。

如果林仁肇是宋人，趙匡胤肯定會與他惺惺相惜。可是做爲南唐的大將，他則是橫亙在宋人面前，一座難以逾越的大山。

想要掃平南唐，就必須把林仁肇幹掉。

據《皇宋通鑑長編紀事本末》記載，開寶三年冬，唐南都留守建安林仁肇密表言：「淮南諸州戍兵，各不過千人。宋朝前年滅蜀，今又取嶺表，往還數千里，師旅罷敝。願假臣兵數萬，自壽春北渡淮，徑據正陽，因思舊之民，可復江北舊境。彼縱來援，臣據淮對壘以禦之，勢不能敵。兵起之日，請以臣舉兵外叛聞於宋朝，事成，則國家饗其利；敗則族滅臣家，明陛下無二心。」

林仁肇的密表內容，很快就被趙宋得知。

如果不儘早除掉他，就無法順利掃平南唐。

一番思考之後，趙匡胤決意使用離間計。

趙匡胤取得林仁肇的畫像後，故意把它懸掛在宮中。然後在宮中接見李從善，裝做無意地指指林的畫像，問道：「此何人也？」

李從善當然認得林大將軍尊容，雖然心中納悶，仍然據實回答：「此乃江南林仁肇將軍！」

趙匡胤笑道：「林仁肇將軍欲降附我朝，此爲信物！寡人留你不遣，也是擔心南唐歸土，免得你鞍馬勞頓、來回奔波！有林將軍襄助，不數日，你兄弟等人就可以在汴京中團聚，林將軍的府邸也已建好。」

說著，還隨意指了指宮外一處新建的宅子。

李從善聽得心驚肉跳，急忙拜辭出宮。

趙匡胤又令人賞賜他金帛等物，李從善一看，竟有白金五萬兩，心中更是驚疑不定。他馬上扯著奉旨送禮的人，低聲詢問緣由。

那太監假意爲難，得了賞錢之後，才故作神秘地透露「天機」：「前番江南使者贈與我朝趙宰相白銀五萬兩，官家回贈白金五萬，是在替宰相大人回禮呢！」

李從善這才省悟：「南唐君臣自以爲得計，做得人不知、鬼不覺，在趙宋卻早是公開的秘密。自己此番前來，還眞的是不虛此行。林仁肇這廝看似公忠體國，實則是打算賣主求榮，眞是知人知面不知心啊！」

李從善得知這些機密之後，憂心如焚，連夜派出左右潛行歸國，把這些機密如實告之國主李煜。在心中暗呼僥倖的他，卻沒有想到自己無意中客串了「蔣幹」的角色。

林仁肇大將軍精忠報國不成，反而未出師前身先死，被李煜鴆殺，實在令後人扼腕。

這時，南唐還眞的有人想投附趙宋。

這位從未進入南唐朝堂的人，雖然是個士子，卻是個科場失意之人。此人名爲樊若冰，南唐池州人。

這個未第之人看出趙宋統一天下的決心，認爲南唐若不是因爲長江天塹，怕是早在後周時代就滅亡了，自己既然在南唐不得志，不如去投靠趙宋。

樊若冰做爲一介無名之輩，如果空手去見趙皇，恐怕也不會有什麼好結果。最好的辦法是拿一份「投名狀」，或者是拿著「先遣圖」之類的東西去，才會有好談資。下定決心後，他開始付諸行動。

南唐一向把長江視作不可逾越的天險，對南唐考試教育徹底失望的樊若冰，在美好未來的激勵下，幹勁十足地行動起來。

自此，在采石磯之邊的江渚間，總會看到一個年輕漁夫垂釣的身影，數年如一日的堅持下來，采石磯地方的江深水闊、江流緩急等水文地理，樊若冰無一不知。

他偷偷把數年間觀測到的資料一一造冊，這才攜帶「撞門磚」去見趙匡胤。

趙匡胤見圖大喜，這樊若冰來得太是時候，簡直是大宋的「及時雨」啊！

趙匡胤手撫著圖，脫口笑道：「今得此圖，取南唐李煜如探囊爾！」當他聽到樊若冰的名字之後，認爲「若冰」與「弱兵」諧音。於是金口玉言賜名爲「知古」。

從此以後，南唐士子樊若冰搖身一變，成爲北宋樊知古。

趙匡胤知道他最想的是什麼，一個士子的一生追求，無非是得到世人尊重與認可。如果可以得到君王的聖眷，世人的指指點點又有什麼呢？

樊知古得以不經過鄉試、縣試等直接覲見趙官家參加面試，自然是「特奏名的恩科」了。後來，他在被賜進士及第之後，又被授以舒州團練推官，人生從此否極泰來。

感激涕零的樊知古，不但積極參政議政，獻上平南之策，還主動參與平滅南唐的備戰工作：宋廷在荊湖打造數千艘黃黑龍船，用以鋪設橋樑準備登陸作戰。砍伐巨竹無數、結巨繩若干編成竹筏，以便日後做浮梁橋面之用。

平滅南唐已箭在弦上。

第 4 章

聯合討伐南唐

鄭彥華新敗喪膽之餘，也不敢上前接應。南唐士兵本來就不佔優勢，這時被宋軍個個擊破，潰不成軍。

開寶七年五月，吳越國錢俶派人入貢。

趙匡胤接見來使後坦言相告：「回去告訴你家元帥（建隆元年，趙匡胤封吳越國主錢俶為天下兵馬大元帥），立刻整軍備戰。江南倔強不朝，我將發兵征討。元帥需出兵相助，不要惑於人言。」

同時，賜錢俶襲衣、玉帶、玉鞍勒馬、金器二百兩、銀器三千兩、錦綺千段。

八月，錢俶派部下行軍司馬孫承佑入貢。

乾德二年冬，宋軍伐後蜀，錢俶命親從都指揮使行軍司馬孫承佑與宋軍會師。如今十年過去，孫承佑仍是行軍司馬。

知道是老相識，趙匡胤索性在厚賜錢俶、孫承佑器幣之後，告之出師日期。

開寶七年九月，趙匡胤命潁州團練使曹翰領兵先赴荊南。數日之後，派宣徽南院曹彬、侍衛馬軍都虞候李漢瓊、判四方館事田欽祚領兵前往。

出師之吉日既然選定，征伐南唐李煜的工作也準備就緒，唯一欠缺的就是正當的理由：師出有名！

在君臣群策群力下，想出了一個妙計：「遣使前往南唐，召李煜入朝。如果李煜聽從，單騎歸朝的話，南唐兵不血刃垂手可得；如果不從，就是抗旨不遵，出兵征討就師出有名，而且，李煜單騎來朝的可能性幾乎等於零！」

趙匡胤拿定主意後，馬上命令百官推薦合格的使者前往南唐，盧多遜保舉右拾遺李穆，於是，李穆做爲使者，前往南唐。

出人意料的是，李穆一到江南，把來意說明之後，李煜竟然馬上收實行囊，打算跟隨李穆北上。

南唐光政使、門下侍郎陳喬立即勸阻道：「微臣與陛下同受先帝顧命，現在陛下前往汴京，必然被留。其若社稷何？微臣萬死不敢奉詔，恐無顏見先帝於地下！」

看到李煜猶豫，右內史舍人、清輝殿學士張洎也上前勸他不要北上。

這時南唐的政事，基本由張洎與陳喬二人掌握，他們的意見李煜不得不尊重，於是，他打消遠足的念頭，「稱疾不奉詔」，裝病起來。

李穆做爲來使，當然很清楚李煜的病因，辭歸之際，用話語提點他：「入朝與否，主意要自己拿。我朝兵精糧足、將士用命，恐南唐難當兵鋒。最好還是考慮周詳再做決定，免得將來後悔莫及。」

李煜也知李穆所言不虛，只是要他帶著十餘萬精兵、江南十九州土地、數十萬戶口束手歸降，心中還是不大甘願。聽了李穆的良言相勸，無奈之餘，放出狠話：「李煜謹事大國，不敢有絲毫失禮之處，只爲保全宗祀；不意如此苦苦相逼，今日之事，有死而已！」

李穆聽他如此說，以爲他眞的存有「君道與國共存亡」的心思，只好告辭歸國。

後來，趙匡胤再派使者前往諷諫，李煜仍然不聽，反而另派人入朝請求冊封。

開寶七年十月，趙匡胤大閱三軍，派遣人馬順江東下，開始征伐南唐。他任命曹彬為西南諸路行營都部署，潘美為都監，曹翰為先鋒官，共統軍十萬殺向江南。

自從王全斌侵擾地方之後，趙匡胤引以為誡，擔心宋軍重蹈覆轍。這天，曹彬等人入辭。趙匡胤便告誡他道：「江南之事，一以委卿。切勿暴虐生民，務廣威信，使自歸順，無須急攻。」

言畢，見諸將不解地神情，又語重心長叮囑道：「城破之日，慎勿殺戮。南唐即使作困獸之鬥，也不可加害李煜一門老幼。」

看到曹彬欲言又止的樣子，趙匡胤取來案上的一把利劍，遞給他道：「副將下，有敢違令者斬之。」

曹彬接劍在手，頓時心中坦然。在成都時，自己能約束手下部眾，再去勸諫諸將，可惜這些驕兵悍將，難以駕馭。現在手中有御賜的「尚方寶劍」，就可以便宜行事，對不奉號令、不尊軍紀的將領先斬後奏。

身旁邊的潘美等人見狀，盡皆相視失色。

南唐李煜得知宋軍將大舉進討，慌駭之餘，派出另一個弟弟李從鎰，和臣子潘慎修前來進貢。奉上絹二十萬匹、茶二十萬斤，金銀器物、車輿服飾等，打算請宋人暫息雷霆之怒。

趙匡胤照單全收，笑納之後，把使者留於別館不遣。李從善、李從鎰兄弟二人分別數年，在汴梁得以親人團聚，不知心中有何感慨！

宋軍出征，任樊知古為右贊善大夫，以為嚮導。同時，趙匡胤又派內客省使丁德裕，授吳越錢俶為升州東南面行營招撫制置使，並賜戰馬三百匹、旌旗劍甲；令丁德裕統領禁軍步卒一千，做為吳越的前鋒。

錢俶立即起兵回應。

得知吳越也發兵來攻打的消息，南唐李煜很是無奈，百思不得其解下，他作書一封給錢俶，其略曰：「今日之無我，明日豈有君？一旦天子易地酬勳，你也不過是大梁（汴梁城，古稱大梁）一布衣爾！」

錢俶怎麼可能不知道「脣亡齒寒」的道理？只是與中原趙宋相比，吳越與南唐加起來也不會是對手，況且南唐與吳越乃是世仇，怎麼可能結成盟友？痛痛快快出兵相助，還可以再苟延殘喘一些時間；不奉詔，無疑是以卵擊石。權衡利弊，惟有出兵。

算清楚這個帳後，錢俶立即派人把李煜的書信送至汴梁，以示自己效命朝廷的忠心。時任吳越宰相的沈虎子不知錢俶的內心苦衷，也曾勸諫：「江南，國之遮罩，奈何自撤其遮罩乎？」

錢俶只有報以苦笑，認為這個老臣真是搞不清楚狀況，於是請沈虎子致仕，另外任命通儒學士崔仁冀爲相。

宋軍在曹彬的率領下，自蘄陽過江，破峽口寨，殺守卒八百人，生擒二百餘人，俘獲池州牙校王仁震、王宴、錢興等人。

十一月，樊知古向曹彬建議先搭一座浮橋。

其他人覺得此事有點太過匪夷所思。曹彬對於直接在采石江邊搭浮橋渡江一事，也是心裡打鼓。見「樊導」主動提出「試鏡」，爲保渡江作戰的萬無一失，當然選擇贊成。

於是，宋軍暫時回師，先在石牌口（今安徽懷寧西）試架浮橋，在樊知古的現場指導下，很快就搭好一座浮橋。樊知古望著在江面上穿梭往來的宋軍將士，笑道：「移師采石，定能馬到功成！」

曹彬看在眼中，心裡異常興奮，有了這浮橋，宋軍步騎可以如履平地，輕而易舉地跨越天險，進逼金陵城下。

他朗笑道：「樊知古此舉果是順天應人，此去何愁長江水深浪急，天塹亦成一馬平川。我大宋自天佑之，吉無不利！」

樊知古早就對曹彬在成都的作爲有所耳聞，對這位不苟言笑的主帥心中甚有好感，這時候見他滿面春風，急忙奉承道：「曹將軍所言極是！謙謙君子，用涉大川，吉！」

浮橋試架成功之後，留下部分士兵看守。曹彬率師急驅采石，掃清周邊，爲渡江作戰做準備。

宋軍勢如破竹，連克當塗、蕪湖，在采石磯邊大破南唐二萬餘士兵，生擒千餘人，俘獲南唐馬步軍副都部署楊收、兵馬都監孫震等人，並繳獲戰馬三百餘匹。

掃光采石磯周邊的南唐士兵後，曹彬屯軍於該地。

宋軍把舟船、巨竹移至采石，樊知古這時再次親自上陣，指揮士兵架設浮橋。有了前些時候的經驗，宋軍鋪設浮橋更是得心應手，在衆人齊心協力下，浮橋「三日乃成，不差尺寸」。

李煜得知宋軍異想天開地在采石地區搭設浮橋，急忙向寵臣張泊問計。

張泊聽完，不以爲然地說道：「臣遍閱史籍，亙古以來，未有此事。陛下勿憂，此必不成！」

李煜聽了，也啞然失笑道：「寡人亦覺此事太過兒戲。」

南唐遂不以爲備。

浮橋鋪就之後，早在長江岸邊集結待命的潘美，率數萬步卒安然渡過長江，竟眞的如履平地。

步卒在鞏固灘頭陣地之後，宋軍全師渡江，進逼金陵。

江南自從與後周議和之後，已經有十餘年無干戈之事。

這時主持軍政的都是新進少壯派，面對大至的宋軍沒有絲毫懼意，反而覺得宋軍不請自來，恰巧是他們揚名立萬、建功立業的良機，每天都有數十名將領主動請纓，要求上陣殺敵。

李煜任命鎮海節度使、同平章事鄭彥華率水軍萬人；都虞候杜眞率步卒萬人前往迎戰。出師之日，他有點不放心地叮囑道：「兩軍水陸並進，要互爲犄角、協同作戰！」兩個人口中迭聲答應，等到出師之後，就把李煜的叮嚀丟在一邊，變成「將在外，君令有所不受」。

二人雖未曾識得干戈戰陣之事，卻自負得很，忘記孫子兵法開宗明義道：「兵者，國之大事。死生存亡之道，不可不察也」。

鄭彥華擔心杜眞分了他的功勞，率水軍萬人直衝宋軍，只是他沒有想到對手太過強大。曹彬、潘美皆是北宋名將，連先鋒曹翰也十分了得，是個文武雙全的複合型人才。鄭彥華率萬餘水軍，鼙鼓喧天、戰艦無數，直逼采石磯，宋軍則在潘美指揮下迎敵。

鄭彥華雖是信心滿滿，卻因唐軍作戰能力太過低下，根本不是宋軍的對手，在宋軍怒浪般的衝殺下，南唐士兵節節敗退，鄭彥華就算有心殺敵，也無力回天。

水軍不濟事，步卒就更不是對手了，杜眞率萬餘士兵與宋人甫一交戰，死傷無數。鄭彥華新敗喪膽之餘，也不敢上前接應。南唐士兵本來就不佔優勢，這時被宋軍個個擊破，潰不成軍。

南唐二萬士兵大敗而歸，李煜立即傳旨要金陵城戒嚴，更去宋人「開寶」年號，以示公開與趙宋決裂，又招募士兵，以利再戰。

而曹彬則率軍在白鷺洲、新林港大破南唐軍，斬首數千，焚燒南唐戰艦數百艘。

曹彬見南唐士兵屢戰屢敗，喪膽之餘，不敢再與宋軍爭鋒，便分兵給田欽祚，令他去攻溧水。

田欽祚果然不辱使命，一番苦戰之後，順利攻克。

宋軍出師以來，進展順利，攻城拔寨，所至即克。

吳越錢俶則統五萬大軍，從杭州城出發，在宜興、江陰、常州等地大敗南唐守軍。南唐頹勢已顯，首尾受敵，疲於應付。吳越則趁此良機，擴大戰果，攻克常州後，在潤州（江蘇鎮江）城下與宋軍勝利會師。

第7卷

收南唐，納吳越

事到如今，再也不用為江山社稷而寢食難安。

李煜在汴京城中安然過著降人時光，

遠在南方的吳越國主錢俶卻是壓力空前。

第 1 章

你來我往

周惟簡原是道士，因曾為李煜講解《易經》，累官至虞部郎中。李煜病急亂投醫，竟真任他為給事中，派他與徐鉉一同出使汴梁城。

開寶八年二月，曹彬大軍開至秦淮地方，李煜派出十餘萬精銳在城外佈陣。潘美渡河時，見南唐水軍尚未集合完畢，立即率大軍涉水而過，向敵人發起衝鋒，曹彬在後頭跟進。南唐軍抵擋不住，兵敗如山倒。

宋大將李漢瓊率領手下乘風縱火，攻克南唐水軍大寨，寨中士兵爭相奪路而逃，溺斃之人不可勝數。

這時，宋軍已經兵臨城下，李煜居然還有心情開貢舉，與其說他不識時務，不如說他留心文化事業到了偏執的程度。

眼見城外宋軍大至，陳喬與張洎二人又請李煜堅壁勿戰，等宋軍師老兵疲，自然會不戰而勝。

李煜再次深信不疑，把城防軍務之事盡數託付給神衛統軍都指揮使皇甫繼勳，自己躲到宮中後院，不是與僧眾談禪，就是與道士說玄講易，每日高談闊論、不恤國事。

皇甫繼勳驟得大用，卻無眞才實學，用今天的話來講，就是個官二代，他老爸就是被趙匡胤殺死的。李煜重用他，只是希望他在國恨家仇的激勵下，能效死盡忠報國。

有這樣的想法，自然在情理之中。不料，皇甫繼勳不但沒有精忠報國的想法，也沒有替父報仇的心思，反而希望李煜早日投降。

作爲南唐的最高軍政長官，竟然存有這樣的心思。雖不敢與李煜明說，但他從不對部衆掩飾自己的觀點，每與部屬聚議，輒云：「北軍強勁，誰能敵之？」

南唐金陵城將領見主將遲遲不作為，只得私自招募敢死部隊，打算趁夜出去劫營，騷擾宋軍。事情傳到皇甫繼勳的耳朵裡，他便先把這些不聽約束的傢伙痛扁一頓，再下獄治罪。部下對他恨之入骨，卻敢怒不敢言。

李煜每天躲在深宮談禪說易，家事、國事，事無鉅細，盡數高高掛起。直到某天，心血來潮的他走出禁宮，出巡城防，看到金陵城外宋營連綿不絕、旌旗遍野，大吃一驚，這才知道自己被身旁的人蒙蔽了。

雖然內心激盪，表面上他卻不動聲色。皇甫繼勳見他臉色如常，也未覺有異，陪同檢閱完城防之後，恭送他回宮。等回到宮中，李煜忽然面色大變，責以皇甫繼勳「流言惑衆及不用命之狀」。可惜，省悟得太晚了。

李煜把皇甫繼勳下獄，交由有司治罪，相關部門望風承旨，皇甫繼勳難逃明誅。斬首當天，他人頭剛落地，城中軍民紛紛搶上前，臠割其肉，頃刻間分而食之。他的侄兒也一併被斬首。

重新鞏固城防，眼見情勢岌岌可危，李煜不敢再大意，立即派使者召神衛軍都虞候朱令贇（音允）率軍入援金陵。

朱令贇也是南唐將家子弟，擁衆十餘萬屯紮湖口。

接到詔書後，部下勸道：「應趁江水大漲，立即發兵入援。」

朱令贇卻猶疑不決，「現在大舉入援金陵，宋軍必定是會尾隨而至。如果入援一戰可勝還好，倘若失利，那時腹背受敵、進退失據，糧道也被斷，大勢去矣！」

手下將士聽他講得有理，不敢再多言。

此後，李煜派使者三番五次催促儘早入援，朱令贇總不從。

與李煜的心境和處境截然不同，汴梁城每天都能接到來自江南各地的捷報。趙匡胤見江南即將歸土，不禁龍顏大悅。

住在館驛中的南唐使者李從鎰等人，聞訊則是如坐針氈。邸吏們為了討好趙官家，不停催逼李從鎰入宮給趙匡胤道賀。他聽得心亂如麻，卻不敢得罪這些人。他不說話，一邊的隨從潘慎修卻忍不住了，勃然怒道：「國將亡，何賀之有？」

李從鎰見宋廷朝臣每天上表慶賀，心下越發不自安，無奈何下，只有奉表請罪。趙匡胤見他言辭恭順，還派人加以撫慰。

且說趙匡胤在未曾出兵之前，就想著勸誘李煜單騎歸朝，等到迫不得已才刀兵相見，存的仍是「用兵之法，全國上之，破國次之」之心。所以在出師之前反覆叮囑曹彬、潘美等人，不得擅自殺戮劫掠。

曹彬等人完全遵旨而行，李煜卻沒有體會到他的良苦用心。

然而，從去年出師到現在，已經過了大半年。消耗大量糧草物資不說，軍中多北人，江南地方濕熱，許多士兵因不服水土而得疫疾。趙匡胤一度決心暫時收兵，在盧多遜等人的堅持下，方收回成命。

開寶八年七月，趙匡胤命李穆陪李從鎰一行歸國，並親手作書，勸李煜早點投降，為示信義，還傳旨曹彬暫停攻伐，靜候出降。

收到勸降書，李煜惶駭不已，仔細琢磨之後，決定聽從趙匡胤、李從鎰的勸誘，準備出降。聞訊，陳喬、張洎極力阻撓，認為金陵城固若金湯，宋軍數月不克，就是鐵證。現在他們師老兵疲，退軍就在眼下。

李煜這個沒有主見之人，此時又聽從二人的勸阻，打消出降的念頭。

趙匡胤得知李煜執迷不悟，復令宋軍攻城。潤州城在宋軍與吳越士兵的攻打下，守將出降獻城，終告易手。

眼見宋師攻城日急，李煜又派出徐鉉出使汴梁，希望憑他的才智舌辯，說得宋軍緩師。這時，張洎舉薦周惟簡。此人原是道士，因曾為李煜講解《易經》，累官至虞部郎中。張洎認為此人有遠略，可在談笑間弭兵。李煜病急亂投醫，竟眞任他為給事中，派他與徐鉉一同出使汴梁城。

十月，曹彬派士兵把南唐使者一行送至汴京。

周老道平時講起易義來，指手劃腳、舌綻蓮花，不想看到趙官家不怒自威的神態之後，卻一改從前的模樣，變得笨口拙舌。

周惟簡面對趙匡胤的厲聲質問，惶恐之餘，竟口不擇言道：「臣本布衣，躬耕隴畝，無仕進之心。李煜強遣而至，實則是身不由己。微臣此來，聽聞終南山多生芝草靈藥，願待事寧後棲隱終南。」

趙匡胤沒想到南唐使節口中說出此等話來，心下好笑，只能點頭應允。

徐鉉早已經是熟面孔了，趙匡胤對付他這種文士，還是有幾下「散手」的。果然，徐鉉上殿之後，開門見山道：「李煜無罪，陛下師出無名！」

趙匡胤不急不躁，令他上前細說緣由。徐鉉立於殿中，侃侃而言：「李煜以小事大，如子事父，未曾有過失。今日奈何見伐？」

老徐施展雄辯，滔滔不絕地講了良久，趙匡胤耐著性子聽完，突然問道：「既自承宋與南唐爲父子，如今分家別居，可乎？」

徐鉉瞠目結舌，不知該如何回答。

儘管雙方正處在戰爭狀態，趙匡胤終究沒有爲難徐鉉與周惟簡二人。

第 2 章

銳不可擋

卻在宋人漸感不支，即將敗亡之時，風向突變。原本燒向宋軍的火苗，因北風大作，轉而向朱令贇所部的南唐巨艦直撲。

過了兩日，徐、周二人怏怏而歸。使者還在回江南的途中，遠在湖口的朱令贇終於大起三軍，入援金陵。

這次他是有備而來，縛巨木爲筏，長百丈餘，一艘巨筏就可以載軍卒千餘人。舳艫綿延十餘里，載著十五萬大軍。順流而下，打算採用火攻，先焚燒采石浮橋。

可是十月才出師，巨筏多是多，行至皖口（今安徽安慶西南），仍是不得不放慢行軍速度。原來現在已是初冬季節，長江進入枯水期，大船雖好，卻行進緩慢。

舟行緩慢，又折騰出這般大動靜，宋軍豈有不知之理？池州至岳州江路巡檢戰棹都部署王明率所部屯紮獨樹口（安徽安慶地方），準備應敵。一面派兒子飛馬來報，請趙官家增發戰艦三百，襲取朱令贇。

趙匡胤聞報搖頭道：「這如何是應變之策？等到戰艦送至軍前，朱令贇早就到金陵城下，解圍多時矣！」語罷急忙派人前往軍前，授以機宜：「於洲浦間多立長木，若帆檣之狀。」

朱令贇遠見帆檣林立，懷疑宋軍埋有伏兵，更加謹慎。親自乘坐一艘高十尺、幾千斤重的大船，指揮部下奮勇向前。

行營步軍都指揮使劉遇率衆發動攻擊，宋軍箭如雨下，讓大軍前進受挫。

朱令贇知道，要解金陵城之圍，全師必須進至采石，於是不敢久戰，令部下用準備好的火油猛攻舟師。

宋軍未曾料到朱令贇還未到采石就施以火攻，頓時大亂。江風凜冽，更助火勢。戰船被燒得烈焰衝天、濃煙滾滾。士兵或被燒死，或者溺斃於江中，傷亡慘重。

朱令贇看著在烈焰中輾轉呼號的宋軍，不由哈哈大笑。

哪知，卻在宋人漸感不支，即將敗亡之時，風向突變。原本燒向宋軍的火苗，因北風大作，轉而向朱令贇所部的南唐巨艦直撲。剛才還在幸災樂禍的南唐士兵，這下子全都顧不得其他，紛紛跳江逃生。

宋軍從慌亂中鎮定下來，張弓搭箭，發起反攻。

巨舟被引燃，船難以駕馭，南唐軍一時之間無法掉頭逃生。不一會兒，無數舟船成了一片火海。朱令贇被生擒，十餘萬部下潰不成軍。

此役，宋軍先敗後勝，繳獲兵仗軍械甚多。朱令贇不辭辛苦地送上數百戰艦，自是盡數笑納。

龜縮在金陵城中的李煜得知朱令贇被擒、全軍盡沒的消息，渾身冰涼。這次眞的是寡婦死了兒，徹底沒指望了。

金陵城中軍民被宋軍圍困數月，聽聞朱令贇率軍來援，無不翹首遙望，如久旱之盼雲霓。無奈北風不與朱郎便，一面悲哀不已，一面又爲天助宋軍感到震駭。

金陵城中各種傳言四起，民心浮動，孤城危蹙。李煜無計可施，只得再遣徐鉉出使汴京，期望宋軍緩師。徐鉉席不暇暖，再次上路遠足。前番他無功而返，這次決心放手一搏。一路曉行夜宿，風塵僕僕來到汴京城。

趙匡胤見他來去匆匆，倏忽復返，不知他還有何話講，召對於便殿之上。徐鉉顧不得外交禮儀，疾言厲色地指出：李煜事大國之禮不敢有缺，現只是因為染有時恙，不能來朝見，並非抗旨不遵。請趙官家暫緩雄師，保全一方士民之命。說到激動處，心中憤憤不平，「聲色愈厲」。

趙匡胤初時還極力忍耐，「與之反覆」，聽到後來，見對方一介儒生，竟急赤白臉，唾沫亂飛，且言語中對自己多有不敬，頓時失去了涵養，按劍而起，怒道：「少他媽的廢話！東南李煜確是沒有罪過，但我豈能容他存在？」

惱羞成怒之下脫口說出的這些話，正是他內心深處想法的眞實表達，透出「話粗理不糙」的事實。

趙匡胤雖然不是「嚴守一」，至少能「有一說一」。沒有絲毫掩飾，不含糊地合盤托出藏於胸中的眞心話，實在令人敬佩。

統一就是天下唯一的眞理，無須再找其他理由包裝。

徐鉉身為飽學儒士，自然知道分久必合、合久必分、人心思治的道理。自唐末五代以來，百年間江南地方割據自立，這時趙宋欲統一江山，的確是順天應人之舉。見趙匡胤欲「拔劍」，徐鉉只能「四顧心茫然」。又聽他如此一說，辯無可辯，惶恐而退。

又不多時，曹彬與潘美等人分兵三寨攻城。

潘美於北面列寨，繪戰陣之圖送到御前。趙匡胤指著圖，對來使道：「這裡必須深溝壁壘，嚴防南唐出奇兵偷襲。」

送圖之舉，顯然不為討官家歡心，而是虛心請教。

趙匡胤久經戰事，一眼就看出宋軍佈陣的不足之處。這與後來宋太宗動輒在出師之前御賜什麼「十陣全圖」，有著天壤之別。趙光義是為了刻意彰顯自己的軍事才能，才對軍陣之事指手劃腳，使得對遼人用兵終以大敗而告終。

宋軍在曹彬、潘美等將領的督導下，很快就對不足處做出修正。

另一方面南唐士兵似乎為了證實趙匡胤的先見之明，某一天夜裡，竟出動五千人，偷襲潘美的營寨。

自以為得計的南唐軍民，人人手持一炬，鼓譟而至。曹彬與潘美早有準備，略作抵擋便假意敗退，直至南唐軍卒進入包圍圈，宋軍這才大舉現身，開始有條不紊地殺敵。

這場夜襲，宋軍盡殲南唐來犯，將領十餘人悉數斃命。

即便如此，曹彬仍沒有命令宋軍全力攻城，希望南唐李煜能認清形勢，主動出來投降。這天，他派人前往城中，明確告知：「此月二十七必破城，現在出降，仍算做自首，可以得到寬大處理。」

李煜坐守危城，除了待斃，完全沒有其他出路可走。不得已之下，告訴來使：「我要派兒子入朝為質。」

只是說歸說，做歸做。這下句話放出去以後，他一直在拖延時日，一會說正在準備行囊，一會又說在宮中為兒子餞行。

宋軍每天都有人來催促快點決斷，他又推說：「二十七日那天宜出行。」來使回報，曹彬馬上下達最後通牒：「就是二十六日也晚了！」

自去年冬興師以來，光陰荏苒，又是一個冬天了。曹彬等得不耐煩，宋軍將士們也快發瘋了。見軍情如此，曹彬生怕有負趙匡胤所託，重蹈後蜀戰後劫掠生民的覆轍，憂心之下，竟稱疾不能視事。

得知主帥忽染時恙，眾將士不明就裡，爭相前往營中探視。

曹彬見部屬齊聚，坦然相告：「曹某的病，絕非藥石可癒。」

眾將士聽得一頭霧水，主帥到底是得了什麼不治之症，居然藥石也無法治癒！難道已經病入膏肓，快病篤了不成？

見諸人不解地望來，他臉上盡是焦急，正色道：「只要諸位同袍焚香為誓，城破之日絕不妄殺一人，曹某的病便會不治而癒。」

眾將一聽，恍然大悟，「原來主帥是在擔心城破之日，將領們會縱兵大掠。」感動之餘，連忙一齊承諾，表示會約束所部士兵，入城後絲毫不犯。

曹彬命左右燃香，與眾將焚香爲誓，再次申明軍紀，所患心病霍然而癒。第二天，他升帳視事。

又過了一天，正是破城之日：開寶八年十一月二十七日。

破城之日，宋軍不避矢石，奮勇進攻。守城的南唐士兵早已沒有絲毫鬥志，見對手攻勢如潮，紛紛棄城而逃。

李煜見事態緊急，又出奇策，要金陵城中的寺院住持一齊登上城牆，手撚佛珠，高聲頌佛：「救苦救難南無觀世音菩薩。」

明明知道無救，仍執意要菩薩前來救苦救難，眞是腦子進水的藝術行爲。

在僧眾高聲頌佛的聒噪聲中，宋軍順利登城。老和尚是不是緇衣飄飄「和羞走」，我們不得而知。

曹彬進入城中，收拾兵馬，整列而行，直衝宮門。

李煜奉表出降，率群臣迎拜於門前。他一襲白衫紗帽，見到潘美，先拜於馬前，潘美急忙下馬回拜。等見到曹彬率軍而至，又上前拜倒在道邊。

曹彬遠遠望見，吩咐身邊小校大聲告之：「曹彬甲冑在身，拜不及答。」

南唐士民見他如此，稱讚不已：果然有名將風度！曹彬接著好言安慰李煜，並派千餘軍卒戍守在宮門前，傳令：「有欲入者，一律拒之。」

李煜本來在宮中堆滿柴薪，準備縱火以死社稷，見宋軍入城軍紀嚴明，便收起了尋短見的念頭。

曹彬又誠懇勸道：「歸朝之後俸銀有限，最好多帶些金銀珠玉。宮中財物一旦被籍沒登記造冊，一物不可復得矣！」

李煜聽完，稱謝不已，轉回宮中收拾行裝，準備入汴。

曹彬另派五百士兵充任搬運工，準備「北狩」的車駕。倉廩府庫一任隨軍轉運使按籍檢視，他一概不問。

第 3 章

李煜出降

如果說，南漢國主劉鋹是個缺心沒肺的喜劇人物，李煜便是令人歎息的悲劇人物。做皇帝不合格的他，作詞的成就卻鮮有人能與之比肩。

得知金陵城破、宋軍已攻入城中的消息，南唐重臣陳喬、張洎相約共死社稷。陳喬入宮後，先對李煜道：「今日國亡，主辱臣死，正其時也。請陛下明誅罪臣，以謝天下。」

李煜歎息道：「此乃歷數如此，干卿何事？徒死無益！」

陳喬聽罷，叩首再拜道：「陛下縱不殺臣，臣亦不能苟活於世。實無顏再見江南父老矣，請陛下保重。」言罷，自縊而死。

陳喬先走一步，張洎卻突然打消尋死的念頭，找上李煜，說道：「如果我二人都選擇死，趙官家責問為何久不歸朝，就沒人替陛下分謗了。還請從陛下入朝！」

李煜自己尚不能死社稷，又有什麼理由要求別人？君臣二人於是連袂入朝。好死不如歹活，活著才是硬道理。

人在遭遇困難跟險阻時，總會在潛意識中為自己尋找冠冕堂皇的理由，以做託辭。趨利避害雖是天性，可若次數多了，給人的印象難免大打折扣。

如果張洎只是貪生怕死，倒也不便對他太過責備，畢竟慷慨赴死易，從容就義難。只是這廝的種種行事，實在令人心生鄙視。

根據司馬光《涑水紀聞》記載，張洎還是個舉人的時候，張佖就已經聞名於世，在南唐為官。張洎為了巴結張佖，每次拜會總自稱「從表侄孫」。大家都姓張，五百年前是一家嘛。

等到後來他進士及第，馬上改口自稱弟。而待掌握朝政大權，對待僚屬張佖，不但不再似從前那麼恭順，還只視對方作普通下級。從侄孫到兄弟，再到僚屬，輩分變化之快，足以令人看清他趨炎附勢、寡廉鮮恥的眞面目。

人一闊就變臉，眞是宦情比紙薄。此類人古今多有，將來也不在少數。對你謙遜的人，往往心下有所圖謀。等到他們得志，恐怕便不能如從前一樣，以禮相待。

見主帥輕易放李煜去整治行囊，潘美在一邊大感不解，開口相詢：「將軍如此輕易縱歸李煜，難道不怕再節外生枝？」

他擔心人家一時想不開，會尋短見。

曹彬向他解釋，李煜選擇出降，沒有在城破時自殺，就表明了他不會自我了斷。讓他回宮中整治行囊，沒有什麼不放心的。

李煜江山社稷不保，心亂如麻之餘，也無心多蓄錢財，反倒把宮中的金銀賜予下人，自己只帶少許財物。曹彬、潘美率宋軍班師，他率宰相湯悅、張洎以下四十五名臣子隨同赴汴。

如果說，南漢國主劉鋹是個缺心沒肺的喜劇人物，李煜便是令人歎息的悲劇人物。經歷亡國之痛的他，往後詩詞一改從前的綺麗柔靡，轉爲淒涼悲壯。

後世劉毓盤《詞史》寫道：「於富貴時能作富貴語，愁苦時作愁苦語，無一字不真，無一字不俊。溫氏以後，爲五季一大宗。」

沈謙更在《塡詞雜說》中言道：「男中李後主，女中李易安，極是當行本色。余謂李後主拙於治國，在詞中猶不失爲南面王，覺張郎中、宋尙書，直衙官耳。」

此外，王國維在《人間詞話》一書中，也對李煜的詞給予很高的評價。

做皇帝不合格的他，作詞的成就卻鮮有人能與之比肩。他的很多詩詞，至今仍是流傳極廣告經典。

人到中年的李煜遭逢亡國，終於對家國事與人生重新做了一番審視，於前往汴梁的途中，作《破陣子》一詞抒懷。

四十年來家國，三千里地山河。
鳳閣龍樓連霄漢，玉樹瓊枝作煙蘿。
幾曾識干戈？
一旦歸為臣虜，沈腰潘鬢消磨。
最是倉皇辭廟日，教坊猶唱別離歌。
垂淚對宮娥。

這首詞，清楚地刻劃出只知享樂、不識干戈的亡國之君形象。他現在明白了，但是明白得有些晚了。

當年十二月，江南捷報傳送至汴京。此次戰役，共收得南唐土地州十九、軍三、縣一百零八，戶六十五萬五千六十五。

捷報傳至汴京城內，群臣入宮道賀，趙匡胤卻傷感地道：「天下干戈不休，生民慘遭荼毒。克金陵時，必有橫罹鋒刃而亡者，良可哀憫。」接著傳旨，出十萬石米，賑恤江南百姓。

從建隆元年（西元九六〇年）至開寶九年春天（西元九七六年），宋朝治下的版圖，從開國之初的一百一十八個州郡，增加到二百六十個，人口戶數也從最初的九十六萬七千多戶，增加到二百五十六萬六千多戶，南方基本平定。剩下的浙、閩吳越政權，與陳洪進的割據勢力，對趙匡胤來講，猶如探囊取物。

趙宋統一大業得以順利推進，固然與時代的大趨勢有關，也與趙普制定「先南後北」、「先易後難」的整體戰略有關，更和趙匡胤實施正確的戰略、政策脫不了關係。趙匡胤的政策時，幾點非常值得讚賞。

第一點：各個擊破。

趙宋草創之時，全國總兵力只有二十餘萬。扣掉各地防務必備的兵員，可平定南方的兵力總數不到一半。

此次對江南李煜用兵，能把十萬精兵分給曹彬、潘美、曹翰三人，表示了對部將的深信不疑。儘管趙匡胤內心深處也擔心武將坐大，影響君權鞏固，但與後來趙光義對武將的猜忌，不可同日而語。

南唐的士兵數也有十萬人，倘若加上其他政權的兵卒，敵軍總數應在七、八十萬之間，確實不容小覷。如果趙匡胤不能熟練地運用政治外交手腕，分化離間對手群，光靠軍事上的打擊，只怕難以在短短十餘年間逐一搞定。

第二點：不打沒有把握的戰爭。

在對每個政權動兵之前，趙匡胤會事前做好調研工作，摸清對方底牌，搜集其山川地理、朝政得失、民心向背。前期準備得來的資料，便是決策與作戰的重要依據。孫子兵法云：「夫未戰而廟算勝者，得筭（音算）多也；未戰而廟算不勝者，得筭少也。多筭勝，少筭不勝，而況於無筭乎！」

趙匡胤用兵，基本上能做到知己知彼。加上對手的太過自信與愚蠢，更加顯得他用兵如神。

第三點：每掃平一處，對降王們釋而不殺，委以顯職、給予榮祿。

如此一來，可大幅降低該地方逆反心理。每一個地方勢力陣營，都少不了勸誘主上出降的臣子，更何況中原王朝本身就具備極大影響。如此一來，確實能達到很大的成效。

第四點：嚴禁領軍將領濫殺無辜。

綜觀趙宋對於南方的歷次用兵，除王全斌平蜀一役，發生士兵擄掠地方、侵擾百姓，局面一度失控之外，其他地方大體沒有出現唐末五代時期的瘋狂殺戮。宋朝經濟得以在短時間內跳躍式增長，與統一戰爭對地方破壞有限，有很重要的關係。

第五點：宋軍每光復一地，便盡可能革除原地方政權的弊政、減免租賦、賑濟貧民，以爭取支持。

民心樂附，自然加快統一大業的進程。

開寶九年春正月，曹彬率軍凱旋汴京城，與之同行的還有李煜君臣一行人。李煜還在途中時，朝臣們就上表要求給予這個負嵎頑抗、死不悔改的傢伙一點顏色瞧瞧，最好按照對待南漢劉鋹的規格，接待這位僭逆之君。但不失厚道的趙匡胤乾綱獨斷，全面否決了眾大臣的建議。

確實，李煜有不識時務的時候，但他畢竟曾尊奉宋人「正朔」，從他父輩起就主動去帝號，改稱為王，因此，與南漢劉鋹不同，不可相提並論。

開寶九年春，汴梁城中熱鬧非凡，宋人在春風送暖入屠蘇之餘，又迎來一場浩大的受降禮。

從乾德年間始，汴京城便經常舉行受降禮。經過十多年的休養生息，城中景況早已遠勝後周，百業繁榮、人丁興旺。一切如儀，趙匡胤御明德門，露布引李煜及其子弟官屬素服待罪（露布是在一種帛制的旗上，大書捷報，通報四方的古代媒介）。不過，他沒有給李煜太多的難堪，沒有如南漢劉鋹入汴時那般，當衆宣讀露布。
歷史記載，「止令煜君臣白衣紗帽至樓下待罪。詔並釋之，賜冠帶、器幣、鞍馬有差、授煜檢校太尉、右千牛衛上將軍……」

爲示懲戒羞辱，另封李煜爲「違命侯」，這是免不了的。

張洎接著上前拜謝新君不殺之恩，趙匡胤上下打量這個南唐佞臣，責備道：「你勸阻李煜不降，至有今日之事！該當何罪？」說著，拿出他召朱令贇入援的蠟書，丟在他面前。

沒想到張洎臉色自若，無絲毫慌張之意，直承其事道：「書信確實爲罪臣親筆，當時桀犬吠堯，各爲其主爾。這只是一封書信，陛下尚有許多未曾目睹。今日因此得死，也是盡一個臣子的本分而已。」

趙匡胤聽這話說得不卑不亢，心下大奇，生了惜才的心，便不再對過去的事深究，甚至任命他爲太子中允。

張洎歸宋之後，仕途依舊一帆風順。宋太宗淳化年間，張洎、張佖、徐鉉等南唐文士參與修《太祖實錄》的工作，張洎在其後不久被升爲參知政事。靠擅逢迎拍馬之輩修史，結果如何，可想而知。

第 4 章

大相國寺的二三事

相國寺位處汴京城人口最為密集的地方，是中央政府向城內外傳達資訊的最佳場所，也是政府收集民情、輿論的首選之地。

話說趙匡胤對於南唐文風之盛非常嚮往，非但對隨李煜入汴的舊臣盡數釋而不問，還量才任用，深信不疑。

宋師入金陵之後，更把南唐歷代典籍封存，盡數運回汴梁。

趙匡胤雖然是一介武夫，卻知道「人非生而知之」的大道理。既然有志於學，當然希望得到更多的書籍。無奈堂堂大宋竟沒有一個大臣願意挺身而出，去做南唐使臣的接伴使。

每回想起來，心中便無限鬱悶。

既然「臥榻之側，不容他人鼾睡」，那麼普天之下，只有汴梁城才能成為中國的經濟、政治、文化、軍事中心，江南金陵城當然沒有必要保留那麼多圖書典籍。

在此同時，曹彬也做了類似的事情。

南唐佛法興盛，寺廟林立，各地都有不少造型獨特、觀賞性與藝術性很強的佛像。他從廬山東林寺中，選出許多有代表性的佛像，由大舟經水路運回汴京，安放在大相國寺中。

這樣做有兩個目的，其一是掩人耳目。

克金陵城之後，盡走城中珠寶金帛，裝了百餘船連舟北返。為了擔心引起江南地方物議沸騰，就在每艘船上另裝羅漢十餘尊，用以轉移注意力。這是第一個目的。

其二，宋人雖然征服南唐，但在文化上，南唐仍居於主導地位。不只金陵被視為文化殿堂，尊佛之風也遠非宋人可比。曹彬選擇把宗教文物大舉移植，意在重申：「宋方才是唯一的正統。」

相傳，安放於大相國寺八角亭的八百羅漢，就是曹彬從南唐帶回汴梁城的部分戰利品。其中一具千手千眼佛，乃一整棵銀杏雕刻而成。銀杏具有抗腐蝕、質地堅硬、不生蟲的特性，所以製器不裂。

在那之後，大相國寺的規模果然更勝從前，迅速取代了江南寺廟，成爲北宋年間的佛教傳播中心。

千手千眼佛安放在大相國寺，成了鎭寺之寶。彌足珍貴的佛家遺物，歷經歲月的洗禮而屹立不倒，卻在民國時險被馮玉祥毀棄。老馮不知出於什麼心理，對和尚的光腦袋瞧著不順眼，幸虧在他毀去大部分佛像、匾額、石刻之時，及時爲人勸阻，千手千眼佛像才得以存留至今。

說到大相國寺，就不能不提宋代的城市文化。

經唐末五代而入宋，是中國從中世紀步入近代的重要時期。華夏近代文明始發源於宋朝，經濟的繁榮與市民各階層的形成發展相互影響、構成近代都市的雛形。

經歷唐末五代的王朝更迭，汴梁城毫無疑問地成爲政治首都。大相國寺作爲開封的地標，已經不能單純視爲一般寺院。它結合了政治、社會、經濟、文化、宗教、等各種元素於一身，成爲當時社會的縮影。

解讀大相國寺，便能剖析北宋多姿多彩的文化生活。

相國寺的前身，可以追溯至北齊年間，初名爲建國寺。創建於天保六年（西元五五六年）。唐時，睿宗因未即位前被封爲相王，又受特殊啓示，掘得北齊建國寺的古碑，於是賜額相國寺，這便是它得名的由來。

睿宗如此做，也是爲了告訴市井小民：從戰亂中重建寺院的政治魄力，得自天助及佛法。此爲政教合一的事例。

到了唐玄宗時代，他更擴充相國寺，以示傳承有續。

唐朝衰敗後，政局動盪、變化蜂起。五代更迭，汴梁因爲地理特殊，在交通、財政、軍事戰略上具有極高的價値，成爲兵家必爭之地。戰亂波及之處，一方面民不聊生，另一方面，也加深百姓對於宗教救苦救難的期望。

黃巢之亂開始時，朱溫據有汴梁，把大相國寺劃成他的宅邸，歸入藩府建築。

隨著歷代的修繕營建，汴梁城的地位不斷提升，相國寺經歷數十年的風風雨雨，也逐步由地方性寺院，轉變成首都內數一數二的佛教聖地。及至宋初，它已經成爲民衆遊歷的名勝古蹟，因雕塑、園林、繪畫、建築等藝術巧妙結合、渾然天成，文化氣息越來越濃，吸引四方士人至此提詩吟詠。

當年後蜀派去北漢，相約舉事的使節趙彥韜等一行人，極可能就是慕名而來的。

國家初定，開始注重文化工作的建設固然是好事，卻因爲當時宋人的無知，鬧出不少令人哭笑不得的事。

《邵氏見聞錄》記載，曹彬掃平江南李煜，收得許多李廷珪父子所製之墨，估計應該是李煜遣人以重金購得。宋人便把這些寶物，連同其他擄獲所得一齊上繳國庫。因爲不識貨，負責收藏的人不以爲意。等到曹彬歸汴，把羅漢請入大相國寺中，與相關部門重修山門，趙匡胤傳旨要用黑漆，相關部門奉旨辦差，到宮中取墨。庫管這個蠢貨，居然推了一車李廷珪的墨送給來人。

李煜要是知道這些好東西竟被如此糟蹋，一定會比失去江山社稷還要痛心。我估計他不敢破口大罵，但半夜無人時借酒消愁總是有的。到徽宗宣和年間，黃金可得，李墨不可得矣。眞是令人吐血啊！

相國寺成了人們熱議的焦點，既與它的宗教領導地位有關，也和趙匡胤在文化方面的重塑有重要關係。

士庶入寺參禪拜佛、遊園、休憩、玩樂、餐飲、形形色色的活動，無形中拉動龐大的消費市場。憑藉著汴梁城無法取代的地理優勢，宋初，相國寺的瓦市遂應運而生。

相國寺周邊從什麼時開始有商品貿易活動，史料未見明確記載。不過，從汴河的航線做推斷，五代時，這一帶應該就有商業活動了。

據《燕翼詒謀錄》記載：「東京相國寺乃瓦市也。僧房散處，而中庭兩廡可容萬人。凡商旅交易，皆萃其中，四方趨京師，以貨物求售、轉售他物者，必由於此。太宗至道二年（西元九九六年），命重建三門，爲樓其上，甚雄麗，宸墨親填書金字額，曰『大相國寺』。」

趙光義爲了彰顯自己的筆力遒勁，經常興之所至胡亂塗鴉，臣子們爲了捧官家的臭腳，更是以得到他墨寶爲榮。不過，也必須承認，這廝的字寫得還算中規中矩，硬是要得，比他做人要強上許多。

由此可知，大相國寺的稱謂始於太宗年間。

瓦市者，瓦合瓦解之意。意思是買賣雙方來則成市，去時則解。

從相國寺瓦市開放日期：朔（初一）、望（十五）、三（初三、十三、二十三）、八（初八、十八、二十八）來看，瓦市與普通的集市與廟會類不同，比較趨向於固定時日的市集。

相國寺瓦市影響規模甚大，「技巧百工列肆，罔有不集，四方珍異之物，悉萃其間，因號相國寺曰『破贓所』」。

「破贓所」的稱謂，想來與相國寺商業繁榮，成爲江洋大盜與穿牆越脊之輩銷贓的場所有關。

在瓦市中從事交易者，來自社會不同階層，不但有商人、士子、道士、師姑、術士、以及各類技工，所經營範圍更是包羅萬象，衣、食、日雜、書籍、香藥、珠寶……凡日常生活所需，盡可在此找到。

除此之外，因商業繁榮而衍生的相關行業，如書市、畫市，不一而足。買賣雙方來自四面八方、五湖四海，無形中加速京師內外的資訊、情報流通。相國寺位處汴京城人口最爲密集的地方，由此逐步形成了以它爲中心的商業圈。它是中央政府向城內外傳達資訊的最佳場所，當然，也是政府收集民情、輿論的首選之地。這個現象的背後，我們不難看出趙匡胤溫和對待佛教、大力發展經濟的良苦用心。

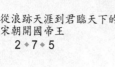

第 5 章

曹彬這個人

曹彬回到家中，卻發現家裡收到趙官家賞賜的巨額財富——五十萬錢。他故意說道：「好官亦不過多得錢罷了，又何必做什麼使相呢？」

世人對曹彬的不自矜多有欽敬，但筆者不敢苟同。

曹彬班師回朝，在給趙匡胤上奏的表上，僅書「奉敕差往江南勾當公事回」，看似低調，實則不經意地表露出志得意滿的姿態。

原來，就在宋軍出師之前，趙匡胤為了激勵他，曾經親口許諾：「等到蕩平江南，以卿為使相。」

等到攻克金陵城之後，潘美馬上向他道賀。

他卻不以為意地道：「這次用兵江南，只是仗著天威、遵廟謨，才能成功，我哪裡敢居功，何況使相乃極品。」

潘美一聽，趙官家金口玉言答允之事，怎麼會不算數？君子一言，尚且是駟馬難追，何況君無戲言呢？

於是，他不解地問：「這是為什麼呢？」

曹彬笑道：「道理很簡單，太原未平爾！」

凱旋歸來後，他的表章如此寫，極可能是在婉轉地提醒趙匡胤：「我成功完成任務回來了，可別忘了承諾啊！」

但事情果然如他預料的那樣，趙官家見了他與潘美，溫言慰勉之後，說道：「本來是想授卿家使相一職的，只是劉繼恩未曾歸土，再等些日子好了。」

話音落下，曹彬面無表情，一旁的潘美卻做掩嘴葫蘆狀。趙匡胤心中納悶，於是問潘美何故發笑。

潘美見自己在君前失儀，不敢隱瞞，便把事情的原委如實告之。

趙匡胤聽完，不禁哈哈大笑。

有許多事情是只可意會、不可言傳的，倘若不小心戳破了，就如被人捉姦在床一樣，尷尬萬分。潘美沒有體會到這層奧妙，所以才會在身後被人口誅筆伐，成爲奸臣、悲劇人物。

且說曹彬回到家中，忽然發現家裡收到趙官家賞賜的巨額財富——五十萬錢。

他故意說道：「好官亦不過多得錢，又何必做什麼使相？」

這句話，只要說給一個人聽，這個人自然是趙匡胤了！對於趙官家的心思，他可揣摩得一清二楚。

趙官家之所以失信，不止是擔心他做了樞密使後，只會吃老本兒，不琢磨著立新功。畢竟平滅北漢，還得靠衆人努力。用錢補償，不過是在「杯酒釋兵權」之後，又一個巧妙操縱武將的小伎倆。

這樣做的同時，也有意無意地透露出一個訊息：「武將最好放聰明點，把注意力從權力（職務升遷）轉移到金錢上。」

在他的言傳身教與暗示下，朝中武夫變得清醒許多，知道官家對低頭只顧著撈錢的武人，能夠網開一面，甚至有意縱容。如果暗示這麼明了，仍對權力產生覬覦之心，那只好痛下殺手，誅除之了。

宋代武將多貪生怕死、死要錢，這種惡例正由趙匡胤開了先例。日後導致的嚴重後果，肯定是他始料未及的。

即便如此，中央集權空前的加強，再也沒發生過藩鎮割據、與中央叫板的事，確是真的。明、清二朝因襲宋人的治術，再加以改造，也算受宋餘蔭甚多。

過了些時候，趙匡胤覺得曹彬確實有做樞密使的才能，才任命他出任。出將入相的事情極為罕見，想來與趙匡胤為人強勢、馭下有道有關。

南唐自金陵城破之後，多數州縣放棄抵抗，做了順民，只有江州（現江西九江）固守不降。曹翰圍攻四個月，這才順利攻克城池，惱羞成怒的他縱兵屠城，血流成河，是謂平江南之役的一大敗筆。

不過，史籍《南唐書》就宋軍伐江南一事，認為是「普天下，莫不翹首太平」。對於李煜的負嵎頑抗，則是：「竊土賊民，十有六年，外示柔服，內懷譎僞，豈非所謂逆命者哉！」

這種說法實在是過於偏頗。歷史本該有多種評價，不可全由一人蓋棺論定之。

李煜成為大宋底下的順民，從此虎入牢籠，開始他的軟禁生涯。

事到如今，再也不用為江山社稷而寢食難安。時間一久，吃也香甜、睡也香甜，也就隨遇而安了。

李煜在汴京城中安然過著降人時光，遠在南方的吳越國主錢俶卻是壓力空前。

趙匡胤平江南，本打算趁餘威尚在、兵鋒正銳之時，一口氣南下掃平吳越，但事到臨頭又作罷。

並非他改變態度，決定放任此一政權存在，而是心中仍以「全國為上，破國次之」的兵家要詣為重。

戰爭只是促進和平的手段。要是能夠做到不戰而屈人之兵，何必兵戎相見？

趙匡胤最樂意看到的結果，是吳越主動解除武裝，在平和的狀態下被納入版圖。

吳越國主錢俶向來恭順，巴掌不打笑臉人，於是南唐平滅後不久，趙匡胤派使者傳錢俶入朝。

與李煜託疾不奉詔不同，錢俶在接旨之後，馬上收拾行囊，即刻動身。

心裡很明白：「是福不是禍，是禍躲不過。」醜媳婦早晚要見公婆，晚見不如早見。

若是大著肚子去，肯定會被看扁的，不是嗎？

第 6 章

吳越歸降

如今趙宋滅了南唐，本該心下竊喜的錢俶，卻覺得悵然若失——他何嘗不明白唇寒齒亡的道理？沒了南唐，吳越如何能獨存？

吳越錢家據有浙杭，前後七十餘年。

和五代十國那些「英雄人物」一樣，錢俶的祖上也不曾顯貴。吳越國的開創者錢鏐，只是個私鹽販子。

古往今來，走私這個行當一直有掉腦袋的風險，但因爲報酬率高，至今仍是許多鋌而走險之輩，不惜以身試法的主業。

私販鹽販出名堂之後，錢鏐成了江南私鹽販中的佼佼者。亂世多豪傑之士，敢於販私鹽的人，基本上都是狠角色，錢鏐從其中脫穎而出，說明了他具有相當程度的領袖氣質，不是普通的有勇無謀之輩。

唐末，另幾個販私鹽的狠角色王仙芝、黃巢揭竿而起。錢鏐則是應募入伍，成了朝廷的一個「臭褲將」。

唐乾符二年（西元八七五年），平定浙西的王郢作亂，錢鏐一戰成名。之後，他又擊潰黃巢的部眾，在東南地區的知名度大開。

中原動盪，江南地方雖沒有太多戰亂，仍不乏野心者意圖稱王稱帝。錢鏐在杭州地方左右逢源，十餘年發展下來，從一個能征慣戰的將領，最終一躍成爲吳越地方的眞正主人，眞是槍桿子裡出政權啊！

天復二年（西元九〇二年），唐廷下詔封錢鏐爲越王，兩年後加封爲吳王，並且賜以丹書鐵券，建造功臣堂、立碑紀功。

一俊遮百醜，自從錢鏐成爲人上人，他從前販鹽觸犯國法的事，沒再有不識趣的人敢提。人們只注重你成功與否，以往的艱辛與落魄，不在他們的關心範圍內。

私鹽販子沒受過高等教育，卻知道敬畏知識、尊重人才，晚唐著名詩人羅隱就被他網羅至門下。羅隱雖然才華橫溢，個性卻很隨便。錢鏐不在意這些小節，對他委以重任，寵信有加。

顯然，錢鏐是個具有大智慧的人。出於務實，他選擇尊奉中原王朝，以抗衡來自南唐的楊行密。他的後世兒孫，也一直遵奉這個基本國策，不管中原王朝如何更迭，始終存有事大的心態，同時連合周邊弱小的割據勢力，以求息事寧人。最後，再傾盡全力與江南李唐抗衡。

唐末五代，戰亂頻仍，生靈塗炭。吳越在錢鏐數代人的精心治理下，境內相對安寧，沒有受到多少苦楚，著實得感激這位私鹽販子始祖的政策。

吳越傳到錢俶時，已經是第三代，經歷五位國主。這時的中原卻詭波譎浪，後梁、後唐、後晉、後漢，不停變幻君王旗幟。待到後周時期，世宗柴榮三次親征，終於把江南最大的割據勢力南唐趕到長江以南。丟失淮南土地的南唐從此一蹶不振，主動去帝號，被迫稱臣。

後周的這些軍事行動，讓吳越受益不少。從前的勁敵實力大損，再也無法對自己構成實質性的威脅。

如今趙宋滅了南唐，本該心下竊喜的錢俶，卻覺得悵然若失——他何嘗不明白唇寒齒亡的道理？沒了南唐，吳越如何能獨存？

吳越既奉趙宋為正朔，就沒有理由拒絕入朝。既然決定入朝，索性就拿出誠意，把文章做足。

錢俶認為，吳越幫趙宋收拾南唐，趙匡胤應該不會無情無義地把自己幹掉。即使人家真的要找麻煩，也只能坦然面對。

拿定主意後，他回覆來使：「我將在君王誕辰前準時入京，為趙官家祝壽。」

既是為君王送壽禮，出手就不能太低，於是命手下準備了二十餘船禮物，裝有金銀珠玉、綾羅、茶葉、香藥、犀角……等價值連城的寶物。畢竟此行有可能「壯士一去不復返」，他希望壽星看在這些禮物的份上，放自個一馬。知道趙匡胤喜歡飲酒，自不忘特別準備美酒數千瓶。

錢俶準備妥當之後，率了髮妻跟幾個兒子一同入京。

如果趙匡胤真的有意為難他，覆巢下焉有完卵？乾脆把老婆孩子也一起殺了，大家黃泉路上才不會寂寞。

把君王的誕生之日設為國家法定假日，始於盛唐玄宗年間。當時唐玄宗生日，令天下宴集，休假三日，由此成為慣例。

既然唐代有此光榮傳統，趙宋代周，臣子們當然不會放過巴結天子的良機。趙匡胤的生日是二月十六日，建隆元年他剛登基爲帝，群臣便上表要把天子誕辰定爲國定假日。

趙匡胤無法拒絕臣下的好意，自己的生日一不小心成爲國家法定假日，這種事情確實讓他心下舒坦不已。

得到天子首肯，命名上卻出現了困難。當時還沒有什麼專業取名的公司，但朝臣們群策群力，還眞想出了一個非常響亮的名字：長春節！

這裡，要提到一個很有趣的巧合。

當時，不論是臣子還是小民，心中早已厭倦五代的戰亂與動盪，都盼望過安寧舒心的平淡日子，願意在一朝一人的統治下，回歸長治久安的生活。

中原士民如此，遠在巴山蜀水的孟昶也是如此。

說起孟昶，不得不提到中國最早的春聯。相傳最早見於史載的春聯，就是出自這位老兄的手筆。

當年偏安於成都的後蜀有個民俗：每到除夕，總要「新桃換舊符」。

廣政二十七年（西元九六四年，正是宋太祖乾德二年），這天，後蜀學士們按照慣例，輪流撰詞。當年輪到學士幸寅遜撰詞，此人搜腸刮肚，擬了好幾副詞，無奈孟昶看了總是覺得不太滿意。後來，他索性自己動手，筆走龍蛇地寫下「新年納餘慶，佳節號長春」的絕妙好辭。

寫完春聯，他得意洋洋地欣賞再三，然後在群臣的讚譽聲中，命令左右把此聯掛在皇宮大內。

同年，宋軍破蜀。孟昶命令李昊起草降表，獻城出降。

宋軍據有成都之後，放不下心的趙匡胤派朝中大臣呂餘慶趕往蜀地，出任第一任成都知府。

趙匡胤的誕辰之日名為「長春」，恰好順應孟昶所寫的「佳節號長春」。新的一年，四川人民迎來新任官員呂餘慶，正是「新年納餘慶」！古有一語成讖這句俗語，哪知，孟昶絞盡腦汁寫出來的春聯也成了讖，眞是令人稱異。

第 7 章

入 京

錢俶辭別趙宋君臣，自以為逃出生天，馬作的盧飛快。好不容易過了半程，迫不及待地打開包袱，一看，心中卻如打翻的五味瓶，五味雜陳。

得知錢俶率妻小入朝的消息，趙匡胤為示對其聖眷優渥，派長子趙德昭遠迎於睢陽（今河南商丘，魯豫皖蘇接壤之地）。

趙匡胤共有四子：德秀、德昭、德林、德芳。其中德秀、德林早夭無後，德昭便成了嫡長子。

眾所皆知，趙德昭雖為皇長子，沒有繼承父親的基業不說，連性命也未能自保。這樣一個地位顯要、舉足輕重的人物，在《宋史》中卻連生辰都未有記載。如果不是趙光義有意為之，實在找不出其他合理的解釋。

史家如實記載會逆龍鱗，寫得太小又難以自圓其說，唯有不明確記載最是高明。據史料，德昭於「乾德二年（西元九六四年）出閣」。

據《宋史紀事本末》：「乾德二年六月，以皇子德昭為貴州防禦使。故事，皇子出閣即封王，帝以德昭未冠，特殺其禮。」

筆者分析，「出閣」應該是指皇子成年後分家，遷到專屬府邸居住之意。

建隆二年，趙匡胤罷石守信等人兵權，又與眾人約為兒女親家。秦國公主（即昭慶公主）下嫁王審琦之子王承衍，晉國公主（即延慶公主）下嫁石守信之子石保吉。按宋時婚姻法規定，女子出嫁應在十三歲以上，那麼這時的趙德昭應該是十歲出頭。綜上所述，他的出閣年紀應在十五、六歲左右。

此外，趙匡胤髮妻賀氏，於晉開運初年嫁給他（西元九四四至九四七年間，為後晉開運年）。周顯德三年（西元九五六年），趙匡胤做到定國軍節度使，賀氏被封爲會稽郡夫人。這時她生有秦國、晉國二公主與長子德秀（已夭折）、魏王德昭。好日子沒過上幾天，賀氏一病不起，撒手人寰，年僅三十。

北宋建隆元年，趙匡胤時年三十三，比賀氏長一歲。這時的趙德昭應是十歲出頭，到開寶九年，已爲年近三十的成年人了。

這一年，趙匡胤五十歲，他的弟弟趙光義比他小十二歲，兩個人都屬豬，只是一隻豬比較憨直，另一隻比較奸詐。

按照常理，「皇帝重長子，百姓愛么兒」。只是不知爲什麼，趙匡胤既沒封長子爲王，也沒立他爲太子。可能功夫皇帝覺得自己仍是壯年，繼承人之事尚不在考慮內（這正是趙光義得以「自立為君」的根本原因）。

打發兒子迎接錢俶之後，趙匡胤也沒有閒下來，親自跑去「禮賢宅」，檢查手下的準備工作，關心遠來的賢臣。得知錢俶隨行帶來大量供奉，又急忙派人去疏浚河道，怕吳越的大船擱淺。

趙匡胤登基，不急著爲自己營造宮室，卻命「有司造大第於薰風門外，連亙數坊，棟宇宏麗，儲峙什物，無不悉具」，豪宅建好之後，御賜名爲「禮賢宅」。

他曾對吳越來使明言：「精裝房已經建好，李煜與你家國主早到早得！」

李煜來是來了，但因不是主動入朝，失去入住高檔社區的資格。

錢俶一行人終於風塵僕僕地在「長春節」前趕至汴京，甫至京師，趙匡胤立刻安排他入住「禮賢宅」，時令果蔬流水般送至宅中。

錢俶率兒子入見趙匡胤於崇德殿，官家對他不遠千里且帶來如此多的供奉表示衷心感謝，撫慰有加。

錢俶見趙官家一團和氣，放下心來，首先彈劾平江南時朝中派駐吳越國的監軍丁德裕：「此人狗仗人勢、不恤士卒、貪瀆無厭、驕橫不法的劣跡，激起吳越百姓的公憤。」

趙匡胤聽罷，立刻貶丁德裕出爲房州刺史。

見禮寒暄之後，趙官家賜宴於長春殿，賓主盡歡，錢俶如沐春風。

隔了兩日，趙匡胤又大宴群臣、各方使節於大明殿，錢俶當仁不讓地作爲主賓出席盛會。衆臣子捧觴恭祝聖天子「聖誕快樂」，其中不但有各地小邦的使者，也有不辭辛苦，從北地趕來爲官家祝壽的契丹使節。

這時，宋、遼兩國已草簽互不侵犯條約，雙方使節四時八節你來我往，互通有無。得知宋朝平復江南李煜，吳越國主錢俶單騎來朝的消息，契丹人也對宋不可遏止的崛起產生敬畏之情。

過了數日，趙匡胤單獨召錢俶父子，宴射於宮廷後院。

三日後，趙匡胤親自前往「禮賢宅」禮賢。

錢俶父子受寵若驚，不勝感激。爲使錢俶明白自身禮賢之誠，趙匡胤還傳旨：「從此錢俶上朝可享受『劍履上殿，詔書不名』的特殊待遇！」

第二天，下旨封錢俶妻孫氏爲吳越國王妃。

對於賜予錢俶「劍履上殿，詔書不名」的禮遇，朝臣皆無異議。宋朝之前，可享受這種規格待遇的多爲權臣梟雄，如一代梟雄曹操。錢俶得到這種待遇，只不過是一種榮耀，並無實際意義。

官家的心思，衆人心知肚明，但封錢俶妻爲吳越國王妃一事，卻引來許多朝臣的強烈反對，原因是「遍閱典籍，未見有載」。

他力排衆議道：「恩自我朝出，有何不可？是爲典！」

面對趙官家的解衣推食的異寵，錢俶始終分得清、擺得正自己的位置。

趙匡胤數次召錢俶父子於宮中後院，只有晉王趙光義、京兆尹趙廷美等人作陪。錢俶每回拜見，趙匡胤都讓人立即攙扶起來，讓他感激涕零。

一次，趙匡胤讓錢俶和趙光義、趙廷美敘兄弟之禮，他一聽，急忙跪在地上極力推辭。趙匡胤見狀，只得作罷。錢俶很明白上下尊卑的道理，趙匡胤這麼說，只是客套話。如果自己拿個棒槌就當眞（針），那可就大錯特錯了。

錢俶在京中，每日忙於宴飲、應酬，表面上看起來風光，可內心如人飲水，冷暖自知，夜夜夢迴杭州。這種想法只能深埋在心底，不能有所表露，繼續掛著不變的笑臉，周旋於宋廷君臣之間。

好在衣食無憂的好日子過起來飛快，轉眼，至汴京半月有餘。

開寶九年三月，趙匡胤決定西幸洛陽。他的祖籍雖是河北涿州，卻出生在洛陽夾馬營。自幼生長於洛陽，當然會對出生地有留戀之情。

得知趙官家西幸的消息，錢俶急忙登門拜見，請求隨行扈衛。

哪知，趙匡胤似乎洞察了他的歸心似箭，推心置腹地道：「南北氣候有異，天氣馬上就要熱了，還是趕快回杭州去吧！隨從護駕的事情，就交給孩子來辦。」

錢俶除了感激涕零，只能磕頭謝主隆恩。

趙匡胤這樣做，自然也有他的道理。錢俶可以走，讓兒子留下來做人質，這並不為過。水土不服的困難，讓錢俶之子去克服即可，畢竟他年輕，來日方長，必須習慣在北方生活。

錢俶也是素有急智之人，否則不會捱到南方各政權都被平滅，獨存吳越。聞言，立刻裝出一副被感動得熱淚盈眶狀，誠摯地望著趙匡胤，道：「微臣此地一為別，願三年一至京師，以慰思慕天顏之苦！」

趙匡胤略一思忖，已明白言外之意。錢俶此番話是在試探：「如果允從吳越國主三年一朝，長此以往，吳越作為屬國，將會永遠存在。」

他心中如明鏡，嘴裡卻不置可否、含糊其辭道：「川途迂遠，俟有詔乃來也。」

錢俶一個「手揮琵琶」的投石問路，趙匡胤不丟不頂、舉重若輕，信手一個「如封似閉」，克敵於無形之間。

從政絕對需要高智商，把簡單的事情搞得越深不可測，就越顯得政治水準高明。當然，把複雜的東西回歸本質簡單化，更是大政治家的風範。可惜，大政治家在中國數千餘年歷史中，只有幾人。

趙匡胤的這番話，夠錢俶琢磨一陣子了。既沒說同意，也不表示反對，如何理解是你自己的事。

在為錢俶餞行的宴會上，趙匡胤又賜給他一個包得嚴嚴實實的黃緞包袱，遞在他手中，語重心長地叮囑道：「走到半道，方可拆看！」

錢俶辭別趙宋君臣，輕車簡從、踏上歸程。自以為逃出生天，好不容易過了半程，迫不及待地打開包袱，一看，心中卻如打翻的五味瓶，五味雜陳。

包袱中竟全是朝臣們近日來所上表章，無一不是請趙官家把錢俶留在汴京、盡取其土地。相信其中，各地降臣的表章也不在少數，其中一定以南唐舊臣佔大多數。吳越的落井下石令他們耿耿於懷，沒有理由放過報仇的機會。

錢俶這會兒才真正認識清趙匡胤的坦誠，心下感慨的同時，又為自己以小人之心度君王之腹感到好笑。此行，他為了增加安全係數，竟然把唐帝贈與祖上的丹書鐵券也帶在了身邊。想著萬一趙匡胤對自己不利，可以取出來應急一下。

這種心理固然可以理解，但他未曾想過，唐帝贈丹書鐵劵、免死金牌，並不只給他吳越錢家。唐末這些皇帝，一時拿不出什麼好東西賞賜下人，只好開幾張空白支票，錢俶卻眞的以爲，那東西是通存通兌的。

整個宋代，他的免死牌始終未能派上用場。令人嘖嘖稱奇的是，到明朝朱元璋時代，唐皇的免死牌卻眞救了錢家後人一命。歷史上最會殺功臣的黑手，居然也有法外開恩的時候。可他親手頒發的免死牌，卻如手紙一張，越是擁有它的人，死得越難看。那哪裡是免死牌？分明就是閻羅王的催死符。

錢俶揩乾額頭上的冷汗，對趙匡胤的感激眞的有如滔滔水，攤上這樣一個重情重義的主子，眞的是祖德深厚。

只是他沒有想到，這次分別，竟是永別。

後來，當他拜在新君趙光義龍榻前，肯定更深入地體會到趙匡胤的忠厚老實。

在趙匡胤面前，錢俶還敢抖一下自己的機靈，但在趙光義面前，只能畢恭畢敬、生怕落把柄在這位難伺候的新君之手。

畢竟，一個對於親兄弟都敢痛下殺手的人，沒理由對外人手軟。

第 8 卷

開始分裂相權

趙匡胤既是遊戲規則的制定者，
又是唯一的仲裁者，
而誘使遊戲者沉湎於其中難以自拔的，
就是他手中的餌——無數的烏紗帽。

第 1 章

黨進與晉王

把內容記到手中的大木棒上後，黨進每天「葫蘆歸罐罐歸簍」地默誦。可當真聽見趙匡胤詢問，緊張之下，竟然把每天念得滾瓜爛熟的幾個數字，忘得一乾二淨。

人們在品評唐宋時，總會對盛唐開元的「道不拾遺，夜不閉戶」讚歎不已。相對於唐朝，宋朝似乎只能隱身在其巨大的光環之下。更有甚者，竟是對宋人心下鄙之，這實在令人扼腕。

趙匡胤登基之後，最先做的事情是興太學（國立大學）。先傳旨增葺祠宇，塑繪先聖、先賢像，繼而御筆為聖賢寫讚詞。

不但自己寫，還要求臣工也要寫，明確做出最高指示：「今之武臣，亦當使其讀書，欲其知為治之道也。」

行文至此，得細述趙官家的另一位愛將：黨進。

黨進是個一字不識的白丁，生得形貌魁岸，是一大丈夫也。

在戰場上，他奮勇殺敵，不避矢石，功夫之高，可以與楊業匹敵。一旦筆桿在手，卻覺遠比刀槍沉重數分。現在官家提倡掃盲、學文化，令他非常頭疼。

他不但不識字，更要命的還不識數，以前，趙匡胤曾問他手下有多少軍卒，不識數的他竟然不知道。然而官家相詢，做臣子的又不能不回答。幸好早已經未雨綢繆，有所準備。

笨人自有笨辦法。當時，像他這樣大字不識一個的禁軍將領（官職在都虞候以上將領）不在少數，大家苦思冥想之後，還真的想出個似巧實拙的方法。

古代文臣上朝手中都會捧著笏，形制從竹製至玉製，再發展成以象牙製做。拿這東西不是爲了好看，也不是在政見不合時，用作與政敵相互互毆的工具，而是有它的實質用處：臣子們奏事時，怕遺忘內容，在君前失儀，因此記事於其中。

文臣小心奏對時，殿中四下要害處，都有黨進這些禁軍將領，率手下負責維安工作。黨進受到文臣捧「笏」奏對的啓發，便麻煩手下識字又識數的士兵，把他所轄士兵數量、器甲、馬匹等，都記在他的梃（大木棒，在宮中刀槍屬於管制器械）上。這個辦法很快就在同袍之間傳開，大老粗們欣喜之餘，還起了一個文謅謅的專用名詞：「杖記」，顯示與文臣「笏記」的差別。

把內容記到手中的大木棒上後，黨進每天「葫蘆歸罐罐歸簍」地默誦。可當眞聽見趙匡胤詢問，緊張之下，竟然把每天念得滾瓜爛熟的幾個數字，忘得一乾二淨。

見趙匡胤一臉無奈地望來，他心中著急，忽然舉起手中的梃，送至官家面前，結結巴巴地說道：「陛下請看，全在上面寫著呢！」

趙匡胤忍俊不住，大笑一陣。

經過此事，黨進知恥近乎勇，開始發奮讀書。不過到底因爲底子薄，所做之事不過是趕鴨子上架，他卻不以爲意，結果又鬧出了笑話。

這一天，朝廷派黨進前往北地「防秋」。根據字面上的理解，可知乃是提防契丹人趁秋高馬肥之時南侵。

牧民族對中原用兵總是選在秋天，一者因為糧草充足，二者秋季西風大作、草木凋零，正好靠戰事轉移生活重心。

又從五行學來講，春屬木，夏屬火，秋屬金，冬屬水。秋天也稱為金秋，秋風亦稱為金風，古時斬決犯人多選擇在這時，治兵也多選秋季。

大將出師，入朝辭別官家時，按照慣例，統軍將領都要發個誓言，內容不外乎表達忠心、發誓報效國家之心，以激勵士氣。

閤門使吏知道黨進不識字，沒有文化，且不善言辭，擔心他鬧出笑話，就對他說：「邊臣不須如此！」希望他免開尊口，只管磕頭就好。

哪知，黨進最怕別人瞧不起他，使吏此舉無疑是當著禿子講月圓，於是堅持發言。使吏拗不過他，只好擬好發言稿，幫他把詞盡數寫在笏上，再逐字逐句地教他熟記。

很快的，到了陛辭之日，見過趙匡胤官家之後，黨進「抱笏跪移時，不能道一字」。大殿之上鴉雀無聲，君臣都向他望過來，等待他開口。等了好久，黨進似乎終於拿定主意，抬起頭來望著趙官家，說出一句令人大跌眼鏡的話：「臣聞上古其風樸略，願官家好將息！」

這番話一出，堂人君臣無不莞爾，殿中仗衛無不掩口，只差哄堂大笑。

倘若這句話從文臣口中說出來，估計沒有誰會為他的咬文嚼字失笑。但同樣的話從黨進嘴裡說出來，就有了充分的喜劇效果。

趙匡胤這時，估計對自己提倡武將讀書的效果感到非常滿意。

事後，手下對黨進竟能講出這番文謅謅的話，百思不得其解。

面對疑問，他直言無諱：「我常見文人愛掉書袋，我亦掉一兩句，讓官家知道黨進也曾讀書！」

這番話罵盡天下讀書人，怎能不令我輩汗顏？

另有一則關於黨進的糗事，僅錄於此間，供讀友一笑。

黨進因職責所在，經常率領手下在汴京中巡檢。他非常瞧不起玩鳥架鷹的人，每次遇到帶著鷹鷂招搖過市者，總要責罵：「有錢不去恩養父母，反而去伺候這些扁毛畜生。眞是該死！」然後要手下把鷹禽放生。

日子一久，汴京城中都知道有他這麼一號愛管閒事的警員，喜歡飼養鷹鶻的人對他避之惟恐不及。

某一天，黨進心中正納悶，怎麼最近都沒遇到攜鳥外出的人？忽然看見前面不遠處，有人正在道邊戲弄一隻大鳥。

他不禁怒火上撞，「什麼人啊？居然無視我的存在！」

馬上催馬跑到那人身邊，一把奪過鳥籠，正要放飛，忽聽對方大聲道：「好大的膽子！此乃晉王心愛之物。不要走，待我去請晉王來與你理論！」

黨進吃了一驚，見那人嘴裡不乾不淨地罵著，作勢要走，急忙命左右攔住。接著跳下馬來，從懷中掏出些散碎銀兩塞去，賠笑道：「莫急，帶些錢買新鮮肉去餵這鳥。這鳥好生俊俏，肯定是名貴品種，好好照顧，休要讓貓、狗所傷。」

如果只是把這件事視作諷刺小品，你就不能察覺其中透露出一個非常重要的資訊：京師之中，晉王趙光義的勢力不可小覷！府中隨便一個下人都能狐假虎威，即便是黨進這種禁軍將領，也惹他不起。

黨進之所以如此，完全是投鼠忌器，打狗看主人。畢竟這時的趙光義，早非吳下阿蒙，從建隆二年出任開封府尹至今，已經有十餘年時間。開寶六年被封為晉王之後，位置更在宰相之上，成為趙匡胤之下、萬人之上的第二號人物。

開封尹是當時規格最高的官職，通常由儲君皇太子出任。後周太祖朝，柴榮就曾身任此重職，後來的宋眞宗當太子時，也曾出任。之後，開封尹就成了榮譽職務。

趙光義在任職期間，手握重權，被封為晉王後，府邸更被稱為晉邸。他網羅來自三山五嶽的好漢、五湖四海的文武人才，儼然是個諸侯國的小朝廷。

這時的趙光義，雖然「不在其位，而謀其政」多時，卻沒有考慮到「上有所好，下必甚焉」。

等他如願以償地登上帝位，淳化三年（西元九九二年），遠在西北的西夏國主不遠千里地供奉名鷹「海東青」，但是，他這時已經失去玩鷹的興致，婉拒了西夏的好意。

在這裡，有必要對「海東青」做簡要的描述：此物產自遼東，力最強，性最猛，空中攫獵，可以用將體重數倍於己、體重達二十斤的對手打落塵埃。因爲是遊牧民族射獵習武必不可少的幫手，所以深爲契丹、西夏、女眞民族的喜愛。遊牧民族的權貴們爭相馴養，其中以純白色最爲珍貴。

經歷太祖、太宗朝的發展，開封城中的「鷹店」大量分佈，更有名鷹「海東青」的專賣店。

權貴之門對此需求量極大，而且越來越講究。在開封這樣的大都市中，養鷹鶻的專戶應運而生，飼養調教鷹鶻的專業書籍同時面世，經過飼養調教的鷹鶻，儼然成爲一種奢侈品。

上述種種無不顯示：調教鷹鶻，在中世紀的宋朝，已經成爲一種時尙。

城市文明發展出一片嶄新的天地，百業繁榮，調教鷹鶻蟲蟻蔚爲潮流，這與政府的大力提倡、推波助瀾有相當大的關係。

商品經濟的發展，也突顯人們價値觀上發生的變化。

宋城市商業的繁榮，放眼中國專制的歷史長河，可謂空前絕後。

第 2 章

趙普為相

眾人不明就裡，只道官家另外斟酌更名的事，豈料趙匡胤出手如閃電，忽然用筆往趙普臉上抹。他未及做出反應，臉上一涼，已被塗了一臉，墨汁淋漓。

縱觀歷史，每一王朝開國之初，總是會有賢相輔佐，此之謂「得賢治定」。如漢劉邦之有蕭何、曹參，唐太宗之有房玄齡、杜如晦。

趙匡胤代周之初，留用前朝的三位宰相范質、王溥、魏仁浦。之所以如此，一者，為了讓政權平穩地過度；二者，「宰相之職，佐天子，總百官，平庶政，事無不統」。

正因為宰相一職事關重大，所以新上位的他不敢大意，雖然內心對這些後周朝臣心下鄙之，卻不得已而用之。

新君的這番心思，范質等人心知肚明。

羅馬不是一天建成的，有才與有孕一樣，需要經過長時間才能看出。

趙匡胤一直在為自己物色合格的總管，趙普順利通過考察，終於脫穎而出。

乾德二年，趙官家登基為君的第二年。范質、王溥三人致仕的致仕、修史的修史，逐漸淡出新朝權力中心。趙普如願以償，出任宰輔一職。

為了這天，他很早就開始做準備了。

在他心中，對宰相一職，有獨特的理解：「宰相者，上輔乾象，下代天子，調六氣則品物咸亨，舉百職則彝倫士敘，佐君垂拱，時至太平。」

從他對角色的理解，不難看出，他絕不是後世人認為的，只是以半部《論語》治天下的小知識份子。名字為「普」，實則不普通。

趙匡胤開創兩宋三百餘年的文明，如果把他的功績視爲十分，那麼其中五分，肯定來自於趙普。

後人對他褒貶不一，有的說他恃寵專斷，有的說他挑撥趙匡胤、趙光義之間的兄弟親情，更有人把他的成功說成是夤緣攀龍、僥倖得志，這實在令筆者不解。書吏出生的趙普要求進步，難道有錯嗎？作爲一個有志青年，實現人生價値有錯嗎？夤緣一說更不値一駁，攀龍，只說明了他識趙匡胤於未濟時的慧眼。

趙普的祖籍在幽州薊縣（今天津薊縣），出生在五代後梁末帝朱友貞貞明七年（西元九二一年）。

因爲戰亂動盪，兒時的他先隨父親逃荒到常山（現在的河北定州），又因該地不安全，繼續南行，一直走到相對比較穩定的河南洛陽地區，這才落地生根。

經常跑路的經歷，在趙普年幼的心裡留下了深刻的印象。人逢亂世，首先是要做的便是「苟全性命」，不是「耕讀傳家久，詩書繼世長」。所以，沒有必要對趙普沒接受過高等教育這點說三道四。很多眞正的知識，都無法在書中找到。

趙普有如此際遇，養成沉默寡言、遇事喜歡思考的習慣。

後來，極具心機的他被隴州（陝西隴縣）節度使劉詞召至手下，做了屬吏。但沒多久，生命中的第一個貴人忽然一病不起，終告不治。幸好劉詞死之前，替他留了一封推薦信，內容是：「趙普是個不可多得的治世之才，希望朝廷委以重任。」

劉詞死後，趙普風塵僕僕地趕往汴梁，渴望在帝京找到發揮長才的機會。只是他沒有料到，人在未開泰時，通常會被命運捉弄。

剛剛到汴京的趙普，信步街頭。正巧路過一家卜肆，想要占卜一下前程。掀簾打算入內時，忽聽見旁邊人聲喧嘩，扭頭一見，道中央一行人鮮衣怒馬、招搖過市，百姓紛紛躲避。

細看旗幟，方知正是當朝宰相范質趕時間入朝。

艷羨之餘，他不由歎息道：「如此大官，不知修了幾世，方能如此？」

話音剛落，卜肆的主人便笑道：「此亦何足道，員外異日富貴遠勝此多矣！無須嘆羨他人。」

趙普雖知道「善易者不卜」的道理，也明白卜者口中說出來的話，與媒人誇好兒女一樣，當不得真。但見對方一本正經地說出來，聽得仍是心花怒放。哪怕這算命之人只是出於職業的需要，講出幾句「善意的謊言」，對於命運多舛的他來說，仍是福音。於是高高興興地起身，痛痛快快地交了卦金，閃人。

後來，趙普滿懷期望地去拜見周世宗柴榮，卻沒料到人家這會兒忙著調兵遣將，準備御駕親征南唐，根本沒有時間見他這個「治世之才」。

好在柴榮沒有隨便打發走他，而是把他安排在愛將趙匡胤的軍中。

趙普碰到趙匡胤，君臣風雲際會，一切否極泰來，終於迎來人生中的春天。這一切，卻是源於趙匡胤之父的一場大病。

當時，老當益壯的趙弘殷趕至後周，本來想助兒子一臂之力。豈料因爲上了年紀，途中偶染風寒，來到軍中後，竟臥床不起。忙沒有幫，倒先添了亂。

趙匡胤忙著征戰、軍旅之事，無暇撥冗。照顧趙弘殷的事情，自然就落在時任帳下軍事推官的趙普身上。

趙普因爲忙於生計，未能在父母身邊盡人子之孝。這時見趙老頭病得厲害，一來心中存有對父親的愧疚，二來大家都姓趙，三來，替上峰盡孝，巴結好上司的父親，也等於奉承上司。因此，小趙對老趙關心備至，一天二十四全天特護，不離左右。估計端屎送尿、煎藥做飯的事情也做了不少。

老趙在他的精心護理下，身體很快有了起色。等到康復之後，覺得無以爲報，索性讓趙普與他們趙家聯宗，成了同族。

倘若強要說趙普是夤緣而得寵信，事實俱在，也沒有辦法否認。

「聯宗」，看似無用，卻有許多難以言表的妙處，這也是當今國人熱衷修家譜與顯貴聯宗的原因。

趙普得到趙弘殷的感激與信賴，從此時常出入趙家，爲接近趙匡胤父子打開方便之門。其後，他逐漸得到趙匡胤的賞識，成爲不可或缺的謀士。

正是趙普，導演了令人目眩的陳橋兵變大戲，讓趙匡胤順利代周。爾後，趙匡胤又在他的相助之下，順利平定李筠、李重進發動的叛亂。趙普也因此升任樞密使一職。

對於一個沒有什麼高級職稱、高學歷的人，卻位居自己之上，時任翰林學士的盧多遜心中非常不滿，開始尋求詆毀對方的機會。

建隆四年，趙匡胤想要改元，最後敲定「乾德」這個年號。他認爲這個年號既吉利又響亮，前人從未曾用過，心中很是得意。

趙普對於這種學問本來就不大內行，聽了官家的話，只好順口稱讚。

哪知，盧多遜在一旁冒出一句：「這是僞蜀用過的年號。」

趙匡胤聽了，心下鬱悶起來，堂堂趙宋，怎麼會用一個蕞爾小邦用過的年號呢？急忙命人檢視史籍，果不其然。

由此可知，盧多遜肚中還眞的有點牛黃狗寶。

盧多遜在朝堂之上攻擊趙普，卻令趙匡胤官家面上無光，一時有點下不了台階。心中怒火無處發洩，又不便說盧多遜的不是，乾脆拿起御案上的筆，飽蘸濃墨。

衆人不明就裡，只道官家另外斟酌更名的事，豈料趙匡胤出手如閃電，忽然用筆往趙普臉上抹。

他未及做出反應，臉上一涼，已被塗了一臉，墨汁淋漓。

見朝堂之上群臣紛紛垂首，假裝視而不見，趙匡胤也知此事做得有些過火，便指著趙普笑道：「往哪裡躲？你是爭也爭不過，躲也躲不脫我！」

見趙普拜倒在地謝罪，趙匡胤一面令他起身，一面意味深長地望了盧多遜，歎息道：「宰相需用讀書人啊！」

看盧多遜一臉的不屑，趙普只能強壓心頭怒火，保持沉默。

第二天早朝，趙匡胤見趙普臉上的墨跡宛然，急忙命他清洗。從此之後，趙普與盧多遜二人結怨更深。

不過，趙匡胤沒有因為「乾德」這個年號被別人用過，就放棄使用，反而在乾德二年正月，任命趙普為門下侍郎、平章事，兼集賢殿大學士，成為當朝宰輔。如此一來，對於相位早有覬覦之心的盧多遜，在抓狂不已的同時，對趙普更是心生怨毒。

從前，趙普做為開國功臣第一人，雖然行使的是相權，但是從來沒有獲得正式任命。足足五年，趙匡胤都沒有任命他為相，卻不知是什麼原因，急於這一時。他本應該在罷免舊人之前，就任命趙普當新的宰相，卻反其道而行，造成沒有宰相可為任命書署名的窘境。

趙匡胤作為開國之君，本來就是個善於破壞舊世界、創立新世界的主兒，根本不把陳規腐矩放在眼中。面對這種事情，他又拿出慣有的豪邁氣派，對趙普道：「你負責起草，我來署名好了！」

趙普知道這事不能在自己身上開先例，便婉拒道：「此乃臣下之事，人君絕不可為。」

這時，大臣竇儀出來解圍，建議道：「皇弟趙光義以同平章事任開封尹，可以便宜行事。」

趙匡胤允從，這才解決難題。

出乎趙普意料的是，這一切，全是趙匡胤有意為之。隨著時間的推移，他確信終於當年真的沒有看走眼，趙匡胤實在個不世出的豪傑，命世之主。

趙匡胤的所作所為，是一個稱職帝王必備的素質與治術，後世對於這種帝王心術有一專業名稱，「異論相攪」。

在朝臣中有意製造矛盾與不和，有利於鞏固統治者的地位。所有想在新朝中安身立命的朝臣，無一不得遵從趙匡胤制定的遊戲規則。

趙匡胤既是遊戲規則的制定者，又是唯一的仲裁者，而誘使遊戲者沉湎於其中難以自拔的，就是他手中的餌——無數的烏紗帽。

人們經常會提起的一句話：人為財死，鳥為食亡。

公允地講，其實人遠比鳥獸更加貪婪，永遠都是欲壑難填、需索無度，這正是自稱是萬物之靈者的最大悲哀。爲了一己之私，傾軋、猜忌、落井下石、相互攻訐，種種匪夷所思的手法無所不用其極。這一切，無非是爲了名與利。

趙宋草創之初，正處於國事繁重、百廢待舉之際，趙普不敢有負官家重託，日理萬機，忙得不可開交。趙匡胤見他分身乏術，擔心他累壞身體，又任命薛居正、呂餘慶做他的副手。至於參知政事官職的設立，還聽從陶穀的建議。

趙匡胤是武夫，宰相不用讀書人，但不並不等於宰相的副手不讀書。雖然此舉也是怕見到趙普宰相權太高太重，有意分權，但初衷仍是「既拜相，上視如左右手，事無大小，悉諮決焉」。

薛、呂二人做爲宋帝國的首任參知政事，事實上根本沒有權力在政事堂和趙普議事，也不能掌管中書門下印，甚至不與宰相一起奏事。參知政事設置後，最初只是協助處理政務，奉行制書。名爲副相，其實名不副實，相去甚遠。

自此，趙普開始了人生最爲輝煌的十年獨相生涯。

有史家認爲，趙普的心中只有趙匡胤一人，他的內心以家臣自居，沒有絲毫爲國爲民的念頭。筆者對此說法不敢苟同。在君權大盛的太祖時代，趙普雖強勢，但如果只考慮國事，不從官家的角度出發，很難有一番作爲。

專制君主時期，帝王家事與國事的界限哪裡能劃清呢？趙匡胤本身就化國爲家。從趙普的施政來分析，他的所有努力，無不是爲國家所爲。

趙匡胤與趙普的個性都很鮮明，因爲如此，二人之間發生了許多趣事。

一日，在大殿之上，趙普推薦某人擔任某職，趙匡胤搖頭。

第二天，趙普表章，仍舉薦某人出任某職，趙匡胤仍置之不理。

第三天，趙普還是表奏某人出任某職。趙匡胤大怒，把表章一把奪過，扯個粉碎，丟在地上。趙普神色如常，從地上拾起碎紙，告辭而去。

第四日，趙普又捧了表章來，舉薦某人出任某職。趙匡胤接過表章，卻見那表章竟是昨日之表，原來趙普拾起碎紙後，竟帶回家細心拼貼。

趙匡胤無奈何，只好允從趙普所請。

第 3 章

分 權

趙匡胤雖然沒有讀過什麼讀書，但是他具有敏鋭的洞察力與領悟力。中央權力機構的設置，「參知政事」分掉宰相的軍權，「三司使」更奪走宰相的財權。

趙普敢於向神聖不可侵犯的君權說「不」，實在件值得稱道的事。

宋代沒有出現太混蛋的皇帝，一般認爲，也是因爲相權對君權產生制約所致。宋朝的君王大多能自律，一者是受到傳統觀點與輿論壓力的限制，二則受趙匡胤的表率。

趙匡胤與趙光義的後世兒孫們，大多能做到極力壓抑君主私欲，不濫用皇權，服從統治階層的根本利益。

趙匡胤在聽說趙普「天下最大無過是道理」的話之後，心底觸感很深。從此之後，他經常在內心反省言行，告誡自己要「正身」，「自致無過」。

趙官家心中這樣想，也眞的這樣做。用意是要與士大夫共天下，增強這個階層對於趙宋政權的向心力。

「與士大夫治天下」，正是宋朝的政治構架。縱觀史籍，宋代可說是史上開創成本最爲低廉的朝代。趙宋也沒有漢、唐盛世「君權神授」的迷人光環。趙匡胤選擇拉攏知識份子階層爲我所用的策略，可說相當的成功。

不過，他沒有因爲開創基業成本相對低廉，就對既得利益不加珍惜。他孜孜求治，不但尊奉儒家、佛教、道流，凡是有利於治道的，統統拿來爲我所用。

他對孔子的學說極力頌揚，也恢復儒家亞聖孟子的應有地位。

孟子提倡的「民重君輕」學說得到官方的認可，對後世王朝影響甚大，可視作具有劃時代意義之舉。宋朝治下的小民，不但可以高談闊論「民爲重，社稷次之，君爲輕」

這種大逆不道的言語，也無須避諱官府。放在從前的封建專制時期，是難以想像的事情。

這一切，無不意味著宋朝是個特立獨行的時代，生活在這時代的人，可以自由展現生命的精采。

所以，英國史學家湯恩比曾說：「如果讓我選擇，我願意活在中國的宋朝。」

專制時期，對於儒家的東西，統治者看重「君君臣臣」的思想，而對孟子的「民重君輕」理論選擇性的遺忘。孟子的理論甚至被本末倒置，成了「君爲重，社稷次之，民爲輕」。反觀宋代的忠君思想，有別於其他時期。在士大夫眼中，國家利益、社稷安危等天下興亡之事，遠高於君主本人。

從宋人提出的「先天下之憂而憂，後天下之樂而樂」，與「達則兼濟天下，窮則獨善其身」就可以看出，宋朝民本思想已深入人心，宋人的忠也不是歷朝歷代那種簡單的愚忠。

宋士大夫能把君王與社稷、國家抽離開來，在他們心中，趙官家只是國家與社稷的象徵。他們把王朝的興亡盛衰視爲自己的事業，對國家忠心耿耿，卻是對國家忠，而不是對某一人、某一姓忠。

光從趙匡胤推崇孟子的民本思想一事，就可以把他納入明君的範疇。趙普更是把這層道理，抬到遠高於君權的程度，値得後人讚賞。

又有一次，某官按照慣例應該得到升遷，但是，趙匡胤對這官員十分感冒，拒絕批准。這當口，趙普的拗勁又上來了，堅持官家必須批准。

趙匡胤見趙普一副不依不饒的討債鬼模樣，也犯了牛脾氣，當場垮下臉，怒道：「我就是不批！」

趙普當著大殿上的文武百官，據理力爭道：「刑賞者乃是天下人之刑賞，豈能因官家一人好惡而專之？」

趙匡胤被他質問得張口結舌、無言以對，惱羞之餘，拂袖而去，丟下一殿臣子在原地。趙普見趙匡胤不接話便轉身而去，心下激動，馬上緊隨在後。

如果趙普是一介女流，估計趙匡胤會直接跑去衛生間，藉口「出恭」。

見這傢伙在身後緊追不捨，自己腳步快、對方更快；自己閒庭散步，對方也在後亦步亦趨。趙匡胤心中既是好笑，又是生氣，惹不起我還躲不起嗎？最後索性躲入內宮，在裡面平息怒氣。

良久，他以爲趙普離開了，命左右去看，卻發現趙普一直站在宮門之外，來了個守株待兔。趙匡胤此時氣也平了，回想趙普所言，極是有理，便不再固執己見，派人告訴他，允從所奏之事。

趙普任相之後，趙匡胤把相權一分爲二，改作中書與樞密院，一文一武，號稱「二府」。中書又稱爲政府、東府；樞密院又稱樞府、西府。中書即是中書門下的簡稱，乃趙宋最高行政機構。

時任門下侍郎的趙普，就是一人、下萬人之上的宰相，開寶六年，趙匡胤把參知政事的職權與地位，提升到與宰相差不多的層次。參知政事可以入朝堂，與宰相同議政事。

後來，又命參知政事與宰相輪番掌中書門下的相印。此舉，無非是擔心趙普擅權。

樞密院是宋朝最高軍事機構，長官爲樞密使或知樞密院使。

趙匡胤當然不會把所有雞蛋放在同一個竹籃中。爲了防患於未然，另設樞密副使與同知樞密院事爲副職。

宋朝的樞密院長多由文官出任，據考證，在宋代出任樞密使一職的文官，大約佔了總數的八成。這也是爲什麼當初趙匡胤答應曹彬出任樞密使一職後又心生躊躇的原因。

爲了維護統治，趙匡胤另加以規定，樞密院不與宰相在一處辦公奏事，而是各自對他直接負責。

趙匡胤不但分了相權，更在宰相的身旁安排對立面，雖然二者可以相互監督，但是所設機構疊床架屋，也爲他們日後相互推諉埋下伏筆，這是他始料未及的。

分了趙普的軍權之後，趙匡胤又設置三司，以總理天下財政。

三司包括「鹽鐵」、「度支」、「戶部」三個部門，總管國家財政事務，是趙宋財政經濟的最高權力機構，最高長官稱爲「三司使」，俗稱「計相」，相當於今天的財政部部長。

「三司」是僅次於「二府」的中央權力機構，也直接對趙官家負責。

趙匡胤雖然沒有讀過什麼讀書，但是他具有敏銳的洞察力與領悟力。中央權力機構的設置，都是受了趙普的啓發，他只是「舉一反三」而已。

「參知政事」分掉宰相的軍權，「三司使」更奪走宰相的財權。這一切的始作俑者皆是宰相趙普自己，作繭自縛的他只能苦笑。

第 9 卷

各項治國政策

宋太祖趙匡胤實施以法治國，
也是為了一改五代以來貪官恣虐的積蔽。
所以在對待官吏貪腐時毫不手軟，
皆行重典，從快從重從嚴解決。

第 1 章

提倡儒學，罷領支郡

後來，趙匡胤又規定，如果雙方意見不合，公文就無法頒發。估計知州知府與通判，在細枝末節的問題上也沒少過爭執，二者之間相互牽制、猜忌、敵視，貌合神離。

建隆二年秋，順利解除石守信等禁軍將領的兵權之後，趙匡胤聽從趙普的建議，開始著手消除各地藩鎮的隱患。

在削奪藩鎮權力時，趙匡胤把自己多年行伍的軍事思想加以運用，採取步步為營、步步緊逼的辦法。

首先，他實施「罷領支郡」的策略。中唐開始，節度使一職不侷限在一地，統轄若干州郡，其駐地之外的州郡稱為支郡。趙匡胤在順利平滅荊湖地方勢力後，傳旨這些支郡，全部收歸中央政府，直接委派官員管轄。朝中派駐地方的官員盡是文官，這些文官出任地方知州、知縣，三年為一任期，直接向朝廷奏事，不再聽命於藩鎮。

如此一來，藩鎮的轄區和權力大幅縮水，這個做法一直推行到統一之後的南方各割據地，全面通行全國已經是趙太宗時代的事了。

在推行「罷領支郡」的新政之後，趙匡胤馬上從朝中向荊湖諸州派遣通判。通判一職，一般認為是在宋朝創設（一說為乾德元年，西元九六三年設立），功能是牽制知州，防止藩鎮割據再現。

其實通判最早見於五代十國，吳王楊溥順義元年（西元九二一年），之後的南唐也設有此職。最初的通判是知州副手，雖是老二，卻可以代行知州的權力，這與「留後」

一職類似，屬於「掌櫃的不在，他就是員外」的那種代理官員。

到了宋代，通判一職已經不是知州的副手，而是身負特殊使命的職場新貴。

這些官員負有監察知州的職責，所以很多通判都恃寵而驕，到地方之後，根本不把知州、知府放在眼中，動輒聲稱：「我乃監郡，朝廷命我監督爾等！」

這些知州與知府，多是被削奪支郡的節度使，對於趙匡胤有意在他們身邊安排耳目，也只能忍讓，以求息事寧人。

做為一介武夫，趙匡胤對藩鎮非常清楚，知道這些人根本不把中央政府和天子放在眼中。如今自己做了天子，既不能容忍這些人對他的漠視，也無法坐視藩鎮坐大、挑戰自己的權威，便在清除肘腋之患後，逐一瓦解藩鎮地方勢力，免得這些鳥人們翅膀長硬之後，跑過來反噬自己。

對於通判一職的人事編制，也會依據具體情況做差別待遇。大的州府可以設兩名，小的州府可以不設，但只要是武臣知州的地方，不管地方大小，一率設有通判。至於其他邊遠窮困地區，知州則可以兼任通判。

從上述措施可以看出：知州、知府的級別越高，相對的監察力度就增加。習慣「一言堂」的知州、知府們很快就心生抱怨，認為趙官家派來的這些空降幹部，讓他們手足無措之餘，更加無所適從。如何準確定位通判一職，讓他們很是為難。

在這裡有必要對通判人員的身份做一番解說：出任通判的都是天子門生。雖是武夫出身，但趙匡胤深諳治國之道，知道中世紀的中國最需要人才！宋朝需要大量的人才協助治理，時代也在呼喚「士大夫」這個階層，而這個階層的人，大多是透過科舉之途出現的。

在繼承科舉制度、並加以弘揚的同時，趙匡胤又針對其中弊病做出改良。為了選拔真正有才能的人為大宋服務，趙匡胤於開寶六年實行殿試。從此之後，殿試成為科舉制度中最高一級的考試，並正式確立州試、省試、殿試的三級科舉考試制度。

經過官家面試合格的士子，無須再經吏部考試，直接授官。

趙匡胤還規定：「考試及第之後，不准對考官稱師門，或自稱門生。」言下之意，就是所有及第的人都是天子門生。

科舉在宋代，大體與唐無異，分為常科、制科、武舉。相較之下，常科的科目比唐少，進士科卻仍是重中之重。進士一等的人後來多出任宰相一職，所以在宋代，宋人又稱進士科為宰相科。

趙匡胤十分重視人才的選拔與官吏的任命，他通過科舉這個「利器」鞏固了君權。雖然他的出身並不是苦大仇深的貧下中農，心下卻很瞧不起出身膏粱的富二代和官二代。他曾經公開表明：「貴家子弟，唯知飲酒彈琵琶，安知民間疾苦？」

在他有意的傾斜政策引導下，達官貴人的子弟大多不來蹚科舉考試的渾水。寒窗苦讀，哪裡抵得上花天酒地、留連風月場所的清閒自在，何苦去自尋沒趣呢？

如此一來，便爲貧苦人家出身的學子，提供更多出人頭地的名額。

對於趙匡胤的這番用心，貧苦出身的學子當然感激涕零。他們一舉成名，步入仕途，成爲天子門生後，心中對趙官家的感激之情更是如江河之水滔滔不絕矣！

官家既以國士待之，這些士子當然會投桃報李，以國士報之了。

這些貧苦出身的孩子被錄取之後，心中想的無非是報效君父。雖然通判一職，級別待遇遠比知州、知府之類的官員低上許多，他們的工作熱忱卻與收入成反比，高昂得很。

這些新晉階層無一不是大宋的儲備幹部，可只知道死讀書的他們，雖然知恩圖報，會盡心竭力地報效君王，卻從未有從政的經驗。因此，趙匡胤把他們暫時下放在地方，想讓他們體察下情，積累閱歷，以利將來有所大用。

有了基層工作的經驗，再加上一顆忠君報國的赤心，才會變成合格的後備接班人。有了這些接班人，趙宋江山當然是永保常青了。

這些才沐浴過君恩的年輕人，在春風得意馬蹄疾之時，更是鐵了心要做趙官家的門生、以官家馬首是瞻，完全願意鞠躬盡瘁，死而後已。

前途無量的他們，雖然目前職務低，但誰又知道他們不會是未來的宰輔之臣？心高氣傲的他們怎麼會把知州、知府這些官員放在眼中，更何況對於官家的目的，早已經心照不宣，一切盡在不言中了！

與此同時，一些倚老賣老的知州、知府也看不慣這些盛氣凌人的新貴，一來二去，嘴巴官司就打到趙匡胤的御前。

「太祖聞而患之，下詔書戒勵，使與長吏同押。凡文書，非與長吏同簽書者，所在不得承受施行。至此遂稍稍戢。」

從這個結果來看，雙方似乎是各打五十大板，仔細分析才知道：還是天子門生佔了上風！在地方上，通判儼然已經與知州、知府分庭抗禮。州府的各類來往公文、檔，沒有通判官員的署名，一律不算數。

後來，趙匡胤又規定，如果雙方意見不合，公文就無法頒發。估計知州知府與通判，在簽名次序這些細枝末節的問題上也沒少過爭執，二者之間相互牽制、猜忌、敵視，貌合神離。

他們之間的勾心鬥角，卻是趙匡胤想見到的結果。

第 2 章

法制建設

宋代既沒有出現內朝，也沒有發生內亂，外戚干政的事情也只有南宋賈似道一人而已，宦官干政更未曾發生。可以說，對於中國法制的貢獻，趙匡胤功不可沒。

趙匡胤在確立以儒爲主的治國理念之後，先是大力提倡儒學，又對佛教解禁，做爲輔助、維護統治的工具。當一切步入正軌，國家穩定運行後，如何保證國家制度順利實施，又成了他思考的問題。

經過一番深思熟慮，以法治國的思想日漸成熟，相應的法制法規也相繼出爐。在重視法制建設的同時，首先需要注意的，就是制度的制定者。

說到宋代的法制，必須提到的竇儀主持編撰的《大宋刑統》。

建隆四年（西元九六三年），趙匡胤向全國頒行《建隆重詳定刑統》（簡稱《大宋刑統》）。

這部法典是宋代法律法規中的主幹法。不僅是「終有宋之世，用之不改」的一部大法，也是中國法制史中後期發展的一代律典。

竇儀獻上法典之後，立刻引起趙匡胤的重視，並有意提拔他出任宰相。然而，君王的眷顧，卻引起同是翰林學士的陶穀與趙普的忌恨。

竇儀爲人忠厚、生性剛直，而且文采出衆。出於「文人相輕」的心態，陶穀十分嫉恨他。趙普之所以對他心懷不滿，卻是因爲他薦舉呂餘慶和薛居正出任參知政事。有這兩個人在身邊，做起事來綁手綁腳，如再讓竇儀春風得意，豈不是雪上加霜？

陶穀是宋初最善於揣摩他人內心的牛人，對於趙普的這番心思，怎麼會不知道？於是，他主動投懷送抱，幫趙普一同詆毀竇儀。

趙匡胤見自己才露出些口風，臣下就輪番上表攻擊竇儀，不由躊躇，遂把提拔竇儀之事暫時擱置。

哪知，竇儀天年已盡，不久便一命嗚呼。得知竇儀的死訊，趙匡胤十分傷心，歎息道：「天何奪我竇儀之速也？」

竇儀雖死，法制仍得繼續修建。

在人們的印象中，帝王治下的王朝，人治的時候居多，所謂的法制，不過是帝王拿來妝點門面，欺哄世人。

的確，封建專制時期的法制，與現代意義上的法制有實質上的不同，這些法制法規只針對窮苦大衆，是儒家治國的補充物。

直至今天，中國還是沒有達到眞正的法制平等。之所以會有這樣情形，原因衆多，筆者認爲，這與國人表面上在呼喚平等的同時，內心深處卻又希望自己游離於法制之外、高人一等有關。

因此，民衆遇到事情，首先想到的不是透過法律做了斷，而是急於託關係、找熟人。人大於法這種想法依然存在。

回到主題，趙匡胤這樣做，雖然是出於維護統治，卻也是對民衆的讓步。要想使法制觀念深入民心，首先要做的就是「賞罰公平」，這是法制遊戲的鐵規矩，不這樣做，遊戲就會半途夭折，沒有人願意陪你逗悶子。

「賞善罰惡」的目的，是為了弘揚正氣、懲治邪惡。懲罰只是一種手段，而不是目的，這麼做是要人們知道警醒。

話說，趙匡胤立國之初，就秘密刻製一塊石碑，放在太廟之中。用意無非是鄭重其事，希望以身作則，以孝道治天下。

之後繼任的每一位新君，登基之後，首先要做的就是到祖廟祭告先人。到祖廟自然會看到石碑內容，而刻在石碑之上，遠比白紙黑字更加隆重及利於保存。

碑的內容是與後世兒孫約法三章：「一，柴氏子孫就算有罪，也不得加刑，即使犯下謀逆的大罪，也不可以明戮，只能在獄中賜自盡；二，不得殺士大夫及上書言事之人；三，子孫有渝此誓者，天必殛之。」

石刻內容之所以流傳於世，係因百餘年後的「靖康之變」。宋欽宗靖康二年，女真人攻破開封城之後，宋朝祖廟洞開，石碑內容才得以大白於天下。

女真人對趙匡胤的陵寢，保護得還算周到，不知是不是有感於石碑的內容？

從密藏於祖廟的內容看來，趙匡胤始終對後代周心存歉疚，自己欺負孤獨寡婦，已經不是大丈夫的作為，如果後世兒孫再對後周世宗子孫不依不饒，更無顏見柴榮於九泉之下。

至於第二條不殺上書言事之人，就值得特別稱道一番了。

歷史上，因言獲罪的事情多見於史籍，而在宋代，士大夫因爲上書言事被殺的，似乎只有北宋末年的陳東與歐陽轍二人。

關於陳東、歐陽轍二人被殺，有多種講法，這與趙構急於殺人立威，鞏固皇權有相當大的關係。

宋代最爲著名的「烏台詩案」、「車蓋亭詩案」，最多只是流放了事。雖然流放某些地方與判處死刑無異，但畢竟比砍頭、身首異處溫和許多。

因此，不殺上書言事之人，並不等同於不殺人。

北宋的貪腐與其他王朝一樣，貪贓枉法之事層出不窮。

對於這種奇特現象，歷史學家吳晗言道盡：「上下幾千年，細讀歷史，政簡刑清，官吏廉潔，生民樂業的時候簡直是黃鐘大呂之音，少得可憐。」

宋太祖趙匡胤實施以法治國，也是爲了一改五代以來貪官恣虐的積蔽。所以在對待官吏貪腐時毫不手軟，皆行重典，從快從重從嚴解決。

建隆二年，「商河縣令李瑤坐贓杖死，左贊善大夫申文緯坐失覺查除籍」，從此之後，「自是贓墨之吏，間有實極刑者」。下手不可謂不狠，但與明太祖的活剝人皮相較，仍顯得婆婆媽媽了些。

開寶元年以後，每逢大赦，朝廷總是要昭告天下：十惡、故意殺人、官吏受贓者不原。由此可見，趙匡胤早把貪贓與十惡不赦的重罪，相提並論了！

宋初對貪官污吏嚴懲不貸，是在「世屬雜亂則糾以猛」的立法思想下進行的。首先，在國中廣佈監察之網，重治深究貪官污吏，絕不輕易放過一個。同時，也大力整頓吏治，在中央，由趙官家親自領導刑部、大理寺、審刑院、御史台等機構。地方上則另外設立轉運使司、提點刑獄司，負責揭發處理官吏貪贓枉法的行爲。

此外，法律條文也明確規定：「職官、關係人、保人、長官皆有『覺察』贓吏之責，實行連坐制，一人貪腐，衆人吃掛落。」

如此一來，官吏在廉潔自律的同時，也時刻提防身旁是否有同僚與下屬貪贓枉法，希望可以及時發現及時檢舉揭發，免得自己遭受池魚之殃。

由於普法教育工作的嚴格執行，法制觀念隨之深入人心。尋常百姓的法律意識也提高不少，以下的小故事完全能夠顯現出普法教育的成效。

話說，有一人在聽完話本《說三分》之後，心中對一個賣草鞋的，居然可以做皇帝很是艷羨，覺得自己扛鋤頭與織席販履之徒相比，不會差許多。

日落西山，走在回家途中的他餘興未盡。路過一家箍桶匠鋪之時，這老兄不知哪根筋不對，竟順手拿起一個桶，頂在頭上，問那匠人：「與大耳劉備相比，咱像不像個皇帝？」

本來，這只是小民的一句戲言，哪料得這匠人法制觀念的弦繃得極緊，立刻扯他去見官，告他要謀反。

謀逆在封建王朝屬於滔天大罪。這種帝王情結跨越千餘年，歷久彌新。

地方官吏不敢大意，急忙審訊。

幸虧這官員不是糊塗人，從輕發落了事。

趙匡胤更經常在制定的法律規定之外，詔敕並行，以敕破律，使自己的法制意志得以直接執行。

檢閱宋初史籍，被趙官家下詔或者敕令杖殺朝堂、腰斬棄市的贓吏不絕於書。

歷史上對於貪贓枉法的官吏，懲治起來雖然不遺餘力，但運用雷霆手段的多是王朝創立之初的事情，這種勵精圖治的精神後繼乏人，以致國家承平日久後，總會變得貪腐成風、賄賂公行。

除此之外，趙匡胤也有感於五代以來，藩鎮地方草菅人命、枉法殺人的陋習。因此，隨著法制進程的開展，建隆三年，趙官家下令：「各州死刑，必須交由刑部審覆。」

人的腦袋畢竟不是韭菜，不可能死而復生，對死刑的審核上，應該慎之又慎。

同年，恢復前代縣尉的建置，取代原來藩鎮指派親隨執掌地方治安的權力。到了開寶六年，他又禁止藩鎮以牙校審斷州府刑獄，改以朝廷下派的文官掌管地方刑獄事務。

如此一來，藩鎮又被中央剝奪一般案件的審理權。

此外，他還制定許多家法家規，用以約束皇室成員、外戚、宦官，避免出現內朝、內亂、宗室干政的情形。

這些家法也真的如他所願，收到良效。

在宋代，既沒有出現內朝、也沒有發生內亂，外戚干政的事情也只有南宋賈似道一人而已，宦官干政更未曾發生。

這些家法，多被後世借用，在以法治國的過程中，起了很大作用。

可以說，對於我國法制的貢獻，趙匡胤功不可沒。一介武夫，有此超前的思維，實在值得深思。

第 3 章

稅賦與軍事制度

趙匡胤為避免來自各地的士兵染上城市生活中奢侈的風氣，絞盡腦汁地制定嚴格的軍紀軍規。同時，為鍛鍊禁軍的肌肉，命令所有士兵，每月的口糧必須自己背負。

在慢慢剝奪藩鎮的各種權力後，趙匡胤又開始琢磨如何制其錢穀。趙普早已爲他指明道路，至於是先邁哪隻腳，就得自己決定了。

中唐以來，對於地方財政收入的分割，絕大部分都被藩鎮截留自用，設立小金庫，中央只能分得殘羹。藩鎮節度使寧可把大部分錢財拿去賄賂朝中重臣、供奉天子，也不願意交給中央政府支配。

爲了改變這種狀況，趙匡胤果斷出手，乾德年間，傳旨各地方：「各州除必須的開支之外，所有財政收入一律上繳中央。」

這一招在孫子兵法中有個名堂，叫做「釜底抽薪」。

爲了讓抽薪工作順利進行，趙匡胤又在各地陸續安排轉運使。

轉運使是掌一路財賦收入，以保證向朝廷足額上繳國庫、平衡地方開支的專員。

乾德三年，趙匡胤首先設立了淮南轉運使，這一重大舉措，很快就被推行到全國各地。爲了方便行事，所有轉運使都是由中央政府特派，屬於欽差大臣。出任轉運使一職的官員都是風光無限。

天寶五年，李符出任京西南面轉運使，趙匡胤御賜八個大字「李符到處如朕親臨」，書於旗上。

李符走到哪裡，都把這大旗帶在身邊。

設置轉運使後，國家財政終於轉虧爲盈，藩鎮的錢袋卻日漸羞澀。被斷了財源的藩鎮，也失去與中央叫板的資本。

從前，地方場務是藩鎮徵收各種商業稅、營業稅的重要場所。五代時，節度使都會派遣親信管理，根本沒有章法可言，只知道「死要錢」。

自從設置轉運使之後，中央不勞地方動手，親自派遣官員監臨場務，制定條例、整齊帳簿，所有收入直接「顆粒歸公」。

節度使自此喪失自行定稅的權力，不再發生地方藩鎮自主課稅的事情。

從前，各地藩鎮派遣親吏進行長途販運，因爲享有減免沿途過路費、各種稅費的權利，商業貿易也成了他們積聚財富的重要途徑。

趙匡胤代周之後，某些地方藩鎮與新朝擁戴功臣仍沿襲舊風。這種不平等的貿易除了破壞經濟，也影響了赴京趕考的士子，與赴任、致仕的官員，隨身攜帶土特產以賺取差價的思維。由此引發的連鎖效應，讓趙官家無法等閒視之，在屢次下詔切責之後，情況總算才好轉。

藩鎮經商一事屢禁不止，直至宋太宗太平興國二年，趙光義頒佈內外臣僚不得「回圖販易」的詔令，才將最後管道徹底堵死。

從此之後，節度使一職完全與唐末、五代不同，變成一種賞賜臣下的名譽虛銜。

在收人事、司法、財政大權的同時，趙匡胤又對軍事機構做出改革。

趙匡胤登基之後，禁軍的組成仍是沿襲後周時期的制度，由殿前司與侍衛親軍司兩個部門執掌。

殿前司的將領排列順序是：殿前都點檢→副都點檢→都指揮使→副都指揮使→都虞候。侍衛親軍司的排列次序分別為：馬步軍都指揮使→副都指揮使→都虞候→馬軍（步軍）指揮使。

建隆二年七月，第一次「杯酒釋兵權」前，石守信擔任馬步軍都指揮使，高懷德擔任殿前副都點檢，王審琦擔任殿前都指揮使，張令鐸擔任馬步軍都虞候。原來由趙匡胤擔任的殿前都點檢，則改由慕容延釗擔任。

一年之後，慕容延釗被罷免，殿前都點檢成了歷史名詞。

在順利解除部分禁軍將領軍權之後，馬步軍都指揮使、副都指揮使、都虞候、殿前副都點檢的職務，再沒有任命武人擔任。

從此之後，禁軍改由馬軍都指揮使、步軍都指揮使、殿前都指揮使分別統率，只聽命於皇帝一人。

趙匡胤為了方便控制禁軍，還提拔了一些軍中資歷相對淺、地位低的武將出任禁軍將領。

即便如此，他仍然規定：禁軍指揮使只有掌兵權，沒有發兵權。禁軍發兵須經樞密院，樞密院使沒有得到他的允許，沒有權力調動指揮使手下的禁軍。

由於趙匡胤自己掌握禁軍，從制度上根除五代以來，禁軍將領駕馭皇帝的痼疾。他很明白，自己之所以有今天的成就，全在於掌握禁軍軍權。如果坐視事件重演，便是愚不可及。

透過一場載入史冊的酒宴，趙匡胤順利解除禁軍將領的兵權。但盤踞在各地的藩鎮節度使，仍是新王朝的心腹大患，這種潛在危險依然讓趙匡胤寢食難安。

乾德三年，趙匡胤命令包括藩鎮在內的全國各地長吏，挑選本道驍勇精兵，補充京師禁軍缺額。

先是選拔壯碩士兵做爲兵樣，分送各地照樣募兵。估計這「兵樣」都是禁軍精銳中的精銳，應該與現在的兩棲蛙人戰隊不相上下。

這樣苛刻的條件，各地一時之間也無法提供達到標準的新兵。情非得已之下，只好退而求其次，改用木梃分爲高下之等，發至各地依樣遴選。

此後，各地州府精兵盡數收攏在中央禁軍之中。

對於新收編在禁軍中的士兵，趙匡胤極爲重視，新兵的訓練工作，不但由他親自指派人手負責，還親力親爲，自己監督指揮。

同時，他嚴明軍紀，規定新兵不准在軍營中飲酒吃肉；不許穿絹做的服裝，目的是要讓他們養成節儉的習慣。

在灌輸這些新軍服從爲天職的同時，還嚴格等級制度，藉此機會消除五代以來以下犯上的風氣。

把全國各地的精壯男子全部收爲禁軍後，留在地方相對弱些的兵丁稱爲廂兵，主要職能是維護地方治安，與做些雜役。雖然弱是弱了點，但對付手無寸鐵的百姓還是足夠，倘若遇到扛掌握鋤頭來和他們拼命的，只好選擇退避三舍，再請中央派禁軍出動。

這樣一解釋，讀者就能明白爲什麼宋江等三十六名梁山好漢，會縱橫齊魯、無人敢攖其鋒。不是因爲廂軍無能，而是梁山好漢太過兇惡。

對於如何統領二十餘萬禁軍，趙匡胤可以說是煞費苦心。禁軍除了要保衛京師，還要守土戍邊，保衛國內重要地區。因此，京師常駐禁軍數量與屯邊的禁軍數目基本相當。

出守邊疆的禁軍，每隔三年會更換一個駐地。

此法名爲「更戍法」，表面上是要士兵知道勤勉，勞逸結合，實則有意讓他們形成「兵不識將，將不知兵」的局面。

趙匡胤爲避免來自各地的士兵染上城市生活中奢侈的風氣，絞盡腦汁地制定嚴格的軍紀軍規。

這些士兵多來自鄉下，甫一至繁華都市，總是會在耳濡目染中慢慢喪失農家子弟的忠厚勤儉精神。趙匡胤此舉也是未雨綢繆、防患於未然的手段。

此外，爲鍛鍊禁軍的肌肉，趙匡胤命令所有士兵每月的口糧，必須自己背負。宋初，汴梁城中最常見的景色，莫過於絡繹不絕的禁軍，肩扛手提著分配的口糧，穿城而過。

據史料記載，政府給每個士兵一年十八石的穀物。宋制一石約等於六十公斤，每個士兵必須扛著一百八十斤的口糧，絕不是件輕鬆的事。

趙官家還明確指示：「士兵以所在軍營爲標準，指定開封城另一側的倉庫作爲配發糧食。」

也就是說，如果軍營在東，那麼領取配發口糧的地方就在城西；軍營在南，那麼配發糧食的地方就在北面。

這辦法非常高明！

一者，要這些士兵牢記「誰知盤中餐，粒粒皆辛苦」的道理，勿忘根本，永遠銘記稼穡的艱辛；二者，這種高強度的負重拉練，士兵也不會太多怨言，畢竟背的糧食是用來裹腹的。

既鍛鍊身體，又能領取糧餉，可謂一舉兩得。

這種情形，直到眞宗年間才逐漸廢止。

歐陽修在他的文章《原弊》中記載：「國家至景德罷兵三十三歲矣。兵曾經用者，老死今盡，而後來者，何嘗聞金鼓識戰陣也。生於無事，而飽於衣食也，其勢不得不驕惰。今衛兵入宿，不自持被，而使者待之；禁兵給糧，不自荷，而雇人荷之。其驕如此，況肯冒辛苦以戰鬥乎？」

後世兒孫體會不到趙匡胤的良苦用心，「世之議者」更不理解將禁軍集中於首都政策的眞實意圖所在，於是有了「乃謂竭民賦租以養不戰之卒，糜國帑廩以優坐食之校」的言論。

一個國家失去進取心與憂患意識，會在不知不覺中被安樂死的。北宋的覆滅就是前車之鑑，宋鑑不遠，爲政者敢不愼哉？

第10卷

收復兵權的經過

趙匡胤有意地崇文抑武，史稱「強幹弱枝」，使得唐末、五代以來掌控一方甲兵、錢穀、生殺予奪大權的藩鎮勢力不復存在。

第 1 章

第二次杯酒釋兵權

趙匡胤傳下聖旨，全數罷免五名節度使，委以榮譽職務，王彥超榮任右金吾衛上將軍判街仗事，幾位節度使從此成天子近臣。落架鳳凰不如雞，只得仰官家鼻息，小心翼翼地做人臣。

後世學者對於趙匡胤於建隆二年七月的第一次「杯酒釋兵權」，多持異議。最主要的理由，就是此事若發生在杜太后死後數月，趙官家於國喪期間與群臣飲宴，貌似於體制、禮制不合。

我認爲，這只是腐儒的一己之見！

據《宋史．禮志》載：「建隆二年六月二日，皇太后杜氏崩……准故事，合隨皇帝以日易月之制，二十五日釋服。」

國不可一日無君，如果趙匡胤只顧著悲傷，守他的孝道，國家政務交由何人處置？帝王家事即是國事，服喪可以用一天頂替一月，所以在二十四日之後，應該脫孝子裝，重新處理政事。當然，事情到這裡還不算完，有許多關於喪禮的後續事情要做。

不過，嚴格意義上的喪期已過，在七月，於宮中後院小範圍的君臣私宴也不是不可能。更何況，還有《宋會要輯稿．禮》中「七月十九日，宴群臣於廣政殿」的記載做爲佐證。

觀史可知，趙匡胤絕不是個善類，內心深處根本對某些禮法嗤之以鼻，否則，他不會斷然出手代周。

對此事持疑的人，大多是「以小民之心度人君之腹」。

撇過事情的經過不提，趙匡胤在太后死後月餘就做出釋兵權之事，也是極有可能。

相信依杜太后不凡的識見，地下有知，也會對兒子做法極力贊成。

再者，釋禁軍權之事，不能一蹴而就。削去高級將領的兵權、對權力進行再分配，得經歷較長的時間，分好幾個步驟來完成。

建隆二年七月時的釋兵權只是個開始，事後，趙匡胤又根據這些宿將對待此事的反應，適時做出調整。

在趙匡胤的不懈努力下，才基本上控制禁軍。可見消除禁軍對中央的威脅與隱患，並不是件容易的事。

對於手中握有兵權的地方藩鎮，趙匡胤也不敢掉以輕心。

嘗到甜頭的他，於開寶二年又一次在宮中後院擺下酒席。這次躬逢其盛的是王彥超、武行德、郭從義、白重讚、楊廷璋五位地方藩鎮節度使。

酒過三巡、菜過五味，趙匡胤故技重施。這次他沒有再掉書袋，直奔主題道：「幾位卿家都是國家勳舊、朝廷柱石，到現在藩鎮事務仍是繁忙，要你們這把年紀還做這些苦差事，眞是讓我心下難安！」

有人在第一時間就聽明白言外之意，此人正是鳳翔節度使王彥超，他心下明白，若再裝聾作啞，就沒有好日子過了。

王彥超與趙匡胤是故交，當年趙匡胤做爲漂泊一族，在百無聊賴、前途一片黑暗的時候，忽然想起這位父親的老朋友。

當時他滿懷希望，以子侄之禮前往拜見，希望在王彥超帳下謀得生路，哪知卻吃了閉門羹。

王彥超對於這個尋上門來打秋風的賢侄，直接給了幾個小錢，打發他上路。

這時的王彥超雖然上了年紀，但並不糊塗。知道對北漢用兵，未能攻克太原，趙官家心中憋有滿腹怒火，如果再觸他的霉頭，一定會遷怒當年之事。

對於趙匡胤的醉翁之意，他甚是明瞭，並在心裡琢磨，該如何解釋當年之事，如果不把馬屁拍得響一點，趙官家可能會和他秋後算帳。

他急忙乖巧地越衆而出，叩首奏請道：「老臣素無勳勞，卻深荷國恩。現在年事已高，請官家准我致仕歸鄉，頤養天年。」

王彥超話已至此，其他人卻還沒省悟，仍不停訴說當年「過五關斬六將」的陳年往事，沉浸在過去的無限風光之中。趙匡胤聽得不耐煩，立即打斷他們大擺資歷的話頭，說道：「此爲異代之事，何足道哉！」

衆人一聽，急忙閉嘴，見官家陰沉地向他們望來，頓時感覺如芒在背、如坐針氈，只能低頭假裝飲酒。

不久，趙匡胤面色稍霽，舉起案上酒杯一飲而盡，話鋒一轉，問王彥超：「從前，卿家在復州爲官（今湖北仙桃、天門、監利地區），我前往投靠，爲什麼不接納我呢？」

王彥超一聽，急忙拜倒在階下，口稱死罪，回道：「池水怎麼能容得眞龍？如果陛下當日留在微臣那裡，怎麼會有今日？」

趙匡胤對他的回答很是滿意，開懷大笑。

王彥超不但把自己世態炎涼、有眼無珠的過錯輕輕撇到一旁，還趁機奉承趙官家，也算是知情識趣。

第二天，趙匡胤傳下聖旨，全數罷免五名節度使，委以榮譽職務，王彥超榮任右金吾衛上將軍判街仗事，幾位節度使從此成天子近臣。落架鳳凰不如雞，這些國家勳舊、朝廷柱石至此只得仰官家鼻息，小心翼翼地做人臣。

開寶二年的釋兵權，似乎與建隆二年相差不多，酒杯一舉，君臣之間還是其樂融融，遠勝於漢、明刀光劍影、血肉模糊的驚心局面。

總而言之，與其他王朝相較，趙官家還算不失厚道。

第 2 章

重用文人的用意

時間一久，宋代社會上便形成重文輕武的局面，非但士子，就連普羅大眾也認為：「做官就要做文官，文官遠比武官有前途。」

罷免這些節度使後，趙匡胤不再任命新的武將出任藩鎮，一律改由京官權知。為讓這些履新的文職官員鎮得住地方，又別出心裁地讓他們帶著中樞職銜權知州、府。趙匡胤死後，未再見史料有類似記載。此點證明，宋太祖為削奪節度使兵權，可以說不惜使出各種變通辦法，不遺餘力。

做為開創一代文人治國的集大成者，趙匡胤不但「以史為鑑，可以明興替」，還因為經歷亂世，明白「秀才造反，三年不成」的道理。

於是，文人在宋朝有意無意地被抬到一個空前的高度，怎能不讓躬逢其盛的他們感激涕零，大聲稱頌呢？

功夫皇帝趙匡胤雖是一介武夫，但是他縝密的心思，當令天下讀書人汗顏。

趙匡胤重用文人，其實是包有禍心的。

文人政治有許多妙處，一者，文人受過儒家教育，會在不自知的情況下，漸漸被洗腦，存有君君臣臣的心思。

受到傳統思想束縛的他們一旦做起大事，就會瞻前顧後，縛手縛腳，難以下壯士斷腕的決心。只能在悲吟「抽刀斷水水更流，舉杯澆愁愁更愁」中變得「年與時馳，意與日去，遂成枯落」。

其二，文人之間雖然「談笑皆鴻儒，往來無白丁」，卻只有案牘之勞形，沒有稼穡之艱辛，可以視作「四體不勤，五穀不分」之輩。

這種人，絕大多數沒有膽色，尤其在面臨是否要造反的抉擇時，根本不會有「雖千萬人，吾亦往矣」的勇氣，更遑論於百萬軍中取上將人頭。

綜觀史籍，奪得帝位的人，無非分爲兩種。一種是豪族，利用本身的資源優勢，趁時而動。以隋楊堅、唐李淵爲代表。

另一種就是流氓型的人物，如漢劉邦、明朱元璋、五代朱溫、郭威之輩。不過，這種歷史上的流氓跟現代的流氓不同，萬萬不可混爲一談。

這兩類人有一個共同點，就是膽肥、敢想敢幹，在動手之前，早存了「拼得一身剮，敢把皇帝拉下馬」的心思。

至於文人最多只在心中有造反的念頭，不敢付諸行動。就算做出什麼出格的事，也只是跟在這些膽大包天的主兒後面，起鬨架秧子。

說好聽點是攀龍附鳳，希望在成事之後，分得一杯羹，一來可以光宗耀祖，二來可以在身後墓誌上大書特書濃彩重墨的一筆！

當然，公允地講，文人也並非一無是處。

趙匡胤抬高文人的社會地位，也是考慮到他們會知恩圖報。

文臣充斥大宋王朝各個角落，即使是小小的七品芝麻官，也會得到趙官家的親自接見，其中固然有官家對官員任命慎重的一面，更多的則是示之以恩寵，期望得到回報。

這些臣子無不感動得熱淚盈眶，從此一腔熱血賣給趙官家。

不可否認的是，文人在宋代，很少有性命之憂，更不會對趙宋官家心生怨言。他們所憂何事？是進亦憂，退亦憂！他們的精神境界，令任何一個時代的文人都望塵莫及：居廟堂之高則憂其民，處江湖之遠則憂其君！

在五代十國，儒家思想被統治者棄之如敝屣。君臣之義、父子之道的淪喪，帶來的下場就是所有王朝皆短命。趙匡胤代周之後，當然不願意重蹈覆轍，極力吸取歷史教訓，嘗試重塑儒家的治國理念。

也因此，儒家在經歷百年的寒流之後，終於迎來一個遲到的春天。直到宋仁宗時代，於幾代君王的刻意培養下，蔚為大觀。

宋人文采之勝不但遠勝前朝，更令後人難以望其項背，達到令人眩目的高度。

趙匡胤有意地崇文抑武，千方百計抵制藩鎮勢力，奪取藩鎮的軍事、行政、財政等權力，鞏固中央集權。

這些策略措施，史稱「強幹弱枝」，成為趙宋立國的基本國策。使得唐末、五代以來掌控一方甲兵、錢穀、生殺予奪大權的藩鎮勢力不復存在。

宋太祖之後，中央集權空前強大。

也正因趙匡胤大力提倡崇文抑武的政策，時間一久，社會便形成重文輕武的局面，非但士子，就連普羅大眾也認爲：「做官就要做文官，文官遠比武官有前途。」

翻開宋人的兒童啓蒙讀物《神童詩》，首先映入眼簾的便是：「天子重英豪，文章教爾曹；萬般皆下品，唯有讀書高。」

所有人都以從軍爲恥、讀書爲高，流傳至今的「好男不當兵，好鐵不軋釘」也始於宋朝。

到了宋仁宗慶曆初年，韓琦、范仲淹主持西北對西夏戰事，之所以用文臣主兵事，也是因爲遍視朝中，沒有可以獨當一面的將帥之才。

宋仁宗曾一度傳旨，要讓他們轉任觀察使（武職），不想這先天下之憂而憂的人物，竟覺得是莫大的污辱，顧不得其他，上表固辭。史載：「不肯拜，此事遂寢。」

「是進亦憂，退亦憂」的千古名臣亦作此想，況其他乎？

第 3 章

趙普這下倒大楣了

趙匡胤容不得絲毫威脅皇權的存在。趙普與李崇矩結成兒女親家，如果兩人連袂在朝中做些不臣之事，自己這些年的辛苦不就付諸流水了？

趙普對宋朝可說是鞠躬盡瘁，在施政理念與制度的創立上，做出許多前無古人，後無來者的貢獻。

宋之後的專制王朝多沿襲宋人的治國理念，卻沒有給趙普一個應有的尊崇地位，以致於未曾在後人心中留下清晰的印象，實在有點委屈他。

其實，趙普的不招人待見也是有原因的。

明末清初的大史學家王夫之就非常瞧不起他，曾品評道：「以幕客之雄，膺元勳之寵，睥睨將士，奄處其上……」

從上述文字中，可以看出，趙普做爲一個幕僚出身的小吏，沒什麼資歷，但憑一張嘴和略施小計，就把後周江山易姓，制定一系列的軍事、政治、經濟措施。

不過，他制定一系列的軍事、政治、經濟措施的確有效，非但成功幫趙匡胤穩固王朝、恢復民生，也開創一代文治社會，算是他書生治國的本領。

一個文人，能讓武夫人人自危，也是種難以達到的境界。

趙普自從獨相之後，位尊人顯，當然也成了衆矢之的。

當一個人經歷由紅到紫的過程之後，就離黑不遙遠了。人無完人，何況趙普既非聖人，又是出鏡率極高的人物，想不被攻擊都難。

趙普出任宰相一職不久，時任御史中丞的雷德驤便彈劾他強買他人田宅、聚斂納賄。

趙匡胤不問究竟，抓起柱斧，把雷德驤的牙齒敲掉兩顆，並狠狠地告誡他：「今後不宜爾，且赦汝，勿令外人知之。」

君臣二人正在蜜月期，趙匡胤對趙普用之不疑，自然是極力維護，即便眞的有不是，也完全置之不理。

在收受南唐李煜的巨額賄賂之後，趙普主動向趙匡胤坦白此事，趙官家不但命他如數收下，最後還自己還禮。

直至開寶年間，趙匡胤仍時常輕車簡從、微服私訪，做社會調查。這一天，輕車熟路的他突然跑到趙普家。進入府中，卻見廊下放有一排罈子。

趙匡胤隨便問這是什麼東西，趙普不敢隱瞞，老老實實地回答。原來，這些是吳越國錢俶派人送來請趙普嘗鮮的海產。送禮的人剛走，趙官家來得快，倉促之間來不及收拾。

趙匡胤一聽，笑道：「既是海味，肯定是好東西！」當即命左右打開一看究竟。哪知，裡面哪裡有什麼海鮮，而是黃燦燦的金子。

趙普見自己受賄被抓，急忙辯白。

趙匡胤見他額頭汗水涔涔而下，笑道：「但受無妨，他們還以爲國中之事盡是你趙學究處置的呢！」

趙普聽官家如此講，明顯話中有話，只道再多的辯解，放在事實面前也顯得蒼白無力。事實再次證明「莫伸手，伸手必被抓」！

人生不如意事常居八九。做爲宰相的趙普，近來也無法免俗。日理萬機的他，竟然也利用職務之便，謀取私利。

官職高，府中丫鬟、僕人、下人就相應增加，時間一久，吃穿用度還能勉強應付，但屋子太小，不得不重新營建。

做爲趙宋首席大臣的他，當然不會親自動手蓋房子，而是派親信辦理此事。沒想到，他派去秦、隴地區買木材的親信，卻趁機上下其手，大發橫財。

當時秦隴的大木屬於稀有國寶，國家明令禁止私人砍伐販賣。大家都知道，凡是專賣的物資，利潤都很可觀，趙普親信趁機中飽私囊也不足爲奇。

本來，走私這種事情做起來，最好辦法就是「偷偷地進村，打槍的不要」，哪知這親信太過自負，覺得仗趙普權勢，沒有必要遮遮掩掩。

小吏的無知，害得趙普被推上風口浪尖。

這事很快就傳到三司使的耳中，三司使趙玭與趙普之間素有積怨，一直暗中搜集他的把柄，聽聞此事，急忙把事情上報給趙匡胤。

趙匡胤聽說以後，龍顏大怒，打算嚴肅處理。

眼見趙普就要倒大楣了，前相王溥卻主動出來打圓場。

他告訴趙匡胤：「趙玭此舉明顯帶有公報私仇的意味。趙普雖有貪腐之實，官家卻不能做得太過。大家都知道趙普對新朝立有大功，如果馬上處置他，會令其他朝臣心中產生想法，對官家的效忠之心大打折扣。」

趙匡胤怒火稍微平息之後，聽從王溥的勸諫，沒對趙普怎麼樣。

然而，趙普躲過一劫後，卻仍不知收斂，依然故我。覺得王朝少了他的運籌帷幄，就無法前行。

過於自負的他，很快就品嚐到自己種下的苦果。

雷德驤的牙齒被打落後，受盡貶謫苦楚。六年後，他的兒子雷有鄰捲土重來。這哥們在開寶年間舉進士不第，遷怒於趙普，認爲是他從中作梗，公報私仇，才會害自己考不上。

這次雷有鄰顯然有備而來，直接敲響登聞鼓。

宋代的登聞鼓院與登聞鼓檢院，是在唐人的基礎上設立的。登聞鼓院接受來自民間的上訴、舉告、請願，成爲除了宋官僚機構之外，民間與趙官家直接溝通的重要管道。

宋初的登聞鼓院隸屬於諫院，這時聽的外面有人擊鼓，不敢怠慢，急忙把雷有鄰帶來見趙官家。

雷有鄰如願以償地見到趙官家後，訟曰：「堂後官胡讚、李可度受賕執法及劉偉僞作攝牒得官，五洞嘗納賂可度，趙孚授西川稱疾不上，皆普庇之。」

趙匡胤聽了，雖然再次大怒，仍沒有揮動玉斧，而是把相關頭號嫌疑犯「下御史按問，悉抵罪。以有鄰為秘書省正字」。

眼看事實清晰、證據俱在，這些人辯無可辯，只能低頭認罪。雷有鄰也因為告御狀有功被封官，事隔六年，他終於為父親報了一箭之仇。

經過此事，趙普的聖眷不再，經歷戰爭的考驗，與和平時期的生死禍福與共之後，君臣二人之間產生猜忌之心。

按照舊例，宰相與樞密使每次都在同一廬舍之中，等候進入長春殿奏對，因此趙普與時任樞密使的李崇矩經常在一起。二人談天說地，聊得投機，最後竟然結成兒女親家。

按一般百姓理解，宰相之子娶樞密使之女，可說是門當戶對、天作之合。殊不知，他們這種行為卻犯了趙官家的大忌。

趙匡胤至登基之日起，就按著趙普規劃的藍圖，完成著稍奪其權、制其錢穀、收其精兵的艱鉅工作。所有的努力，無不是在加強中央集權，制衡各部門。習慣在這種思想下施政的趙官家，容不得絲毫威脅皇權的存在。就連做夢的時候，也想著如何提防臣子覬覦他的帝位。

政治聯姻本來就是他的拿手好戲，朝臣中位高權重的兩個人竟然還互相結成親家，如何不令他有所聯想？

執掌文武重權的兩個大臣最好意見相左，只要不在朝堂之上互毆，就是趙匡胤最樂意看到的結果。

沒想到，趙普與李崇矩不但越走越近，還結成兒女親家，如果兩人連袂在朝中做些不臣之事，自己這些年的辛苦不就付諸流水了？

於是，趙匡胤立刻傳旨：「從此宰相、樞密使，不得在一室內等候入內奏對。」

不久後，趙官家隨便找了個藉口，罷免李崇矩樞密使一職。

趙匡胤雖然對趙普有猜疑，但一時之間還拿不定主意，只好跑去徵求老臣竇儀的意見。竇儀見趙官家故意把趙普說得十分不堪，把自己誇得才德絕倫、遠超同儕，頓時明白趙匡胤的言外之意。

如果這時他順著官家的話攻擊趙普，那麼接任相位者無疑會是他。

可惜竇儀是忠厚之人，非但沒理會官家的好意，反而極力誇讚趙普，說他是開國功臣、公忠亮直、沒有臣子可以取代其地位。

趙匡胤見狀，只好另擇他人。

得知風聲的趙普，不但沒對竇儀存有感激之情，反而恩將仇報，指使親信與陶穀，對他大肆攻訐。

看到竇儀沒有像自己想像的那樣，附和自己的觀點，趙匡胤失望之餘，又去詢問盧多遜。盧多遜這些年一直在等待機會，見官家意有所指，喜出望外。終於等到天賜良機，怎麼會輕易放過？

在他口中，趙普種種不法之事，又被舊事重提。說趙普這些年忙於經營之道，擴建私宅，侵佔趙匡胤的菜園子，身為堂堂宰相還經營旅店。由此看來，此人不但貪財，甚至極善經營、生財有道。

趙普性格深沉，處理政事也很果斷，能以天下事為己任而不避嫌疑，的確難得。從他數次面折趙匡胤、犯顏直諫，就可以看出，他確實得大臣之體，不愧為社稷之臣。但凡事皆有雙面性，行事果敢本是好事，可在一些人眼中，會認為這是「剛愎自用」。

趙普在趙匡胤時期曾獨相九年七個月，之後被貶黜。到了趙光義時期又兩度拜相，成就一段專制王朝官員的傳奇。他一生有五十年的歲月，活躍在宋初政治舞台上，其中的是非功過，待筆者細細分說。

趙普在朝中剛愎自用、獨斷專行，不但引起同僚的不滿，也引起趙官家越來越多的忌恨。當然最讓官家大怒的，是他那一貫的行事風格。

初為宰輔的他每見朝臣上殿奏對，總是要他們做出保證，不得詆毀朝政，只許叫好不許有任何不和諧的聲音。

直到諫官表奏趙匡胤，才改變這種一言堂的情況。

開寶年間，趙普在自己的辦公室，放了一個大瓦缸。中央、地方臣僚的各種奏章表疏，只要不入他法眼的，統統丟進缸中，付之一炬。

趙普的種種做法，終於使得趙匡胤忍無可忍。

開寶六年，趙普被罷去宰相一職，出任河陽三城節度使（河南孟州）、檢校太尉、同平章事。

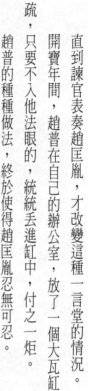

第 4 章

權力之爭

趙光義培植私人力量，趙普對趙光義的動向與居心洞若觀火，因此在朝堂之上，也形成以趙普為首和以趙光義為首的兩大派系，彼此攻訐不已。

許多人認為這樣的結果，是趙匡胤對於趙普徇私舞弊的懲罰，是君權與相權的博弈。但如果把趙普淡出權力中心之事，簡單視為是他功高震主、為官家所忌的話，那就大錯特錯了。

筆者認為，真正讓趙普被罷相的，是他與趙光義之間的權力之爭。

趙普一直把自己視為趙匡胤的家臣，所以對國事宵衣旰食，傾盡全力。他甘心情願地做好看門狗的工作，所有敢觸動官家利益的人，都在他的攻擊範圍之內，也對所有可能侵犯到君權的人予以關注。朝臣在他面前皆屏息斂氣，不敢高聲語。

事實上，他從乾德二年，拜相之日那天開始，就對一個人特別關注，這個人就是時任開封府尹的趙光義！

趙光義在建隆元年出任殿前都虞候，第二年出任開封府尹，開寶六年時，已經主持京師長達十三年。

在這十餘年內，趙光義沒有悠閒地過著錦衣玉食的生活，而是從三山五嶽中，網羅大批文武人才。

趙光義在拉攏人方面，出手相當大方，他的「開封府尹」職位，也令一些心存夤緣攀龍的人，死心踏地跑來賣身投靠。入他幕府名見經傳的有宋琪、石熙載、竇偁、柴禹錫、程德玄等六十六人。

這些人聚集在趙光義身旁，說穿了也只是為「錢、權」二字。

趙光義培植私人力量，雖然多在暗中進行，卻無法逃過趙普的眼睛。趙普為相後，權位大於自己的這一點，也讓趙光義心下十分不爽。二人因此日漸疏遠，到後來演變成相互明爭暗鬥、勢同水火。

趙普對趙光義的動向與居心洞若觀火，因此在朝堂之上，也形成以趙普為首和以趙光義為首的兩大派系，彼此攻訐不已。

雖然趙普與趙光義暗中鬥法，表面上卻仍一團和氣。這兩個極有智慧的高人，斷不會把矛盾公開白熱化，不鬥個你死我活，絕對不做最後攤牌。

一日，趙光義的手下，開封府判官姚恕有事求見趙普。

不巧的是，趙普正在府中宴客。

估計姚恕沒把門丁放在眼裡，讓門子非常生氣，於是擅自作主，不去通報，直接三言兩語打發他走人。

姚恕見趙普府上區區一個門人，都能裝腔作勢，連通報的樣子都懶得裝，氣得掉頭拂袖而去。

趙普得知此事，立刻派手下去賠禮道歉。

姚恕也是趾高氣揚的人，哪裡受過這種委屈，對當朝宰相的示好竟置之不理。

倘若姚恕只是開封府的一名判官，相信不會如此囂張，但他是趙光義的親信，早已習慣狗仗人勢、行事囂張。

他的不理智行爲，爲自己的人生道路埋下隱患。

自以爲得計的他，完全不知趙普心胸狹隘，是有仇必報的人。

趙匡胤代周之後，趙普曾經要他對從前得罪過自己的人還以顏色。趙匡胤沒有聽從，反而勸他道：「不識男兒未濟時的人多矣！莫非都要如卿家一樣？」

趙普也對昔日同僚充滿疑忌。王仁贍是他在劉詞幕府中認識的故交，劉詞臨死之前，曾向柴榮推薦他們二人。

到開封之後，王仁贍與楚昭輔二人徑直投奔趙匡胤，趙普則流落在京中，過著漂泊無所依的日子，因此對老王棄他於不顧這點心生不滿，一惦記就是十餘年。

後來，王仁贍與王全斌征蜀，功成之後卻縱兵大掠。

趙匡胤與衆人秋後算帳，王仁贍百般抵賴，諉過於他人，人品可見一斑。

平蜀事件的餘波還在繼續，王仁贍已經重新當回京官，而且出任顯職。

這天，趙匡胤留王仁贍在宮中敘話，第二天趙普就直言不諱地表奏官家：「王仁贍乃是奸邪之徒，昨日陛下召見，一定在御前極力詆毀我。」

趙匡胤對趙普身爲宰輔，卻鼠肚雞腸的行爲哭笑不得，這什麼跟什麼啊？便把奏章退還給他，在後面批覆：「風物長宜放眼量，牢騷太多防斷腸！」

王仁瞻乃是趙官家的心腹，趙普都惦記在心底了，怎又會輕易放過小小的姚恕？即使他不是趙光義的幕僚，以趙普的一貫作風，也不可能輕易放過。

凡是恃才傲物的人，多少有些才華。既然姚恕有傲慢的本錢，趙普就舉薦他出任澶州通判，信口直道只任開封判官顯然有點屈才，最好去澶州這種天大地大的地方發展拳腳。

趙光義得知消息之後，如坐針氈，急忙入宮跑去見他皇兄。

他急著請趙匡胤收回成命，也是有原因的，因爲趙普的薦賢，並不是出於正大至公之心，而是包藏禍心。

原來，這事在以前已有先例。

以前趙光義府中有一個叫宋琪的人，和趙普同樣都是幽州人，兩人經常往來。

本來，同鄉之間互有往來也沒什麼，但看在趙光義眼裡，卻認爲這是對他的漠視。一肚邪火的他馬上把宋琪掃地出門，趕出開封府。

趙普爲此耿耿於懷，一直尋機報復，機會很快就來了。

趙普拜相之後，王全斌平蜀，縱兵大掠，搞得四川民變蜂起，趙匡胤派呂餘慶知成都，與此同時，趙普推舉馮瓚前往梓州。

之所以舉薦他，不單因爲趙官家經常誇讚馮瓚，而是因爲他與一個人過從甚密，那就是時任開封判官的劉鳌（音敖）。

趙普舉薦馮瓚，是在誘蛇出洞，打算設下圈套報一箭之仇。

馮瓚走馬上任的時候，趙普就在他身旁安排眼線。果然，不久後，線人向趙匡胤告發馮瓚的經濟來源有問題，即使馮瓚官聲不錯，趙官家仍執意召他回來一問究竟。

趙普安排手下在馮瓚回京的必經之路等候，果不其然，從馮瓚的宦囊中，搜出鐵證：一條金帶。上面還註明是要送給劉鳌的。

看來「有吏才」的馮瓚對於送禮一事，尚停留在幼稚園階段，哪有人在金帶上註明收禮人名字的呢？這不是授人口實嗎？

專制時代與現代不同，禮法甚嚴。有錢不是爺，想豪奢還得提防犯忌諱。有錢人哪裡敢隨便拿金帶出來顯擺？以劉鳌的資歷與地位，顯然不會配戴金帶，這應該是馮瓚用來敲趙光義的一塊門磚。

抓到把柄的趙普得理不饒人，堅持從重、從快、從嚴處置馮瓚。

趙匡胤本來想從輕發落，可是證據確鑿、事實清晰，只得聽任趙普處理。

趙普目的達到後，放了馮瓚一馬，最終將馮瓚流放登州沙門島，做牧馬人事。

馮瓚遭流放，劉鳌的開封判官一職也做到了盡頭。

趙光義見趙普再次舉薦，想讓姚恕成為劉敖的繼任者，不由心下緊張。趙普讓他極為狼狽，根本不會理會「打狗看主人」的官場規矩。要是再讓他繼續翦除自己的羽翼，時間一久，該如何在朝中立足？

無奈，趙匡胤這次沒有給御弟面子，反而拒絕他的請求。

因為澶州的杜審肇身份特殊，乃是趙官家的娘舅。趙官家知道澶州地方黃河為患，娘舅無法消弭水患，一直想派個得力助手前往協助。以姚恕的能力，出任澶州通判一職的確是上上之選。

再者，最近趙光義勢力膨脹，引起趙匡胤的不安，正好藉此削奪他在朝中的權勢，一舉兩得。

事情果不出趙普所料，黃河並沒有因為姚恕的到來而變得溫馴起來。不久後，澶州地區的黃河潰堤，立刻成為水鄉澤國，大片農田慘遭淹沒，損失慘重。

趙普馬上以姚恕不及時上報災情為由，將他斬首，並命令手下把屍體扔進黃河，趁機出口惡氣。

在此事的處置上，趙普肯定得到趙匡胤的首肯。因為不能對娘舅杜審肇痛下殺手，於是，姚恕變成了代罪羔羊，同時也藉以警示趙光義做事情要知道收斂！

從此，開封判官一職成為燙手山芋，所有人避之惟恐不及。

趙光義是很有政治野心的人，眼見趙普成為他前進道路上的絆腳石，明白只有將其搬開，才能走向康莊大道。在攻擊趙普的官員們身後，總是可以看見趙光義若隱若現的身影。二人也因此結怨越深。

趙光義的這些行為，加重趙普的逆反心理。如果繼續坐視，讓趙光義向皇位發起衝鋒，未來趙光義怎麼會輕饒過他？

眼看矛盾已經明朗化，趙普索性放手一搏，竟開始在趙匡胤耳邊吹風。心急的他，完全忘記疏不間親的道理。

雖然趙家老爺子趙弘殷沒有把他當成外人，但是他和趙匡胤畢竟只是君臣關係，趙匡胤與趙光義卻是一母同胞的親兄弟。

趙普私下請趙匡胤立趙德昭為太子，但不知出於什麼心理，趙匡胤竟斷然拒絕，也為後來趙光義繼位更增疑雲。

後世學者據此推斷：趙匡胤有意傳位趙光義，金匱之盟實有其事。

據《丁晉公談錄》載，趙光義繼位不久後，無意間說了一句話：「倘若趙普仍居中書，朕安得居此位？」一語道破天機。

最後趙普黯然離京，該歸功趙光義幕後策劃，盧多遜等人衝鋒在前、猛拍板磚，只是推波助瀾罷了。

當盧多遜等人揭發趙普後，趙匡胤給趙普的答覆是：「均勞逸」。意思是你太累了，該歇歇了。

趙普離開後，朝中沒了阻礙，趙光義很快就榮封晉王，距離君王之路更近了。

但趙普也不是等閒之輩，雖然離開權力中心，卻對可能出現的政局做未雨綢繆之事，以利將來捲土重來。此外，他還寫表上奏：「外人謂臣輕議皇弟開封尹，皇弟忠孝全德，豈有間然？」

趙普明白，這奏章不單趙匡胤會看到，趙光義也會看。所謂忠孝全德之語，仍是不忘提醒趙匡胤，要注意身邊的這位御弟。

他這樣寫，也是希望趙光義讀到奏章後會放他一馬。畢竟透過這些年的接觸，他非常了解：「趙光義是個很難侍候的主兒，心胸比趙匡胤狹窄多了。」

第11卷

趙匡胤決定要遷都

一個國家定都於何地，是非常講究的事情，萬不能等閒視之。尤其選址何地，事關江山、社稷，就算是史上最短命的王朝，也要為自己選一個生財福地。

第 1 章

開封城的更迭

開封作為四戰之地，乃是兵家必爭之要衝，不適合設為帝國首都，雄才偉略的趙匡胤焉有不知之理？

趙匡胤罷免趙普之後，初時不覺有何不妥。時間一久，就發現晉王的勢力不可小覷，開始後悔當初自己的決定是多麼的草率。

只是，做爲人君，自己「均勞逸」的話言猶在耳，再把趙普請回朝中，恐怕會惹來朝野非議。

失去趙普這個老卒的拱衛，面對親弟弟的步步緊逼，趙官家完全沒有當年的英勇。雖然英明神武的他不忍對自己的胞弟痛下殺手，但一味退讓耶也不是辦法，絞盡腦汁一陣之後，終於想出一條安天下的妙計——遷都！

趙匡胤心中存著「惹不起，還躲不起嗎」的心思，哪知，沒動心思還好，一把這想法公之於衆，竟把趙光義推上絕境。

趙光義無可奈何之下，只好先下手爲強！

趙匡胤動了遷都的心思，並不全跟趙光義經營開封十餘年，勢力盤根錯節有關。開封城確有不適合做爲一國之都的缺點所在。

宋朝成立初期，剛剛登基的趙匡胤忙於鞏固新生政權，無暇顧及其他。直至開寶元年，趙匡胤終於下令，對開封城展開修繕工作。負責修城的官員興奮地捧著施工圖，請官家過目，沒想到，趙匡胤一看，居然勃然大怒。

見官家動怒，官員心中惴惴，不明就裡，只能拜舞於地，口稱死罪。

這些作監官員工作熱忱雖高，卻不能領悟最高領袖的想法。所以圖畫得再好，也不會被趙官家賞識。

趙匡胤拿起筆來，在圖上筆走龍蛇，寫畢，扔在地上，命那官員依樣畫葫蘆。官員拾起圖紙，見上面墨法淋漓，趙官家畫的街坊猶如迷宮，還在旁邊特別註明：依此修築！

那官員不知耗費多少工作日，辛辛苦苦才畫了一幅橫平豎直、四平八穩、四面皆有門，坊市經緯其間的施工草圖，卻被趙官家批成一無是處。倘若依一般人的眼光，必不吝於溢美之辭。

但是，他忽略開封城做爲帝國首都，必須要有軍事的意義。

趙匡胤改圖，乃是出於城防的考慮，城池必須修得易守難攻、固若金湯。

趙匡胤從戰略角度來考慮，那官員卻慮不及此。任何危害京師安全的行爲，都是不可饒恕的罪過，沒有被當場拖下去殺頭，算是上輩子燒了好香。

開封城做爲中國七大古都之一，最輝煌的時候期理應是北宋年間。雖然沒有毀於戰火，卻因爲黃河氾濫，深埋於地下數百年，導致後人只能從《清明上河圖》中，領略當年開封城的繁榮與美麗。

歷史上，中國曾把朱仙鎮、景德鎮、漢口鎮、佛山鎮等四地，稱爲「四大名鎮」。

其中，除了景德鎮，其他三處都是因水運方便才興起的。而三鎮之中的「朱仙鎮」，就位於距現在開封市三十公里的地方。

朱仙鎮附近有個叫古城村的小村莊，村莊雖小，來歷卻很不凡。因爲村子裡有一面古城牆，即是遠古時「啓封」城的遺址。

相傳，春秋時期，鄭國曾在此開墾種植，建造一座「啓封」城。之所以有這樣的名字，也是希望此名能爲城池帶來「啓運封疆」之喜。

漢代在此設立縣治，漢景帝在位期間，因避名諱（景帝名為劉啟），啓封城更名爲開封城，啓封縣就此成爲開封縣。

如果在漢景帝之前就出現開封城的稱謂，那可是滑天下之大稽。開封縣在漢時隸屬於河南郡；東魏時期成爲開封郡治，隸屬梁州；隋朝又隸屬於汴州。

唐朝時，開封縣治移到汴州城，從此之後，汴州城內外分屬浚儀縣與開封縣。

五代時，汴州成爲朱梁的首都，又新設置包括兩縣在內的開封府。

到了宋眞宗時期，浚儀縣更名爲祥符縣，這更名一事，當然跟宋眞宗大搞天降祥符、崇信道教有關。

經過後周世宗的營建，開封城到宋代時，已經是具有三重城的大都市了。柴榮生前做的所有努力，全是在爲趙匡胤做嫁衣。

從中唐五代開始，藩鎮往往會在守地大興土木。尤其修築城池時，總會建造內外兩重城牆。除了方便劃分軍民生活，在戰時也能對夾城起保護作用。

後周顯德三年，世宗發動十萬丁夫，在舊城周邊修築城廓，共四十八餘里，構成宋代開封城三重城池的基本面貌。

一個國家定都於何地，是個非常講究的事情，萬不能等閒視之。尤其選址何地，事關江山、社稷，就算是史上最短命的王朝，也要為自己選一個生財福地。

從古代華夏九州的意義上區分，開封城屬於古「兗州」。宋定都於此，與前朝一樣，看重的是漕運便利。

在確立宋帝國中心樞紐的地位之後，趙匡胤更注重恢復民生、發展經濟等事項。政策的正確性，加上地理便利，使汴梁城迅速興盛起來。

但開封城千好萬好，只有一點不好，這從趙匡胤看到城池施工草圖大怒就可以看出：開封城有一個先天不足的弱點，就是無險可守。

汴梁城從古到今，四周都是平坦大道，無險可恃，極易遭受攻擊。

開封作為四戰之地，乃是兵家必爭之要衝，不適合作為帝國首都，雄才偉略的趙匡胤焉有不知之理？

京都一旦發生危機，便是震動天下的大事。倘若出現鑾輿播遷之事，如何號令天下？這種隱憂能動搖江山社稷，是必須慎重考慮之事。

第 2 章

一面握手言和，一面促進生產

雙方簽訂和平條約之後，趙匡胤一面對江南用兵，一面在河北沿邊等地採取各項政策，在恢復生產的同時，也不忘記薄征賦斂、革除舊弊，減輕河北人民的負擔。

立國十餘年，江南勢力幾乎蕩平。

這時，趙匡胤把目光穿越北漢太原，聚焦在他眞正的對手：契丹人身上。

先南後北、先易後難的戰略雖然正確，卻是一種不得已而爲之的手段。

契丹國雖然與宋簽訂互不侵犯的友好條約，但做爲傑出政治家、軍事家，趙匡胤心中明白，和平不能單獨建立在契約之上。

遼人與宋人不同，他們以戰養兵，始終對中原虎視眈眈、垂涎不已。

自從石敬瑭割讓燕雲十六州，中原王朝失去長城這道樊籬。來自北方的遊牧民族如果想南下牧馬中原、飲馬黃河，變得相對簡單。

倘若遼軍從兩國邊境揮戈南下，將是一馬平川，極爲順利之事。

對擅長騎射的遼人而言，長途奔襲根本不算什麼。汴梁城四通八達，是戰是守都難以措置。就算要跑路，又如何快得過契丹駿馬？

趙匡胤聚集天下精兵於汴梁城，一者是爲強幹弱枝，使地方沒有與中央爭雄的實力，同時也是爲了捍衛京師的安全。一生征戰無數的趙匡胤非常明白：據險而守都有可能險不足恃，何況汴梁城無險可恃呢？

但是，在面對契丹前，他還有些事情得先解決，那就是軍糧問題。

在平定江南之後，國內戰事基本告一段落，需要考慮的則是裁軍的事情了。

因爲，這時汴梁城中的禁軍數字令人咋舌。

宋初軍制對於家屬隨軍一事，沒有像現在一樣，非要達到一定位階才行。北宋初年的趙匡胤時期，禁軍總數共有二十二萬，但這個數字單指戰鬥人員，不包括軍屬。隨軍家屬是純粹性的消費群體，他們的到來，讓開封城顯得更加狹窄。毫無疑問的，當時開封城人口密度堪稱世界第一。

根據史料記載，在京禁軍數量包括開封府界在內，計有十二萬。

至於其他十萬人上哪去了？

全都駐外去了。

當時，禁軍因防守邊境、維持地方治安等原因駐留地方，時期為兩年至三年。士兵出動時，家屬留守軍營，待其歸來。但也有例外，許多禁軍執行任務時會攜家帶眷，這種情況被稱為「就糧」。

從名稱上看就可以知道，這是京師糧食供給出現困難時，出現的一種權宜之計。

據中外學者考證，每名禁軍的隨軍家屬約三至四人。據此推算，宋初的禁軍總人數在百萬之上。如果加上南唐、南漢、荊湖、後蜀等地的降人，與各地陸續選來的士兵，開封城總人口更驚人。

在趙匡胤時期，「就糧軍」主要派駐地是與契丹交界的河北地方。這樣的安排絕不是因為上述地區糧草充足，而是出於戰略要求。就連水陸交通便利的開封，都不能解決禁軍的糧食供給問題，河北地方糧食的運輸就更不用說了。

不可否認，趙匡胤建立的宋朝的確是史上成本最爲低廉的專制時代，但他沒有因爲江山得手太過容易，就放下戒懼之心。

他曾對臣子道：「今之勍敵正在契丹。」

趙匡胤對北面這個芳鄰，時刻小心提防。

先南後北的國策確立之後，宋軍對遼人一直採取守勢。因爲擇將得宜，遼人非但沒有撈到便宜，反而付出不少本錢。見西北得到保障，邊境沒劫掠之患，趙匡胤才放心進軍東南，奪取荊湖、川廣、南唐等地。

而這時遼人國內正處於轉折期，一時也無力南下與趙宋爭雄。

北宋開寶七年，雙方互致書信，表示修好的共同心願。

遼史記載，這次是宋人主動示好。

宋史百官稱賀契丹遣使的言語，卻是「自漢晉以來，北敵強盛，蓋由中朝無主，至晉帝蒙塵，乃否之極也。今慕化而來，亦由時運，非涼德所至」。

趙官家得意之情溢於言表。

趙匡胤之所以接過契丹人手中搖動的橄欖枝，其實有個不爲人所知的原因。

他對後晉宰相桑維瀚十分推崇，桑維瀚認爲：「如果與契丹人交兵，兵連禍結，得不償失。一旦雙方疆埸鏖兵，會出現將帥擅權。戰而勝之，會恃功而驕，漸成尾大不掉之勢；如果敗北，國家損兵折將、勞師糜餉。」

基於對這理念的認同，趙匡胤想出一個妙計，在對南方用兵得手之後，盡收南方諸國府庫，將金帛寶貨全數收在新建的「左藏司」中。左藏司是趙官家的小金庫，他打算零存整取，「欲候滿三、五百萬，即與契丹以贖幽、燕故土」。

這個贖取政策的確是明智之舉。當時宋雖有禁軍二十餘萬，卻以步卒爲主，鐵騎有限，如果在平原上與契丹軍作戰，則毫無勝算。

在冷兵器時代，沒有騎兵，作戰就會失去機動性與主動權。反觀契丹軍，有三十萬之衆，盡爲鐵騎，既利於長途奔襲，就算打不過，還可以馬上拍馬跑路。

雙方言和，不但符合兩國國情，又避開戰禍，對一心恢復經濟，穩定鞏固雙方的統治可說是有百利而無一害。再者，休戰和好也是尊重兩國百姓的意願，乃是利國利民的大好事。

事實證明，越是利國利民的好事，反對者就越多。趙官家也擔心朝臣反對他這麼做，於是有意道：「如果契丹人同意，就一手交錢，一手拿錢之後拍屁股走人；倘若遼人不同意，就用二十四絹的價錢來換取一名契丹士兵的首級。」

重賞下，必有勇夫，遼人精兵十萬只需二百萬絹就可以搞定，還能讓他的小金庫有結餘。趙官家的這種心思表明：他自始至終，面對與契丹的戰和一事都相當愼重。

在他的努力下，宋遼兩國基本上維持互不侵犯的狀態，這種局面直至趙光義自立後才被打破。

雙方簽訂和平條約之後，趙匡胤一面對江南用兵，一面在河北沿邊等地採取各項政策，諸如促進生產、恢復發展、安定生民、勸督農桑，增大植樹造林的力度。其中的植樹造林並不單爲綠化，恢復生態建設，也出於軍事的考量。樹一多，契丹人的騎兵就不便展開。「逢林莫入」的道理不僅適用於綠林好漢與江湖中人，在普通戰爭上也很好用。

在恢復生產的同時，趙匡胤也不忘薄征賦斂、革除舊弊，減輕河北人民的負擔。他在位十七年，宋朝務農興學，慎罰薄斂與世休息，尤其河北乃是天下根本，更得他的關注。河北地處邊陲，與強鄰接壤，而且民風強悍，最好的辦法就是用以安撫，不加騷擾。於是，他抬出新政：「通鹽不禁，聽商人貿易，官收『其算』而已。」

趙匡胤罷禁商，安定河北民心，減輕當地百姓負擔，既有利於農業經濟的恢復，更有助於邊防的鞏固。

第 3 章

拓展海上貿易

鑄造的錢幣數量龐大，卻也流失得極快。宋朝的銅錢主要從陸路與水路兩個通道流失，其中以海路流失的情況最為嚴重。

宋、遼雖簽訂和約，趙匡胤卻沒有忘記「忘戰必危」的大道理。

但禁軍數量太多，帶來龐大的開銷也讓官家吃不消。這時的趙宋尚在恢復元氣當中，屬於底子極差的階段，還不到可以驕奢淫侈的時候。要是聽任這種情況繼續發展下去，莫說要收復燕雲十六州故土，光是糧食費就會拖垮國家。

安史之亂後，由於中央政權極速衰弱，對周邊少數民族的控制力日漸減弱，失去羈縻的少數民族與唐政府越行越遠，最後分道揚鑣，建立各自的割據政權。

宋之前的漢唐，對外貿易主要交通是「絲綢之路」。從長安、洛陽出發的馬隊、駝隊，將東方的奢侈品運往遙遠的海外諸國，換取彼國的奢侈品。

反觀千年以後，國人以購買歐美豪奢品爲榮，且樂此不疲，輸出品卻以資源、勞動密集型產業製成品爲主，成了全世界最廉價的勞動力，實在悲哀。而那些所謂的經濟學家，依然成天高談闊論、得意洋洋，沒有絲毫的羞恥之心，實在令人佩服得緊。

唐末，中原政權對西域失去主控權以後，絲綢之路變得險阻難行。

等到西夏佔有河西走廊之後，中原與中亞諸國的貿易變得更加困難。同時，黨項貴族插手其間，充當掮客，也使得雙邊貿易進一步複雜化。

西夏貴族的公然掠奪，使得途經河西走廊的商旅、貢使裹足不前。

但這些嘗過貿易甜頭的客商，怎麼會輕易放棄發家致富的良機呢？

商界從來不乏奇才，他們很快就另闢蹊徑，陸路不通，那就改走海路好了，海路與陸路的風險無幾，卻不會有人做中作梗，獲利更多。於是，所有的客商都選擇航行，等船回到廣州之後，登陸北上，再趨汴梁。

於是，東西方的陸上貿易幾乎停滯，海上貿易卻日漸興盛。

西夏人很快就就品嘗到自己所種的苦果。失去貿易的黨項民族雖然在軍事方面佔上風，卻不得不屈服於宋朝。

原來，宋人軍事方面失利之後，對西夏展開經濟制裁，如此一來，西夏人徹底歇菜，只好放下身段，與宋人議和。

西夏盛產青鹽，深受宋人喜愛，宋詞有言單表此事：「客到但知留一醉，盤中只有水晶鹽。」

可見，當時宋人飲酒並不像現代人一樣，非得冷熱菜餚若干，才能開懷痛飲。當時的下酒之物，句包括青鹽。

這種青鹽大家一定見過，就是用來醃鹹菜的那種大粒青鹽，在當時乃是講究之物，是稀缺資源。

西夏雖盛產青鹽，卻不能把鹽當飯吃。他們最缺少的東西是茶葉，沒茶，估計個個都要得上高血脂、高血壓這類富貴病。

宋廷雖然沒有佐酒的水晶鹽，也還有產鹽的淮南、河北等地區。但西夏不產茶，宋國的數斤茶葉可以換回他們的一頭羊。

這樣的貿易相當不平衡，但西夏人也只能接受。

在宋人介入海洋貿易之前，壟斷全世界海上貿易的，是來自阿拉伯世界的客商，相信看過《一千零一夜》的人都知道。

漢唐時，中國人在海上貿易的地位並不高。但宋朝建立後，海洋自此進入中國人的視野。宋人開始衝破陸地文明的束縛，走向廣闊的海洋。經過奮鬥努力後，他們很快就積累豐富的海洋文化與知識，海洋的氣息也迅速融入普通民衆的生活。

中國的古船大致可以分成兩種：沙船與福船。

沙船的特點是平底、方頭、吃水不深，就算航道淺，也不會影響到航行。直至現代，還常見到類似的船，在大運河之中來往穿梭，差別只有從木製變成鐵製而已。

福船的特點是尖頭、尖底，龍骨貫穿前後，並且首尾上翹。特點是吃水深、抗風浪的能力強。

從近代泉州等地出土的船形上來看，宋人的航海船隻已經達有相當的水準，海船的載重量與體積，完全可以用海上巨無霸來形容。

海洋貿易的大發展，也促使海上定位技術發生革命性的變化。宋代之前，水手完全靠星宿與地表目標來定方位，可以說以目測為主。但這種目測技術已經不能滿足宋代航海事業的需要了，要是沒有新的技術支援，也不能進行遠洋航行。

在這種背景下，指南針被正式運用到航海中。

對於宋人在航海使者用指南針一事，沈括所著的《夢溪筆談》中，有非常詳盡的描述。宋人雖然不能明白「地磁偏角」現象的原理，應用起來也不見得完全精確，但在當時的國際社會，已經是一種相當不得了的發明了。

指南針不但開創航海史上的新紀元，推動中國和世界海洋貿易的發展，也成爲宋朝影響華夏文明與世界文明的事例之一。

也正因爲宋人航海技術的先進，使得宋高宗趙構逃過一劫。

當年，在女眞人的追捕下，趙構無處藏身，只好坐船躲入滔滔大海。女眞人對於操舟弄槳一事實在外行，眼睜睜地看他消失在茫茫大海之中，卻只能莫可奈何。

海洋貿易的發展帶給宋人唯一的不利影響，就是出現錢荒。

當時，北宋人雖然已經發明「交子」，但是質樸的華夏人民，腦袋沒有現代的美國人靈光。他們不懂得開足馬力印鈔票，然後把經濟危機帶來的影響轉嫁到他國身上。

雖然當時已經出現交子這種貨幣，但是銅錢仍然是宋代主要的流通貨幣。

當時的銅價還沒有高到令人抓狂的程度，卻也因銅的產量有限，無法無限度地鑄造。

即便如此，宋人鑄造銅錢的數目，仍是唐朝的十至三十倍之間。

鑄造的錢幣數量龐大，卻也流失得極快。宋朝的銅錢主要從陸路與水路兩個通道流失，其中以海路流失的情況最爲嚴重。

宋哲宗時期，朝廷無奈之下，只得嚴禁銅錢出口，卻也無力改變宋錢在國際上成爲通用貨幣的事實。

從經濟學的角度來分析，趙匡胤遷都是個成本相對低廉的辦法。屯重兵於河北，千里運糧，浪費民力，絕非善策。

雖然一勞永逸的解決辦法是收復燕雲故地，但此事操作起來頗有難度，以宋廷目前的綜合實力來看，尙處於「光有想法，沒有辦法」的層面。

趙匡胤明白，宋遼之間的戰爭終將不可避免，爲了子孫千秋之計，必須收復燕雲失地，重新據有長城險隘。

一旦與遼人開戰，就必須要避敵鋒芒，綜觀一切，還是只有遷都最安全。

在西幸洛陽時，趙匡胤把趙光義帶在身邊。

這足以說明，趙匡胤內心對他的舉動已經有所覺察。把他帶在身邊，也是迫於防範的無奈之舉。

趙官家生怕觸動御弟內心最敏感的神經，有意隱藏他的眞實意圖。

他宣稱，此去洛陽是要行郊祀之禮。

然而，即便如此隱密，仍然引發朝臣們的不安與猜測。

在五代時期，歷代王朝都以洛陽與開封為首都。這兩個城市都位於河南境內，因為地處戰亂中心，城市飽受戰火蹂躪，是遭戰亂破壞最為嚴重的地區。

後梁王朝的開創者朱溫，與同在戰亂中起家的張全義，各自佔據開封與洛陽。各自佔據開封與洛陽之後，又根據需要，進行重建工作。這二人屬於善於破壞舊世界、建立新世界的先行者。

張全義初為李克用部下，後歸降朱溫。

當時，朱溫的敵對勢力李克用與李茂貞佔據長安附近的地區，為不使傀儡天子唐昭宗落入對方手中，朱溫把昭宗及唐皇室盡數遷至洛陽。

離開長安之後，一路顛沛流離的唐昭宗，還不忘征斂錢財，想重振大唐雄風，並夢想在洛陽城行郊祀之禮。

朱溫怎麼可能准許昭宣皇帝按照自己的意願行事？洛陽郊祀設施的重建，都是在為他的登基在做準備，才不是為了傀儡皇帝。

根據儒家禮說，皇帝要在自己居所的南郊祭天、北郊祭地。其中，又以南郊祭天更受重視，因為祭天會彰顯他們居九五至尊之位，乃是天命所歸。

郊祀首先要在南郊圜丘的壇上陳列各神主牌，然後進行祭祀。在舉行郊祀之前，還要向祖先彙報祭天的所有儀式程序，所以在郊祀之前，先要祭拜宗廟（太廟）。

後周郭威代漢後，認爲有必要昭告中外及先祖：「我郭某今非昔比，已成爲九五至尊。」可是定都開封的他心中又存有疑惑：「從朱溫的梁朝開始，郊祀總是在洛陽舉行的。自己這樣做，是不是與禮制相合呢？」

這時宰輔站出來解疑答惑：「只要是聖天子的京都，就可以祭祀百神，又何必只在洛陽一地呢？」

這道理講的大有見地，在洛陽還沒成爲都城時，其他的歷代帝王一樣也要行郊祀之禮。況且如果只爲郊祀，就勞民傷財的折騰，還眞的有點過分。這對剛建立政權的後周朝廷，以及和百姓小民而言，也是一件麻煩事。

郭威聽從了宰輔的建議，在開封城郊建立圜丘、社稷壇，以及後周皇帝的太廟。

趙匡胤代周之後，一共舉行了三次郊祀，分別在乾德元年、開寶元年，以及開寶四年。也因爲如此，在開封城舉行郊祀已經成慣例，忽然改到洛陽舉行，的確讓人在詫異之餘，心生忖度。

不只是趙光義一人，所有朝臣都聯想到後梁朱全忠、後唐莊宗在洛陽舉行郊祀之後，馬上遷都洛陽一事。加上趙匡胤舉行完郊祀之後，絲毫沒有返回開封的意思，更加深朝臣們猜測的準確率。

就在趙光義心中胡亂猜測的同時，又傳出一個令他坐立難安的消息！

趙官家來到洛陽之後，映入眼簾的是雕樑畫棟、宮室壯麗，不禁心中大喜。馬上召來知河南府、右武衛上將軍焦繼勳，誇他辦事得力，並加封爲兼彰德（今河南相州）節度使一職。

趙匡胤一面在想盡辦法削奪藩鎭節度使的兵權，現在又命焦繼勳兼任彰德節度使，完全是一種殊恩。

焦繼勳聖眷優渥，在其他朝臣眼中看來，最多有艷羨而已，但在趙光義的眼中，意義卻非同尋常。

原來，焦繼勳另有一個特殊身份，他與趙匡胤是兒女親家。焦繼勳之女生得花容月貌、天生麗質難自棄，嫁給趙匡胤的小兒子趙德芳。趙德芳這時時年十八，正是青春年少的時候。

趙光義由此聯想，認爲兄長對他產生疑忌之心，並有意壯大侄兒的勢力，與自己抗衡，這樣做會讓他邁往帝座之途，充滿變數。

在趙光義心亂如麻的時候，行宮又傳出官家決意遷都的驚人消息。

他聞訊後，大驚，跌坐在榻上，眼前一黑，險些暈死過去。

左右見狀急忙上前，又是呼喚，又是尋醫，一時亂成一團。

直到程德玄趕至，施以針砭，片刻之後，他才幽幽轉醒。

趙光義見身旁亂成一團，當場沉下臉，厲聲斥責身旁人等不得胡言亂語，並要他們各自回去休息。

摒退左右下人之後，趙光義這才壓低聲音，把事情原委一五一十地告訴程德玄。

程德玄聽的心中暗自吃驚，他雖以醫術見長，卻拙於智術，見趙光義失魂落魄的樣子，急忙起身去請其他幾名親信前來議事。不一會兒，趙光義榻前聚齊他的幕府親信，一夥人密議良久，直至夜深方才散去。

第 4 章

宣佈遷都

跌坐在椅上的趙匡胤，望著匆匆遠離的趙光義，口中喃喃地反覆念叨著：「在德不在險……」彷彿在一瞬間蒼老許多。

第二天，趙匡胤在行宮中當衆申明遷都洛陽之意，衆臣子雖覺茲事體大，但官家生於斯、長於斯，現在念茲在茲，也是應有之義。

就在百官心中正感訝異的時候，忽有一人越衆而出，口稱不敢領旨。

衆人定睛一看，原來此人正是時任起居郎的李符。

關於李符這個人，史書上記載他「無文學，有吏幹。好希人主意以求進用，終以此敗」。據《宋史·職官志》記載，起居郎乃是趙官家近臣，「御殿則侍立，行幸則從，大朝會則與起居舍人對立於殿下螭首之側。」

李符負責記載官家的一言一行，再交給相關部門登入史冊。

趙匡胤見自己話音剛落，李符就率先表示反對，頓時愣住，回神以後，馬上接過他所上表的奏章展讀。

仔細一看，上面竟羅列八條反對意見：一，京邑凋弊；二，宮闕不備；三，郊廟未修（當時的趙宋太廟建在開封）；四，百司不具；五，畿內民困；六，軍食不充；七，壁壘未設；八，千乘萬騎盛暑扈行。

仔細分析，就會發現李符提出來的反對意見，根本是有意羅列、誇大其辭。

京邑凋弊、宮闕不備、郊廟未修完全可以歸爲一類，倘若定都於洛陽，大修宮闕當然會包括營建太廟工程。

而百司不具、畿內民困，只要遷都之後，上面的問題自然會迎刃而解。

至於軍食不充這點，遷到洛陽後，軍糧運送的確比開封相對困難許多，倒是事實。最後一條的千乘萬騎盛暑扈行，簡直就不值一駁。

趙匡胤官家又沒說非要在酷暑難奈的盛夏遷都，何況只是扈從遷都，又不是在倉皇之下「千乘萬騎西南行」。

趙匡胤看完李符的奏章後，意味深長地望他一眼，然後把表章丟在一旁。

李符見狀，惶恐而退。這種時候要是再開口，那就是自討苦吃了。

皇帝這時才議遷都的大事，做爲起居郎的他竟立刻上表反對。並不是他披肝瀝膽，盡臣子極言敢諫的本份，而是越權言事，甚至有洩漏國家機密的嫌疑。

趙匡胤的猜測果然很準確，李符表面上與晉王府沒有半點瓜葛，實際上卻與趙光義有不爲人所知的曲徑通幽關係，他與晉王府中某些肱股之臣過從甚密。

綜合各種史料分析，李符率先反對遷都，絕對是出自趙光義的授意。

宗室結交大臣，乃是官家大忌，歷代皇帝對這種事情向來深惡痛絕。

宋太祖時代，曾出現一位牛人，準確說應是「呆人」，這裡的「呆」指的是他不懂人情事故、不知官場險惡，並不是指腦子進水，腦殘的「呆」。

這個人就是時任給事中的李昉。

李昉以詩文聞名，趙光義非常喜歡他的詩詞文章，經常把他請入藩邸宴飲，做些唱和詩文之事。李昉向來是有請必至，喝到微醺、詩興大發時，會在俱懷逸興壯思飛之際，揮毫潑墨。趙光義如獲至寶，小心收藏於內室。

這事情弄得朝野皆知，趙官家聽了以後，心裡非常不爽。

善於揣測君主內心的翰林學士陶穀見狀，便趁自己主持官員考核的時候，誣告李昉為他的親友要官。

為了證實此事的眞實性，自以為是的陶穀還提供一個證人：時任吏部尚書的張昭，與他一同主持這次官員的考核之事。

哪知，證人張昭出庭作證時，卻當庭翻供，搞得陶穀當場無地自容。

張昭在朝堂之上，義正辭嚴地為李昉辯白申冤，大聲道：「李昉跑官一事純屬虛構，陶穀公報私仇，欺君罔上！」

事情的最終結果出乎所有人預料。一番調查之後，李昉要官一事確實子虛烏有，但英明神武、一向行事正確的趙官家沒追究陶穀的誣告，反而將李昉貶出京師，任為彰武軍行軍司馬。

張昭心中憤憤不平，不明究竟的他為表示不滿與憤慨，一怒之下，竟向官家提出致仕。哪知，趙匡胤對他這種動不動就撂挑子的官員也很惱怒，當即允從。

李昉與張昭二人就此離開京師，至農村天地發揮所長。

多年以後，趙光義登基，立即起用李昉，委以重職。

太宗一朝，李昉兩度拜相，榮寵一生，這是後話。

從趙匡胤在這件事的處理上分析，陶穀人品猥瑣，雖然誣告別人，但他是在替趙官家撲咬有礙治道的臣子。所以，就算咬錯也有功，不能打擊他的這種積極性。至於李昉，則是在替自己的行爲買單，文章做得再花團錦簇，不通世事也成不了大器。

透過這件事，趙匡胤想傳達給御弟趙光義：「君臣有別，要知道自重，有所爲，有所不爲」的道理。

其實，這次事件的贏家仍是趙光義，他明知藩邸結交朝臣，是兄長的大忌，仍執意爲之，且宣傳得唯恐天下百姓不知。

如此一來，趙匡胤無奈之下，只能有所表示。

李昉看似無罪的貶謫，其實是趙光義陷兄長於不義的結果，這種心思只能用「居心險惡」來形容。

李符反對遷都，趙匡胤卻置之不理。

郊祀完畢，仍沒有回開封的意思，隨行的臣子也無人敢出面勸諫。

眼見皇帝哥哥鐵了心要遷都，不得已的趙光義只好親自出馬、打赤膊上陣。

據《邵氏聞見錄》第七卷記載，趙光義先上表反對遷都，內容無非是糧草難以爲繼，還是留在開封城爲好。

趙匡胤「省表，不報，命留中而已」。

數日後，心急如焚的趙光義藉著跟皇兄宴飲的機會，舊事重提反對遷都一事。對於他所擔心的糧草難以供給一事，趙匡胤所幸如實相告：「遷都洛陽還不算完，還要遷都往長安！」

趙光義一聽兄長這樣說，遷都的事情居然成癮，心中疑惑不解，於是裝出一副謙遜的模樣，向趙匡胤請教。

趙匡胤推心置腹地說道：「我西遷並無他意，是為據山河之險，以避契丹鋒鏑，去冗兵，好行休養生息之政。取周、漢前人經驗，是為長治久安，一統江山，傳之萬世。」從留存至今的史料來分析，趙匡胤這樣的說法完全出於至誠，而遷都一事中，有多少比例是為了躲避趙光義的勢力？事情都以過去千餘年，無法說清楚了。但我更傾向於趙匡胤也想藉由遷都，避開這個好弟弟，這樣做可說是一舉兩得，是妙不可言的良策。

趙光義沉默許久後，嘴裡突然脫口一句：「治國之道，在德不在險！」

趙匡胤一聽，只有無言以對。

趙光義話甫一出口，也察覺自己這樣隨意臧否兄長的治國大略，有失臣弟的身份，急忙叩首辭別。

而跌坐在椅上的趙匡胤，望著匆匆離去的趙光義，口中喃喃地反覆念叨著：「在德不在險……」彷彿在忽然間蒼老許多。

過了一會兒，緩過神來的他對左右說道：「不出百年，天下民力殫矣！」

接著傳旨：「明日回京」。

到了此時，他開始懷念起趙普在朝的日子了，碰上這種難以決斷的軍國大事，趙書記一定會殫精竭慮地爲他指明方向，沒了趙普的趙匡胤，就像秋風中瑟瑟的枯葉，不是因爲樹的不挽留，而是因爲風的絕情。

政治是一種求得各方勢力平衡的角力遊戲，居中的就是最上位之人，最上位者該做的，就是讓多種勢力相互制衡。

趙匡胤在一時衝動下，趕走最得力的助手，如今只能坐視趙光義的勢力不斷坐大，卻無力清除，現在竟然連自己的意志也無法左右，如何不令他歎息再三？

雖然目前看起來，趙匡胤爲顧全大局，違心地做出妥協，被迫屈從以晉王爲首的反對遷都勢力，但最終品嘗惡果的，仍是趙光義的後人。

趙光義嘴裡反對遷都，心中當然對遷都的決策正確性知之甚明。只是不論從哪個角度來看，他都不會同意。

當他順利平滅北漢之後，爲了炫耀自己的武功，立即撕毀與遼人的和議，貿然發動光復漢家故土的戰爭。

經過兩次鎩羽而歸，他內心應該有回想起兄長曾經提出的遷都之議。但他說過的話言猶在耳，這讓死要面子的他，無論如何也無法出爾反爾地再議遷都洛陽之事。

到了眞宗時代，宋遼之間簽訂新的「澶淵之盟」。這看似不平等的條約，卻爲兩國帶來百年難遇的大好發展機會，這下再提遷都，就顯得不合時宜了，既會引起契丹人的不安與不快，也會遭到臣民的一致反對。各自滿足於富足無事的遼、北宋兩國，最終先後亡於女眞人之手，也算是安逸太久，神經遭到麻痹的結果。

史實證明，「忘戰必危」的道理極爲正確。

第12卷

宋朝第一件驚天大案

屯兵太原城下的十餘萬宋軍，正摩拳擦掌，準備對北漢發動最後一擊，突然，接到使者帶來的趙光義官家敕令：

「撤圍，即刻班師！」

第 1 章

欲蓋彌彰

如果趙光義問心無愧地做為皇室第一順位繼承人，繼位為君的，根本不用這麼勞神費力，做這種拙劣的手腳。

開寶九年的洛陽之行雖然讓趙匡胤內心鬱悶，但也多少有些收穫。

在前往洛陽的路上，他碰到了一個奇人，這人就是北宋名臣張齊賢。

張齊賢最讓人印象深刻的首先是能吃這點，完全稱得上是個「飯桶」。有著史嚴謹之稱的司馬光，在他的《涑水記聞》中記載了張齊賢的一件奇事，證明他不但是個食神，還是個膽識過人的角色。

當他尙是布衣時，倜儻落拓，是那種不治產業之輩。

因爲身逢亂世，洛陽城附近盜匪橫行，光天化日之下，一群強盜在一家旅店聚餐。對於他們的不請自來，當地居民卻做不起這東道，只能選擇躲避。

正當強盜們整治好酒菜，準備大快朵頤時，張齊賢出現了。

別人避之惟恐不及，他卻主動登門，到底爲什麼？我想，應該是他很少吃飽飯，覺得這或許是個能讓他大吃一頓的絕佳機會。

強盜們看到一位書生向他們快步走來時，都以爲自己眼花，不由地心下有點惴惴，一時不踏實起來。再看那書生一襲破爛青衣，卻難掩一臉英氣，在心中嘀咕，「這人究竟意欲何爲？」

張齊賢見一夥強人目露凶光地向他望來，強嚥幾口饞涎，抱拳一笑：「諸位英雄遠來辛苦！」

幾個強盜見他眼光炯炯地在雞腿、豬蹄子上打轉，根本不理會他們兇神惡煞般的目光，不禁啞然失笑。

爲首的強盜勉強還了一揖，口中大剌剌道：「好說，好說！」

張齊賢也不以爲意，提起青衫，一屁股就坐在一張椅子上笑道：「窮酸一個，想在此間混個臉熟肚圓！」

那頭領也看出他絕非尋常之人，朗笑道：「秀才既肯俯就，儘管安心落座好！」

張齊賢稱身乏，捲起衣袖，自顧斟滿一杯酒，仰頭傾入口中，大聲道：「借花獻佛！亂世之中，英雄多出自草莽，強盜絕非齷齪之人！」

衆人哄然稱是，一同舉杯一飲而盡。

衆強盜見他如此豪爽，竟將他引爲知己。

衆人推杯換盞，稱兄道弟，一室融融。

正歡笑時，大夥發現頭領忽然面色凝重，不由齊順著他的眼光望去。但見這秀才，手中竹箸上下翻飛、一口酒來一口肉，放下筷子就搶骨頭，竟如風捲殘雲一般。

司馬光先生特地爲文描述：「乃取大杯滿酌而飲，取豚肩爪分爲數段啖之，勢若狼虎……」。

等大家吃飽喝足後，強盜首領解開行囊取出金銀之物，贈給張齊賢道：「觀秀才模樣，終非久貧之輩，定當取功名如拾草芥。若日後有錦繡前程，切莫忘記今日之事！」

張齊賢鄭重地接過饋贈，正色謝道：「男兒若遂淩雲志，定教利澤還施於民！」

其他強盜見首領帶頭，也紛紛取出身上的金銀細軟，遞在他手中。

張齊賢來者不拒，解下青衿收縛在肩上，一揖之後，揚長而去……

回家以後，他發憤苦讀，讀得懸樑刺股、韋編三絕，終於學有所得。

這一日，張齊賢聞趙官家西幸洛陽的消息，立刻收拾行囊，辭別家人，前去拜謁趙匡胤。

趙匡胤聽左右來報：「一個布衣士子求見。」不禁好奇心大起，立刻宣他覲見。

張齊賢在衆侍衛的注目中，昂然直入行宮，叩拜如儀之後，以手劃地，獻治國方略十策，內容以富民、強兵、舉賢、愼刑、籍田……等爲主。

趙匡胤見他口說指劃，侃侃而談，講得頭頭是道，不由地心花怒放。求賢若渴的他，一直留意各種人才，這時見賢才主動登門，心下甚是欣慰。

他對張齊賢提出的其中四點建議頗爲認同，對其溫言嘉許。

眼見即將得到天子睞眼垂青，富貴垂手可得。哪知，這張齊賢書生意氣，竟與趙官家當面頂牛起來，固執己見地認爲這十條皆爲良策。他把趙官家也當成強盜，以爲行宮任自己來去自如，談笑間功名、富貴便立至，根本不理會對方陰沉下來的大臉。

趙匡胤雖閱人無數，卻不曾見過這般狂儒，盛怒之下仍極力克制，理智地命左右把張齊賢趕出去。

趙匡胤雖然趕走張齊賢，卻帶了一個道士回宮。

他沒有料到，後來後世兒孫們也有意尊崇道教，使道教走上一條得以持續發展的坦途，歷久不衰。

趙宋的崇道既有對唐人的繼承，自己也有創新。不同於李唐的是，他們沒辦法與道家的有名人物「老子」扯上關係，只好退而求其次，臆造出一個名叫「趙玄朗」的人物，做爲趙宋家的教主司命天尊。

宋眞宗時，又自編自導多齣眞君降靈說教、天書下降的鬧劇，勞民傷財的封泰山、祀汾陰等舉動，至今仍爲後人所笑。

到了宋徽宗時期，趙宋崇道達到另一個高峰。這位異想天開的官家乾脆自命神霄帝君下凡，自封爲教主皇帝。千萬生民不去體恤，反而操心虛無縹緲之事，最終徽宗落得頭戴逍遙巾，去白山黑水坐井觀天去也，活該！

爲了保證道教的健康發展，防止如佛家寺院中出現遊惰之民寄食宮觀的情形。趙匡胤在開寶五年，對道教開始全面整頓，從此道士也被納入國家考試系統。

想做牛鼻子，哪有那麼簡單的事？

對不起，請考試！考試不合格者，還俗。

到宋眞宗時期，宮觀中嚴禁道士們娶妻生子，想過凡俗的生活，不可能！封建專制的君主之所以如此熱忱崇道佞佛之事，究其根本，無非是認定這些宗教形式，可以充當他們建立和鞏固家天下的工具。

如此一來華夏文明下催生的道教有群衆基礎，更是備受統治者的青睞。趙宋創造出一個趙姓的道家人物做爲代表，也是想借助宗教的力量，提高其族名望，尊顯其身世。

說起北宋的道流人物，第一位就是陳摶。

陳摶，字圖南。安徽亳州人，活躍於五代宋初時期，這位載入《宋史隱逸傳》的道家人物，具體生卒年已不可考。

據傳，他在後唐明宗長興年間（西元九三〇～九三三年）舉進士不第，隱居於武當山修行，服氣辟穀二十餘年，曾得到周世宗、趙匡胤及趙光義的禮遇。

雖然民間關於陳摶的許多傳奇故事太過離奇，不足採信，不過，他刻於華山之上的「無極圖」，卻對於宋朝儒學、道學的影響至深。

即便道學在宋朝得到空前發展，也未能取代儒學成爲主流，而是與佛學一樣，始終處於配角的地位。之所以如此，也是歷代統治者汲取秦漢以來的經驗教訓，認爲儒學才是緩和社會矛盾、鞏固維持封建秩序最爲有力的精神武器。

宋朝大力提倡弘揚儒學爲主導，究其本心，還是出於自身統治的需要。如果強把儒、釋、道三教做一個高下評判，眞的不是一件容易事。

雖然三教的發展和地位，在唐宋間已經基本確立，但那是主政者刻意爲之，事實上，三教間的競爭從來沒有停過。

三教各自向對手進行鬥爭，一者，體現自身的價值所在；二者，則爲了爭取最高統治者的支持，與廣大民衆的擁護。

在競爭的過程中，三者又不得不相互學習補充，汲取其中有益的成分爲己所用。只有這樣，才能適應環境，並在發展自身的同時擴大影響力。

如此一來，三教在相互爭鬥中漸漸趨於融合，在宋代，儒、釋、道三教中，也開始出現提倡「三教合一」的聲音。

三教的漸趨融合，也爲宋學的產生與大放異彩提供生長的土壤。

影響華夏民族至深的宋代儒學代表人物，如朱熹、二程，都公開反對釋、老之學，暗中卻加以研究借鑑。

而一些名儒也開始公然提倡「三教合一」，其中以蘇軾、蘇轍、黃庭堅爲代表。

到了南宋孝宗之時，乾脆簡明扼要地提出：「以佛修心，以道養生，以儒治世斯可也！」

說回那趙匡胤從洛陽帶回開封的道士，是他尋找十多年的老相識。當年，他未得志時，也有過一段辛酸的漂泊史，漂泊途中，結識一位雲遊天下的道士，自稱「混沌」（或「真無」）。

這兩人都喜歡飲酒，所以一見如故，成為酒友。

趙匡胤能喝，老道也善飲，兩人喝酒並不用為酒錢煩惱。

這老道自有空空妙手，「不差錢」的他在需要時，只要向囊中伸伸手，就會有取之不盡、用之不竭的買酒錢。兩人經常在喝高以後，跌跌撞撞地大著舌頭，唱一些別人耳中聽不明白的「天籟之音」。

在《宋人逸事彙編》一書中，竟然「對飲成三人」，出現趙光義無處不在的身影，可見趙光義胳膊伸得多麼長，對於一些民間私修野史之類的東西也不輕易放過，明顯是種作賊心虛表現。

文中提到，「三人者每劇飲爛醉，生善歌步虛為戲，能引其喉於杳冥間，清微之聲時或一二句，隨天風飄下，惟祖宗聞之……」

此外，文中的老道還預言，趙匡胤「金猴虎頭四，眞龍得其位」，說他會在猴年寅月初四日代周。

這種荒誕不經的記載完全經不起推敲！

當年趙匡胤離家出外漂泊闖蕩時，還只是二十出頭的年輕小夥子，小他十二歲的弟弟趙光義更是還不到十歲，就算趙光義想不讀書、離開母親跟兄長去遠足，他母親哪裡肯放行？還喝個爛醉如泥？真是笑掉人大牙。

既然該老道知道趙匡胤代周的確切日期，當然也知道趙官家究竟能否仙福永享，壽數幾何。

開寶九年，趙官家又與這道士在洛陽道中重逢。那道人坐在路邊一棵樹下，遠遠望見趙匡胤，竟然滿面春風地招呼道：「別來無恙乎？」

趙官家為人親民，手下居然也在這時候放鬆警惕，如果出現如張良博浪沙之事，這些侍衛的腦袋肯定要搬家。

見到老道的趙官家大喜，急忙命左右將人帶回行宮，之所以沒有直接跑去相認，應是擔心外人譏諷他有訪仙問道的傾向。

回宮後，官家親自接待老友，契闊談宴，一室如春。

故人相逢，不醉如何歸得去？

趙匡胤感歎道：「碧桃花下醉相逢，說盡鵬遊蝶夢。」

道人勸道：「更著一杯酒，夢覺大槐宮。」

趙匡胤聞言，沉默良久，才抬起頭來問道：「多年來，我一直在尋找你的下落，是想知道，我還有多少陽壽？」

老道聽完以後，直言無諱道：「只要今年十月二十日夜是晴天，當可延壽一紀（十二年）。否則，就要立刻安排後事。」

如果有人準確無誤地告訴你：「你終將是要死的！」相信就算他講的千眞萬確，也會讓人在心裡如同吃了一隻蒼蠅一樣彆扭。

更令人稱奇的是，這道士隨趙匡胤回到開封後，晚間居然宿在宮中的大樹鳥巢上，未過幾日，便不知所終，更添高人神秘風範。

如此浪費口舌，其實只是想要告訴各位讀者一件事，趙匡胤的死絕對與弟弟趙光義脫不了關係！如果他是問心無愧地做爲皇室第一順位繼承人繼位爲君，根本不用這麼勞神費力，處處做下這種拙劣的手腳。

用最簡練的語言來做個概括，就是「欲蓋彌彰」。

第 2 章

趙匡胤暴斃

黨進等將領聽到這個令人錯愕的消息時，簡直不敢相信自己的耳朵。這些宿將對功夫皇帝趙匡胤最是畏服，知道他素來健壯，這時忽然龍游大海，心中疑惑不已。

回到開封沒多久，平海節度使陳洪進聽說納土南唐、吳越國主入宋朝的消息後，心下不安，派兒子打前鋒，帶貢物入朝拜見趙匡胤。

本來，陳洪進是想打探一下趙官家的口風，再做打算。哪知，趙匡胤把貢奉之物照單全收，同時傳旨宣他入朝。

陳洪進接到詔書後，不敢推辭，只得整治行裝上路。

見吳越錢俶與漳泉陳洪進單騎來朝，趙匡胤又把注意力從南方轉向北漢。

開寶九年八月，他派黨進、潘美、楊光美、牛思進、米文義等人率部兵分五路征討劉繼元。之後，又遣郭進、郝崇信、王政忠、閻彥進、齊超、孫晏宣、安守忠、齊延琛、穆彥超等人，分頭進攻北漢忻、代、汾、沁、遼、石等州。

這次大舉進兵，趙匡胤希望畢其功於一役，完成統一大業。

自出師以來，宋軍兵鋒所指，北漢兵馬無不望風披靡。

宋軍很快就兵臨太原堅城下，北漢士兵出城迎敵，被黨進等人殺得潰不成軍。

劉繼元損兵折將，只得龜縮在太原城中，向契丹國求援。

契丹人雖然與宋人簽訂和平協議，但是「得人錢財，替人消災」，何況劉繼元把兒子送至遼國為質，為了鞏固傳統友誼，做為北漢宗主國的契丹，沒有理由坐視不管。於是，遼景宗派南府宰相耶律沙、冀王耶律敵烈出兵搶救太原。

另一方面，陳洪進一路北行，一路行來，走走停停，一想到自己到開封後，會頓失話語權，恨不得時光倒流。當他耗費月餘時間，行至南劍州（今福建南平）時，忽然傳來令他震驚不已的消息——趙匡胤掛了，由其弟開封尹趙光義繼位。

陳洪進雖僻處漳泉，很早就聽聞趙光義城府極深，是個很難伺候的主兒。聽到這個消息，立刻裹足不前，顧不得汴梁城中的兒子，一面派左右親信前往弔喪，一面原路狂奔回老巢，爲宋太祖發哀。

屯兵太原城下的那十餘萬宋軍，正摩拳擦掌，準備對北漢發動最後一擊時，突然接到使者帶來的趙光義官家敕令：「撤圍，即刻班師！」

當黨進等將領聽到這個令人錯愕的消息時，簡直不敢相信自己的耳朵。

這些宿將對功夫皇帝趙匡胤最是畏服，知道他素來健壯，這時忽然龍游大海，心中疑惑不已。

那太監扯著公鴨嗓子，讀著趙光義詔旨，見羅拜於地的衆將領愣在當場，無人開口，只得乾咳數聲，陰沉沉地問道：「諸位將軍難道不奉詔？」

比較機伶的將領聽到此言，立刻叩首領旨。

一人表態，其他人頓時回過神來，也急忙附和。

黨進起身接過詔旨，立刻安排班師退兵。

太原城中見宋軍忽然撤圍，只道是糧草不繼、遼人援軍大至，見宋軍退得不疾不徐，也不敢貿然出城追襲，將勢力歇下。

宋軍此次出師北伐，再次虎頭蛇尾，無功而返。

開寶九年（西元九七六年）十月二十日，註定是個不尋常的日子，這天所發生的事情雖然已經已過千年之久，至今仍迷霧重重。

就在這一天深夜，趙匡胤死在寢宮，時年不足五十歲。

人們把趙匡胤的暴斃，視為宋朝第一件驚天大案。這位功夫皇帝的突然死亡，有腦袋的都認為，這絕不是意外，而是一場精心策劃的謀殺！

頭號嫌疑犯，自然是趙匡胤莫名其妙死亡後的繼位者，趙光義。

雖然從古至今都有人命大於天的說法，司法部門也振振有辭地強調「命案必破」，但趙匡胤的死，至今仍是個懸案，而且一懸就是一千多年。

在中世紀的中國，人們已經清楚體認到：「人的生命權才是最大的人權！」

宋朝的文提刑官與武提刑官多如過江之鯽，其中人們最耳熟能詳，恐怕只有因電視劇而廣為人知的「宋慈」。

宋慈編著的《洗冤集錄》，可以說是中國法醫學的開山之作，時至今日已經翻譯成多國語言，在世上廣泛流傳。

不過，即使宋慈生在太祖時代，（宋慈生活在南宋末年），也不可能讓趙匡胤之死眞相大白於天下。

一者，提刑司一職的設置，正是人們眼中的頭號嫌疑犯——趙光義所設。二者，即便眞的可以從中到到蛛絲馬跡，進而抽絲剝繭得出結論，應該也不敢用身家性命，與君權相抗衡。

趙匡胤之死迷霧重重，隨著帝王專制在我國消亡，歷史眞相大白已經沒有任何障礙，相信雖然時隔千年，世人仍有明辨是非之眼。

第 3 章

斧聲燭影

趙匡胤的身子搖晃了幾下，努力站直身子道：「好自為之！好自為之！」趙光義拜倒在雪地中道：「不敢有負兄長託付！」言畢，不等趙匡胤說話，半拉半扯地把他帶回殿內，安頓在榻上。

開寶九年的第一場雪，比以往時來得更晚一些。

十月二十日，雖然已是冬天，白日卻晴空萬里，夜晚銀河迢迢、星月爭輝。

這時，漳泉二州的陳洪進主動入朝、太原不斷傳回捷報，讓趙匡胤一掃數月來的鬱悶，喜不自禁。他認為，照此情形，吳越、漳泉二地，無需大動干戈就可以和平統一；而北漢劉繼元困守太原，已經黔驢技窮，城破指日可待。

正當他雄心萬丈、內心洶湧澎湃時，忽然間天空中陰雲四合、天地陡變，朔風拂過，大雪突然自天而降。

趙匡胤在殿門外來回踱步，望著身旁白茫茫的天地，心底起伏，猛然憶起那年雪夜，自己帶著趙光義夜訪趙普的舊事。

如今十餘年時間過去，一切皆如趙普建議，先南後北的統一戰爭已經進入尾聲。想起趙光義的黨羽已經在朝中形成尾大不掉之勢，更令他對當初將趙普罷相之舉心生悔意。

忽地，一股風裹挾著雪花，鑽入他的衣袖，他不由地緊緊袍袖，轉身回到殿中。已近知天命的他，也覺得身體大不如前。

人類永遠無法避開生老病死的自然規律，啜了口宮女輕手輕腳奉上的熱湯茶，他感覺到體內一股燥熱，便解開身上的袍服。

這時，他看見趨近前來侍奉的小太監，不知怎麼了，命他去請晉王入宮飲酒敘話。

見那太監快步離去，趙匡胤又命人去傳膳，準備酒菜。

趙匡胤動了動身子，想找個舒適的角度，斜倚在案前等待趙光義，一邊陷入深思。以前趙普曾數次勸他早點立太子，他卻沒有聽從，直至現在，自己才體會到趙普的一番良苦用心。

一想到這裡，先前的愉悅心情頓時被殿外的寒風倏忽吹散。看來，還是有必要把趙普請回朝中，只有他才能制衡弟弟趙光義，在自己左右以供諮詢。

放眼朝中臣子，再無一人肯爲自己設身處地、殫精竭慮，也沒有哪個大臣膽敢來蹚這種渾水，心中的苦悶又與何人說？眞是高處不勝寒啊！

正當趙匡胤胡思亂想之時，忽然，殿中數枝巨燭明滅不定，一個人大步走上殿來，正是趙光義！他的身影在搖曳的燭影中來回晃動，似乎有無數重重疊疊的陰影，向趙匡胤沉重地撲過來。

趙匡胤強壓下發自內心的驚訝，從愣神裡清醒過來，不由自己地望了望這個他幾乎都快不認識的胞弟。

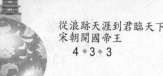

看著這個面相酷似自己的弟弟，趙匡胤心中又騰起一股至愛親情。

這個弟弟從小就和自己形影不離，無論走到哪，都會看到他活潑的身影，聽到他稚嫩的童聲。父親經常隨軍出征，這個弟弟就成天跟在自己屁股後面，直至自己大婚，二十一歲離家闖蕩天涯，才正式分道揚鑣。當他們再度重逢時，趙光義已經成了少年，二人相擁喜極而泣，場景感人至深。

明明做了快四十年的兄弟，趙匡胤現在卻覺得這個兄弟異常陌生。

趙光義並未覺察兄長臉上有異，上得殿來，跪倒在地拜見。

趙匡胤收斂心神，揮手令左右退下，虛抬手命他起身，告訴他：「此時殿中只有你我兄弟二人，再無外人，只敘家禮，不講君臣之禮。」

趙光義仍畢恭畢敬地叩拜如儀，這才起身落座，與兄長對面坐定。這時，他見趙匡胤臉一陰晴不定，關切地問道：「皇兄身體尚未康復，不如早點歇息吧！我兄弟二人來日方長！」

哪知，趙匡胤搖頭輕笑道：「陳洪進來朝、北漢指日可平，我心中欣喜，想與你飲酒暢敘，爲兄已經好久沒有盡興。」

趙光義聽，無奈道：「只是臣弟量淺，怕不能令兄長盡興！」

趙匡胤舉起杯中酒一飲而盡，望著弟弟，笑道：「還記得你第一次飲酒的情形嗎？」

趙光義面上一紅，囁嚅道：「那次兄長大婚，我心中高興，所以就多飲幾杯。」

趙匡胤笑道：「越老越不誠實，你是我從小看著長大的人，肚子裡有多少花花腸子我都知道。那次你喝醉酒，怕不是在替我高興吧？」

趙光義臉色通紅，還想辯解些什麼，卻見趙匡胤哈哈大笑道：「你之所以喝醉，只不過是在心中擔憂，認爲我有嬌妻以後，就會冷落你這個弟弟吧？」

趙光義被哥哥說穿心事，不得已只好點頭承認。

兄弟二人相視大笑，直震得殿中巨燭搖晃不已。

接下來，兄弟二人各自爆料對方的童年糗事，一邊飲酒，陶然共忘機。

趙匡胤伸手揩掉眼角因為大笑而溢出的淚花，突然一字一頓地道：「光義，今日我已經安排近臣，去河陽請趙普回京主持政事。」

本來趙匡胤如此相試，本來是想看到弟弟吃驚不已的神情，再向他解釋為什麼要如此做。哪知，趙光義只是收笑，一臉淡定地凝神望向他的眸子，然後噗哧一笑，表情怪異之極。

趙匡胤被他搞得一頭霧水，素知這個弟弟與趙普交惡、勢同水火，怎麼會聽到這個消息之後，卻如耳旁風呢？趙光義往前探探身子，故作神秘道：「兄長，你有所不知，去往河陽的驛舍之人，全是我府中親信，即便眞的有旨，也不會落到趙普手中，何況皇兄還未曾動筆呢！」

趙匡胤見他這樣坦誠，心下吃驚不小，面上卻裝出一副漠然，微微低聲道：「我也早知道你在宮中遍佈耳目多時，只恨不得把這些下人盡數遣返民間，身邊總是要留有侍奉的宮女和太監啊！」

趙光義把玩著手中的酒杯，良久，像是終於狠下心一樣，把酒杯往案几上一頓，抬頭道：「眞懷念二十餘年前，你我兄弟二人兩小無猜的時候啊！可是現在，你我卻爾虞我詐、勾心鬥角，彼此猜忌提防。哪裡還有兄弟之誼？前些時日，皇兄藉故久旱不雨，把宮女打發出宮百餘人，其中確實有我佈下的耳目。」

趙匡胤見趙光義一反以往的恭謹，主動撕破臉，顯然有備而來，心中雖然又驚又怒，卻仍裝出一副毫不在乎的模樣，指著殿門道：「殿外雪中佇立的太監宮女，也都是你的耳目？」

趙光義聽聞，攤開手，一臉無辜地分辯道：「也不盡然，最多只是三成而已。」

趙匡胤聽得氣血翻湧，正想站起身來和他理論，突然感到渾身冰涼，額間冷汗涔涔而下，恍然道：「那道士張守眞怕也是你延請的吧？」

趙光義假意在地上叩首請罪，口中卻輕笑道：「兄長果然天縱英才。非但如此，那些藥也是我派親信盯著他炮製的。」

趙匡胤一聽，不怒反笑：「怪不得我素來健壯，最近卻感覺身子大不如前，原來是賢弟從中做的手腳啊！」

這時，趙光義站起身子，在兄長面前來回踱步，自言自語道：「皇兄切莫動怒，聽我一一道來。這『不龜手』的藥方，是我命手下程德玄於南詔地方重金購得。此藥服食之後並無異處，只有在飲酒後才能發揮藥效。倘若佐以怒火，就算是大羅金仙，也難逃此劫。從前我每每勸你戒酒，你只當成耳旁風，以後怕再難喝到如此佳釀。」

他一邊說，一邊停下腳步，拿起酒壺，掀開酒蓋邊嗅邊讚道：「此酒只應天上有，凡間哪得衆人聞？」

趙匡胤再也無法抑制心底的怒火，指著他大罵道：「你這人面獸心的東西！我趙家怎麼會有你這種畜生？」言罷，氣得把手中酒杯朝趙光義臉上扔擲過去。

倘若在平日，這一擲雖不能傷趙光義性命，臉上血花飛濺也是免不了的，但此刻心情激憤，加上酒後身倦力乏，酒杯失去準頭，直接撞在趙光義胸前。

趙光義見眼前一花，一物徑直向自已胸前撞來，下意識提起手中酒壺格擋，那酒杯呼嘯著撞上酒壺，登時碰得粉碎。

趙光義只覺得手一空，眼前騰起一股酒霧，身子急向後倒，碎瓷殘片劃過他的額角，擦過額頭飛去，鋒利的碎片幾乎把他額角的幾撮頭髮割斷。

做爲兄長，趙匡胤畢竟積有餘威，趙光義心生懼意，一時手忙腳亂，臉色慘白地望著兄長，不敢作聲。

趙匡胤見弟弟一臉惶恐，眼中滿是懼色，滿腹怨恨突然間消失無蹤，柔聲問道：「沒有傷到你吧？」

趙光義見兄長眼中盡爲關切之色，突然良心發現，心中一熱，拜倒在地，泣訴道：「光義鬼迷心竅，辜恩負義之人，無顏面見父母於九泉，請官家降詔旨明誅，以儆示後來無君無兄者！」

趙匡胤聽弟弟說得誠懇，不似作僞，眼中含淚，喟然歎息道：「人生倏忽百年，固有一死。想我趙匡胤起自卒伍，二十餘年來無一日不是如履薄冰、戰戰兢兢，百死一生方撫有四海。其間因我而死者，亦不知有多少無辜婦孺，代周興我趙宋，也有負世宗多矣！今日死在至愛親人之手，也是天理昭彰、報應不爽。」

趙光義撫膺大慟，拜舞於地連稱死罪，抬起頭來時已涕淚橫流，哽咽道：「哥哥宅心仁厚、光大我趙氏一門，如今海內一心、百姓樂享太平。人君之失，如日月之蝕，又何須掛懷此許過失？」

趙匡胤扶著桌案，搖晃著身子站起身來，伸手取過趙光義所用酒杯，顫抖著雙手斟滿之後，一飲而盡，然後淡淡一笑，低聲道：「死生有命，富貴在天，如果一死可贖我所造罪業，夫復何憾？」

趙光義見兄長仍要繼續斟酒，急忙膝行上前，抱著他的腿哀懇道：「哥哥切莫再飲酒，我這便為你去傳太醫。」

趙匡胤伏下身來，撫著弟弟的臉，為他拭去眼角淚水，搖頭道：「你且聽我一言，我從小看你長大，自然看得出你希望繼位為君，也才對你在開封府的所作所為儘量睜一隻眼，閉一隻眼，裝做懵懂不知。從前不立太子，是因為德昭、德芳二子年幼，不知他們賢愚。及到德昭與德芳二人長成，暗中觀察，確實不及你多矣。任你為開封府尹、晉王之職，也是大有深意。只是，沒有想到你迫不及待到喪心病狂……」

趙光義以額叩地，哭道：「光義有何顏面苟活於世？請皇兄明詔誅殺！」

趙匡胤強笑道：「你既有悔意，我便恕你無罪。你有如此心機，也是我皇宋之福。你現在羽翼已成，不傳位於你，只怕你我兄弟鬩牆，惹世人譏笑事小，社稷動盪、國無寧日，生民重陷水火事大，也反將為兄一世辛苦就此葬送！」

趙光義又羞又愧，不敢抬頭看兄長。

趙匡胤扯他起身，柔聲道：「起來吧！你也無須自責，成大事者不拘小節！當年你也是這樣勸我行禪代之事，那時你就令我刮目相看。」

說著，一邊挽著他的手，踉踉蹌蹌地向殿外走去，一邊道：「天降瑞雪，福佑我大宋子民。來歲定是豐稔之年，為兄再帶你觀最後一次雪！」

趙光義輕輕掙脫兄長的手，快步跑回殿中，取棉袍替兄長仔細穿上，上前推開殿門，一股寒風裹挾著亂雪直撲二人。

趙匡胤順手取過站在門後的柱斧拄在手中，兩個人並肩立於殿外積雪之中。

他用力推開弟弟的攙扶，好不容易拿定身形，用柱斧在雪地上用力戳幾下，扭回頭望趙光義哈哈大笑道：「還記得幼時，我把你按在雪地裡揍的事嗎？」

趙光義微笑道：「只記得自己往兄長脖頸中塞雪團的頑皮事。」

趙匡胤的身子搖晃了幾下，努力站直身子道：「好自為之！好自為之！」

趙光義拜倒在雪地中道：「不敢有負兄長託付！」言畢，不等趙匡胤說話，半拉半扯地把他帶回殿內，安頓在榻上。

這時，外面響起天交三鼓，趙匡胤壓抑著痛楚，掙扎道：「時候不早了，你快出宮去吧！免得我死之後，你脫不清關係。」

趙光義本來還想求得一張遺詔，見兄長神情痛苦異常，話到口邊，又嚥回去。

趙匡胤看在眼中、心下明白，歎息道：「癡兒，事既已至此，還有哪個能阻止你走向龍榻呢？只求你善待兩個侄兒。」

趙光義拜倒在地道：「皇兄只管放心，臣弟定會按兄長治國方略處理政務。」

趙匡胤聽他答非所問，心下淒苦，揮揮手含糊不清道：「我醉欲眠君且去。」

趙光義還想說什麼，卻聽見兄長鼾聲如雷，躊躇良久，不得已，只得轉身離去。出得殿外，見雪中幾個宮女和太監遠遠向這裡張望，心念一動，招手喚過衆人吩咐道：「官家吃醉酒，你們小心侍奉，別讓任何人打擾！」

幾個宮女太監連聲答應，恭送晉王出宮。

不久後，當本來鼾聲如雷的趙匡胤，突然沒了聲息，引起宮女內侍的關注，等到他們輕手輕腳過來察看時，這才發現趙官家早已經在睡夢中駕鶴西遊。

宮女太監們慌慌張張去稟告皇后宋氏。

宋皇后乍聞此言，驚得險些暈倒，跌跌撞撞搶入寢宮，撫屍大慟。

第 4 章

千古謎團

宋后有心立德芳為帝，相信就算沒有趙光義從中攪局，德昭也不會眼睜睜地看著帝位落在弟弟手中，兄弟二人之間難免會生些事端出來，好不容易穩定的大宋朝搞不好會重蹈五代覆轍。

《續資治通鑑長編》裡說，宮女們看到搖曳的燭影下，趙光義連連起身，似有避席遜謝的動作，又聽到殿中傳來柱斧戳地的聲響，「燭影斧聲」自此成為千古謎案。

人們想到斧頭，首先會聯想到黑幫相互爭鬥時用來砍人的斧頭，如此鋒利的斧頭，當然可以做為殺人兇器使用。

根據後世學者專家的考證，趙匡胤時常把玩的斧，分成玉斧與柱斧兩種。對於「宋揮玉斧」中所說之玉斧，筆者傾向於此斧為文具。

臣子展開疆域圖讓趙匡胤觀看之際，順手拿起案上的玉斧，在南詔的分界線上比比劃劃，當屬情理之中。

另外，敲落雷德驤與擾他打鳥雅興的臣子門牙的柱斧，應該是後人所考證的玉拂。如果是真正的斧，就不會有倒轉用柄來敲擊的可能性，用手握柄，直接用斧子敲似乎更為合理。

人在盛怒時，通常不會理智到倒轉手柄去敲擊別人。

趙匡胤與趙光義兄弟二人在寢殿飲酒，酒後用柱斧戳地，殿外的宮女太監既可以隱隱約約看見、又可以聲聞於外，只怕這柱斧絕不是玉斧那樣精緻與輕巧，自與後世出土的鎮殿玉斧無半點瓜葛，既然放在寢殿之內，應該就是用來防身的斧鉞。

只是據史料中所載內容，就推斷出趙匡胤是被趙光義用斧頭砍死，實在無法自圓其說。世人都知道趙匡胤是功夫皇帝，而趙光義向來不會弄險，就算對皇權覬覦到讓他腦袋進水，也不至於以身試險，與兄長做個了斷。

前文部分雖見載於《續資治通鑑長編》一書，其內容卻是引錄自《湘山野錄》。該書作者是個和尚，做為方外之人，怎麼會把汴梁城中的宮禁秘事寫得如此繪聲繪影，十分令人起疑。

《續資治通鑑長編》的作者李燾是南宋著名史學家，也是南宋孝宗朝的禮部侍郎。他把《湘山野錄》中的原文轉載於史書中，全文還由宋孝宗親自審閱過，因此可以推斷，趙匡胤之死的千古謎案，是官方有意爲之。

衆所皆知，宋孝宗是趙匡胤的兒孫，當初趙構在杭州地方建立南宋政權，卻因爲沒有生育能力，無可奈何下，只好找尋趙匡胤的後人繼位爲君。

宋孝宗生活在宋高宗的陰影下，心中雖然想要揭發先祖的死因，卻不敢做得太過直白，亦是情有可原。

再來比對《湘山野錄》與《續資治通鑑長編》的內容，會發現李燾一書中缺少「是夕，太宗留宿禁內」。

筆者推測，是文瑩和尚不明白宮禁中的規矩，才會鬧出這種笑話。

在當時，莫說是兄弟，就算是父子，也會在即將成年的時候被請出宮外，更不可能出現親王留宿的情形。這正是「臥榻之側，豈容他人鼾睡」的帝王情結！

所有的親情在專制皇權面前都得退避三舍，熟知宮禁制度的李燾，當然不會採信趙光義留宿宮中的說法。

關於趙匡胤死後，宮女們通知皇后一事，大史家司馬光在《涑水記聞》也有所記載。

癸丑，上崩於萬歲殿。時夜已四鼓，宋皇后使王繼恩出如貴州防禦使德芳。

繼恩以太祖傳國晉王之志素定，乃不詣德芳，徑趨開封府召晉王，見左押衙程德玄先坐於府門。

德玄者，滎澤人，善為醫。

繼恩詰之，德玄對曰：「我宿於信陵坊，乙夜有當關疾呼者曰『晉王召』，出視則無人，如是者三，吾恐晉王有疾，故來。」

繼恩異之，乃告以故，扣門與俱入，見王，且召之。

王大驚，猶豫不行，曰：「事當與家人議之。」

入久不出，繼恩促之，曰：「事久則為他人有矣！」

時大雪，遂與王於雪中步至宮。

繼恩使王止於直廬，曰：「王且待於此，繼恩當先入言之。」

德玄曰：「便當直前，何待之有！乃與王俱進至寢殿。」

后聞繼恩至，問曰：「德芳來耶？」

繼恩曰：「晉王至矣！」

后見王，愕然，遽呼「官家」，曰：「吾母子之命，皆托於官家。」

王泣曰：「共保富貴，無憂也。」

宋皇后之所以止住悲聲，也是因爲明白現在不是哭的時候。丈夫暴卒，沒有留下遺詔，什麼人繼承大統方是她最關心的事情。略一思忖，就喚宮中的大太監王繼恩去喚趙德芳。

本來，趙德昭與趙德芳二人都不是她所出，之所以喚德芳，應該是覺得如果讓德芳繼位爲君，更對自己有利。存私心的她自以爲計謀妥當，哪知，太監王繼恩早已在暗地裡與晉王趙光義暗通款曲。當王繼恩急匆匆地來到晉王府邸時，卻見府門外坐著一個滿臉通紅的人，正是程德玄。

兩宋三百二十年間，雖然雅人甚多，但也沒見喜歡深夜賞雪的。當然，程德玄也不是故意要在大半夜的和王公公玩捉迷藏。

這程德玄應該是趙匡胤之死謎案的知情人之一，人既坐在趙光義的府門前，鬼才會相信他所說的話，唯一合理的解釋，就是他也在等來自宮中的消息。

之所以不敢上前敲門，是因爲辦事不力，毒已經下，趙匡胤官家卻仍健在，冒天大的風險、花下無數的心思與金銀，事情卻沒有辦得漂亮俐落。

他坐在府門前苦思，該如何向趙光義回話呢？王繼恩早知道他在晉王府中是什麼樣的角色，也沒必要問他爲什麼臉紅，坦然以實言相告。

如果這兩人沒有熟識，王繼恩怎麼可能把這個噩耗告訴他？

當程德玄得知趙匡胤歸天的消息之後，懸在嗓子間的心終於歸位，兩人才扣門而入。趙光義從宮中返回府中，心下忐忑，哪能安然入睡？聽聞消息之後，託辭與家人商議，其實全是欺世之談。眞實情況應該是他正與心腹親信們緊急磋商，著手安排人手進行各方面的應變準備。

從程德玄深夜於府門外枯坐觀雪，就可以推測得知，程德玄與王繼恩二人雖然同是心腹，但仍沒有進入晉王府的決策核心。

見趙光義在裡面許久沒出來，王繼恩還以爲他嚇傻了，大聲提醒：「事久將爲他人有矣！」

從這句話中就可以得知，前文中的「繼恩以太祖傳國晉王之志素定」根本就是謊言，現在的情況就是先到先得，捷足先登者便能繼位爲君。

夜色中，趙光義步履如飛地踏雪而行，剛才還在一迭聲催促快行的王繼恩，也仍趕不上趙光義的「淩波微步」。

進到宮中，氣喘吁吁的王繼恩緊趕幾步，勸趙光義先在直廬暫歇，自己先進去裡面打探究竟。程德玄這時主動開了口：「便應直前，何待之有？」

眼見事情已經到圖窮匕見之時，全沒有必要再裝出「恭良溫儉讓」的樣子。

聽到雜遝的腳步聲，以及宮女太監們顫聲向王繼恩請安的聲音，宋皇后以爲王繼恩已把趙德芳帶到宮中，頭也沒有回，問道：「德芳來了嗎？」

當她聽到王繼恩回答「晉王至矣」之後，轉身看到趙光義臉挾寒霜，立於身後，駭異不已。

雖然史書上說后見王，愕然，遽呼「官家」，曰：「吾母子之命，皆托於官家。」看來風平浪靜、迅速落幕，但根據後來趙光義在對待宋后歿後，「貶損其喪禮，使百官不得成服」此事來分析，估計當初在寢宮內，趙光義與宋皇后曾當著屍骨未寒的趙匡胤的面發生激烈衝突，雖然他最後勝出，但從此之後，他心中也開始敵視這個二十來歲的寡嫂。

做爲小叔子，趙光義在對待寡嫂上的確不厚道，「共保富貴，勿憂也」也恰恰從側面說明了兩人爭執不下的重點何在。

宋后有心立德芳爲帝，相信就算沒有趙光義從中攪局，德昭也不會眼睜睜地看著帝位落在弟弟手中。兄弟二人之間難免會生些事端出來，好不容易穩定的大宋朝搞不好會重蹈五代覆轍，再陷風波。

從某種意義上來講，趙光義把這種風險消弭於無形，也算是功德無量。

第 5 章

趙光義終得帝位

趙匡胤的死固然與趙光義有撕扯不清的關係，但至今也沒有證據明確顯示他就是痛下殺手的兇手。

天亮時，趙光義已經把生米做成熟飯，至於遺詔，未曾見之於史載。相信複製這種東西，對於他府中的僚屬來說也是小菜一碟。

他大放悲聲，明顯有濃厚的作戲的成分之後，接著更是「引近臣環玉衣以瞻聖體，玉色溫瑩，如出湯沐」。

請讀者在此用心品味其中深意，瞻仰趙匡胤遺容的是近臣，可這時的近臣，不是指趙匡胤的近臣，應該是趙光義的近臣。

從字面上就可以分析得知，趙匡胤的屍體已經被動過手腳，有人已經做了美容處理，證據便是「玉色溫瑩、如出湯沐」八個字。

這一切都明白無誤地告訴世人一個「欲蓋彌彰」的眞相：趙光義與其兄長的死脫不關係。

宋朝官修的《國史．程德玄傳》中，也可以推測到一些眞相。

趙光義跟他兄長一樣，同樣殺貪腐官員無數。但程德玄既貪又腐，卻毫髮未傷，如果不是他手中掌握某些把柄，趙光義壓根不可能這麼輕易就放過他。

《宋史．馬韶傳》中更可以說明另外一塊事實眞相。

馬韶，趙州平棘人，習天文三式。開寶中，太宗以晉王尹京，申嚴私習天文之禁。韶素與太宗親吏程德玄善，德玄每戒韶不令及門。

九年冬十月十九日，既夕，韶忽造德玄，德玄恐甚，詰其所以來，韶曰：「明日乃晉王利見之辰，詔故以相告。」

德玄惶駭，止詔一室，遽入白太宗。

太宗令德玄以人防守之，將聞於太祖。及詰旦，太宗入謁，果受遺踐祚。詔以赦獲免。逾月，起家為司天監主薄。

迷信這種事情，絕非我華夏文明所獨有事物。最早的迷信，應該是先民無法解釋一些事物的成因，聽到一些大智慧之人的解釋就此信以爲眞。

時間一久，對這些看似有理、似是而非的解釋不加分析判斷加以信任。進而失去判斷與辨別力，盲目的信仰與崇拜也隨之產生。

當人的行爲不受自己大腦支配時，往往會被一些別有用心的人利用。經過他們的推波助瀾，這種盲目迷信爆發出來的破壞力非常可怕。

歷史也證明，許多社會動盪，最早總是有迷信的誘因在其中。趙匡胤兄弟二人的政治智商甚高，自己非常清楚迷信的危害之處，也大力反對封建迷信。

黃袍加身後的趙匡胤知道，迷信這種東西只能爲己所用，絕不允許他人複製貼上。登基之初，他就傳旨制止符命迷信，公開反對傳播元像圖讖之類的東西，明詔頒佈天下「禁元像器物、天文圖讖、七曜曆、太一、雷公、六壬、遁甲等。不得藏私於家，有者並送官」，如有違者，定然會施以重刑。

爲儆示天下，通事舍人宋惟忠就因「私習天文，妖言利害」被砍頭。

爲了進一步防止圖讖內容類的迷信物在民間流行，趙匡胤又出奇招。他派出親信出高價大量收購舊的圖讖，又組織一些臣子將圖讖內容故意顚而倒之，胡亂篡改，隨後抄寫一百餘本，有意散發於民間。

從此之後，迷信圖讖的同好，見面之後，不會再問「吃飯嗎」之類的客套話，相應的是互相爭執不下，對於孰是孰非先做個決斷。

但是，即便他在全國各地安插不少諜報人員，監視地方百姓的言行。仍無法全面抑制迷信的傳播。

北宋末年，浙江的方臘發動起事，使用的就是「摩尼教」所宣導的理論。拜金庸的武俠作品《倚天屠龍記》之賜，人們耳熟能詳的明教，正是「摩尼教」的另一個名稱。

迷信在社會動盪的年代，特別能吸引勞苦大衆的目光，這些生活在社會底層的普通民衆，對於生活未來方向難以把握，也沒有太高的認識水準與分辨能力。

所以，他們特別容易被披著宗教外衣的迷信理論迷惑，進而參加這種迷信組織的非法活動，等到上當受騙的人數達到一定數量，就會影響社會治安，成爲破壞社會安定的隱患。

這也是宋朝爲維護統治大力提倡儒學、興建書院，尊崇釋、道的根本原因。

馬韶一個無名之輩，居然能列入《宋史》巨著之中，應該是出自趙光義的旨意，這樣寫能更間接說明他的即位乃是「天意」。

倘若馬韶之輩眞的有「宇宙在手、萬化由心」的通天本領，早就自己去晉王府毛遂自薦了，哪裡需要繞圈子結識什麼程德玄呢？

趙匡胤的死固然與趙光義有撕扯不清的關係，但至今也沒有證據明確顯示，趙光義就是痛下殺手的兇手。而從趙光義事後所做的補救工作來分析，他的所有行爲，都是在爲掩飾事實故佈疑陣。

我認爲，趙匡胤死於弟弟趙光義下的毒。

本來他就被弟弟下了慢性毒藥，再加上大量的飲酒，怒火更使得毒藥在體內快速發揮藥效，當他覺察到自己著了趙光義的道之後，除了心底悲涼，只考慮到政權能否平穩過渡的問題。

他的兒子德昭、德芳顯然遠不是趙光義的對手，連他都會中弟弟的計，如果硬要在垂死的時候鬥個你死我活，宋帝國一定會在內訌中轟然倒塌。

自己一生的心血付諸流水，遠比自己兒子不能繼位更令他難受。

歷史證明，做爲一個傑出的政治家，他的確目光如炬。

趙光義做爲他的繼承人，施政綱領基本上沒有偏離他所創立的既定方針，而且其中更有許多創新與發揮。正因爲他們兄弟二人的努力，才使得宋朝得享三百二十年的國祚，這也可以視作他犧牲小我，成就大我的歷史功績。不能因爲他是封建君主，就認爲他絕無如此廣闊的胸襟。

從他的性格上分析，這樣做並非沒有可能。

倘若趙德芳即位爲君，將會出現幾種可能：

其一，宋后的捨長立幼，難以服衆。德昭、德芳，兄弟反目成仇，朝政大亂。吳越、漳泉歸土將成遙不可期之事，北漢與契丹或許會聯合南下，剛剛過幾天好日子的百姓，再一次流離失所，生靈塗炭。

其二，德昭暫時隱忍不發，與趙光義結成戰略同盟，共同對抗德芳，德芳與宋后很快就失勢，德昭甫上位，又被趙光義黃雀在後劫奪帝位。兄弟二人與宋后最後都出局，事情繞了大半圈又回到起點。

因此，默認弟弟成爲繼位者，說不定兒子還可以做個太平王爺。也因此，他才會在自感不起之前，叮囑趙光義「好自爲之」！

行文至此，筆者不由對滿清所創立的秘密立儲一事，表示無比欽佩，可見爲政之事，同樣要在學習借鑑中有所創新，才能有所進步。

歷史的精采也正在於它的隱隱約約，正如一個絕色女子，披輕紗於霧靄之間徜徉，那種朦朧美令人目眩神搖，如果一絲不掛反而沒詩畫般的意境。

對於燭影斧聲這段謎案，前人不知有多少猜測與推斷。有的已經形成文字，有的口耳相傳，但不論是什麼形式，大都不願意直接明瞭地寫出自己的認識，主要把心留在絃外之音與旁白上，讓人自行體會。

不過，也莫道世間沒有輪迴報應之說，趙匡胤建立之後，皇位被趙光義所篡奪，共經歷九帝，最後滅亡於女真。

南宋趙構中興，但從孝宗開始，帝位又回歸趙匡胤一脈子孫所有，只是最終，趙匡胤與趙光義的子孫同樣滅於異族之手，無一例外。

•全書完

群星會

206

像趙匡胤一樣活著全集

作　　者　獨孤慕雨
社　　長　陳維都
美術總監　黃聖文
編輯總監　王郡凌
出 版 者　普天出版社
新北市汐止區忠二街 6 巷 15 號
TEL / (02) 26435033 (代表號)
FAX / (02) 26486465
E-mail：asia.books@msa.hinet.net
http://www.popu.com.tw/
郵政劃撥 19091443 陳維都帳戶
總 經 銷　旭昇圖書有限公司
新北市中和區中山路二段 352 號 2F
TEL / (02) 22451480 (代表號)
FAX / (02) 22451479
E-mail：s1686688@ms31.hinet.net
法律顧問　西華律師事務所・黃憲男律師
電腦排版　巨新電腦排版有限公司
印製裝訂　久裕印刷事業有限公司
出 版 日　2023 年 5 月第 2 版第 1 刷
ISBN◉978-986-389-864-1　條碼 9789863898641
Copyright©2023
Printed in Taiwan, 2023 All Rights Reserved

■ 敬告：
本書受著作權法保護，任何形式之侵權行為均屬違法，一經查獲絕不寬貸。

國家圖書館出版品預行編目資料

像趙匡胤一樣活著全集

獨孤慕雨著. —第 2 版. —：新北市, 普天

2023.05 面； 公分. - (群星會；206)

ISBN◉978-986-389-864-1 (平裝)

普 天 之 下 · 盡 是 好 書

普天出版家族
Popular Press Family

凌雲 A-Plus Creative Company 文創